史記綜論

為天地立心,為生民立命,為往聖濟絕學,為萬世開太平。
——《北宋·張橫渠》

《史記》為下史之組,為有組織有宗旨之第一部古史書,文章又極優美。二千年來學者家弦戶誦,形成國民常識之一部,其地位與六經諸子相並。故凡屬學人,必須一讀,無可疑者。
——《近代·梁啟超》

史家之絕唱,無韻之離騷。
——《現代·魯迅》

張學成 著

崧燁文化

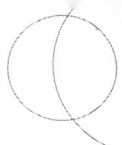

目錄

序言

導言　司馬遷和《史記》

第一章　《史記》的魅力、價值及其研究概況
  第一節　《史記》的魅力和價值 17
  第二節　《史記》研究概況 35
  第三節　當代《史記》研究的特點 39

第二章　《史記》產生的環境和條件
  第一節　漢武盛世 47
  第二節　史官世家 52
  第三節　讀萬卷書和行萬里路 60
  第四節　師承大師 67
  第五節　遭李陵之禍 71

第三章　司馬遷著作簡介及《史記》的創作宗旨
  第一節　《史記》及其他著作簡介 79
  第二節　《史記》的創作宗旨 94

第四章　《史記》的體制
  第一節　五體結構 103
  第二節　《史記》標題與主題 115
  第三節　互見法的運用 123
  第四節　太史公曰 141

第五章　《史記》的思想
  第一節　「不虛美」、「不隱惡」，「實錄」精神述史 147
  第二節　學術思想清醒獨立，遊俠刺客貨殖入傳 150

第三節　經世致用，政治開明 153
　　第四節　主張富國利民，農工商虞並重 157

第六章　《史記》的寫人藝術
　　第一節　以人物為中心的紀傳體 161
　　第二節　人以事顯，事因人行 163
　　第三節　對比烘托，情性盡顯 180
　　第四節　心理刻畫，展現心靈 186
　　第五節　語言大師，技藝超群 196

第七章　《史記》的敘事藝術
　　第一節　《史記》的實錄精神 203
　　第二節　《史記》的傳奇色彩 213
　　第三節　《史記》的敘事策略 220

第八章　《史記》的抒情性與悲劇性
　　第一節　《史記》強烈的抒情性 233
　　第二節　《史記》濃郁的悲劇性 248

第九章　「史漢」比較與《史記》的地位與影響
　　第一節　「史漢」的比較 255
　　第二節　《史記》史法傳千古 263
　　第三節　司馬文章澤萬世 265

後記

序言

　　學成君的《史記綜論》即將問世，讓我寫一序言。說實話，我既非學界名流，又非《史記》研究專家，如何擔當得起！我也理解到學成君讓我為序，並非是為了給他的大著錦上添花，而是因為我們多年彼此相知的交情。於是，我便決意趁機寫一點讀後心得，作為對他階段性收穫的紀念。

　　憑實說，就學成君所處的教學條件、科學研究環境而言，能推出一部像樣的著作實屬不易。當讀到他發來的《史記綜論》初稿時，我頗感喜出望外。之所以有這樣一種感覺，主要是因為：

　　其一，《史記綜論》是學成君用心體悟的結果，包涵著其心路歷程，讀來親切。

　　透過該書的內容以及用筆語氣，我們不難感受到，學成君對《史記》情有獨鍾，感悟頗深。可以說，他時常把自己從現實世界投入到《史記》所敞開的情感世界中，與這部巨著的作者共哀樂，和這部作品中的人物同悲喜。眾所周知，撰寫學術著作是苦的。如何做到苦中有樂？最有效的策略就是選擇自己喜歡的研究對象，在愛好和興趣的基礎上研讀、著述。學成君與《史記》研究結緣，並非偶然。

　　我很瞭解學成君的為人處世、人格情操，也每每在人前說他好話。追溯起來，我們的交情是從1992年我做他大學導師開始的，那時他就給了我「很仗義，也很性情」的印象。在以後的交往中，這一點不斷地得到驗證。我們名義上是師生，實際上彼此年齡相差不甚大，我常視其為情同手足的兄弟。在眾人眼裡，學成君很有正義感，敢想敢做，不平則鳴；又極重人際情誼，在「熙來攘往」、「翻雲覆雨」、「人走茶涼」的世俗社會裡，他能夠難得地「保溫」，不改初衷，一往情深。如此，《史記》中的「憤氣」、「熱情」便容易得其心，適其意。再說，多年來，他學業刻苦，不斷上進，大學畢業後就到大學任教，期間他赴浙江師大讀研，深受《史記》研究專家的影響，也助燃了他研究《史記》的熱情。而後，在教學工作中，他堅持給學生開「《史

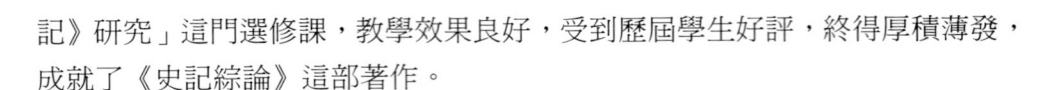

記》研究」這門選修課,教學效果良好,受到歷屆學生好評,終得厚積薄發,成就了《史記綜論》這部著作。

  作為一部傾情之作,學成君在探討《史記》寫人藝術時,能不時地聯繫一下當下社會現實,並發表一些人生感悟。如在談到「互見法」問題時,學成君有感而發,寫下了這樣的話:「因為對互見法的深入解讀,我們會發現歷史就是由活生生的人構成的歷史,歷史是血淚史,歷史是勝敗史,歷史是一部分人得意與一部分人失意的歷史,所謂勝者王侯敗者寇是也;歷史的成敗往往是以無數無辜生命做代價堆積而成的歷史。歷史有時又是人整人、人治人的歷史。歷史還常常是少數人透過絕大多數人實現自我利益的歷史。所以,歷史從根本上說應該是自私的。」這些議論感慨萬端,因觸發於研究對象,而不顯空洞,令人不禁嘖嘖稱讚。

  其二,《史記綜論》注意面向文本,進行現代闡釋,讀來質實。

  在當下學術著作寫作中,有的人喜歡誇誇其談,要麼繁文縟節地堆積一套一套的理論,要麼長篇大論地說一些不著邊際的話,乃至拋開研究對象,把話題扯得老遠。由於不具有文本針對性,這毋寧說是在放空炮。學成君的寫作理路與此不同,他的論述語言來自教學實踐,娓娓道來,明白曉暢。為給學生以直觀而切實的認識,該書除了大量引用前人研究成果,更注重引證《史記》及其他著述文本,尤其是不惜筆墨地引用了許多經過精選的著名片段。如此行文,讀來實實在在,給人血肉豐滿之感。

  當然,學成君並不停留在對文本泛泛的羅列層次上,而是在引用的每一段文字後,進行翔實而飽滿的闡釋。而所進行的各種闡釋又往往避免人云亦云,致力於面向現代,迸發出現代意識的火花。如他在探討《報任安書》中的「發憤著書」那段眾口皆碑的文字時,便提出了如下一番新見:「韓非囚於秦國而寫《說難》、《孤憤》,呂不韋的《呂氏春秋》的編撰在遭貶遷徙之後,周文王、孔子和左丘明的創作等等其實都缺乏歷史證據來證明,而說《詩經》三百篇『大氐聖賢發憤之所為作』,更是難圓其說,因為《詩經》大量的愛情詩,尤其是纏綿美好的愛情詩是難以與『聖賢發憤』扯上關係的。在有的人看來,這簡直是胡謅八扯,但是否可以說司馬遷不懂歷史呢?其實司馬遷很清楚有些例子並不可靠,但為了表達內心的激憤之情有意為之,抒

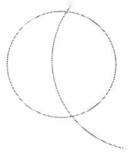

發真情實感才是根本。」面對這段耳熟能詳的文字，人們往往不加深究，而學成君卻既指出了司馬遷列舉的不當，又提出了司馬遷明知故犯的理由，符合一代史學家、文學家當年撰述的情景。

再如，在論述心理描寫藝術時，學成君對司馬相如和卓文君的愛情故事的闡釋也能貼近歷史人物的真實，做出了大膽而又貼近文本真實的論斷：「如果我們認真研讀這一看似美好而浪漫的愛情故事，其實並不浪漫，並不美好；或者簡直可以說這就是一個騙局，是司馬相如和王吉設計好了的欺騙良家少婦感情的一個圈套。」之後，學成君又據歷史文本進行了深入細緻的論述，「司馬相如與王吉密謀合作，假戲真演，達到了最佳的宣傳效果，終於製造了轟動效應，引起了卓文君的注意，透過席間的近距離接觸、優秀的才藝表演和周密的工作，終於抱得佳人歸，還連帶著借陰暗手段賺取了大量物質財富。」幽默詼諧，而又合情合理，令人心服口服。

其三，《史記綜論》能發前人所未發，時出新意，讀來閃眼。

除了感悟體味作品，學成君還注重《史記》作者及《史記》體例的研究，這些研究也不停留在照搬或重新整合傳統研究的水平上，而是不斷地提出自己的「一家之言」。如關於「司馬遷生平」，學成君強調了「李陵事件」的決定性意義，從而指出：「李陵事件將一個平平常常的史官玉成了偉大的歷史學家和偉大的文學家，也使得司馬遷練就了一雙能夠透視歷史、直指人心的火眼金睛，從而將可能的符合歷史學規範的史書鍛造成為一部具有鮮明個性特徵的文史巨著。」

對《報任安書》，他也有自己獨到的看法：「這封書信，我們認為不可能送到任安手上，因為本篇與《史記》比，有著太直接太尖銳的議論，太真摯太複雜的抒情，這樣的書信如果寄出去，無疑會給自己帶來殺身之禍。這很可能只是司馬遷寫給自己寫給後人看的『心書』，一篇司馬遷內在心靈的自我告白。」如此之類的新見，不勝枚舉。

放在一部著作前面的話不宜過長，姑且寫到這裡。

我很喜歡東坡送給他方外友人參寥子的一句話：「算詩人相得，如我與君稀。」的確，交友要講境界，朋友不求多，但求投緣。在此，我也由衷地

將這句話送給學成君,以示對彼此情誼的珍重。願學成君在保重身體的同時,繼續熱衷於《史記》研究,從而深切地感悟更豐富多彩的人生。

李桂奎

導言　司馬遷和《史記》

　　陝西省韓城市芝川鎮建有司馬遷的祠堂及其衣冠塚。祠堂位於韓城市芝川鎮少梁山上，為西晉年間官方所建，宋、元、明、清歷代均有修繕，名聞天下。今天的芝川鎮還有一所以司馬遷命名的中學，足見司馬遷在當地聲名之重。大凡研究中國古代文學、古代史學的人，如果忽視了《史記》，就難以上檔次、上水平。梁啟超說：「《史記》為下史之祖，為有組織有宗旨之第一部古史書，文章又極優美。兩千年來學者家傳戶誦，形成國民常識之一部，其地位與六經諸子相併。故凡屬學人，必須一讀，無可疑者。」研究文史有建樹者，即使有人說沒讀過《史記》，但他也肯定間接地受到過司馬遷及其《史記》的影響。可以說，只要是個中國人，都應當或多或少地受到司馬遷其人其書的潛移默化的影響。

　　有意思的是，距司馬遷祠5公里的嵬東鄉徐村人認為，他們那裡就是司馬遷的故里。該村建有「漢太史遺祠」用以祭祀司馬遷。但令人奇怪的是徐村主要由同、馮二姓人家組成，他們千百年來自稱是司馬遷的後裔，這是怎麼回事呢？據說「馮」姓是司馬遷長子司馬臨的後代，「同」姓是司馬遷次子司馬觀的後代。兩姓親如一家，但從不通婚。有人問起他們的姓氏，得到的回答是：司馬遷入獄，為免株連兒女，不得不改姓。為什麼要改「馮」和「同」兩姓呢？答曰：司馬遷遭厄運時，有好心人向家鄉通風報信。「同」、「馮」二字取「通」和「風」的諧音，同時又隱含了原姓「司」、「馬」兩字。當然這帶有傳說的成分，司馬遷有一個女兒是確信無疑的，至於兒子的有無還找不到確切文獻的記載，既然該村人視司馬遷為祖宗，且世代相傳，並且以時祭祀，其祖上與司馬遷有過密切的關係應該沒有問題。在該村祠堂的獻祠正中有「文史祖宗」的匾額，這是民國初年司馬遷的後裔送的。「文史祖宗」的稱號極高，雖然是其後人所送，但其評價還算恰如其分。同司馬遷的後人以司馬遷為榮一樣，我們對司馬遷同樣充滿著景仰之情。

　　「文史祖宗」一詞是對司馬遷的恰當稱呼，其《史記》既是一部偉大的文學巨著，又是一部偉大的歷史巨著。因此魯迅先生譽之為「史家之絕唱，無韻之離騷」（《漢文學史綱要》）。這部著作不僅僅其後人引以為豪，而

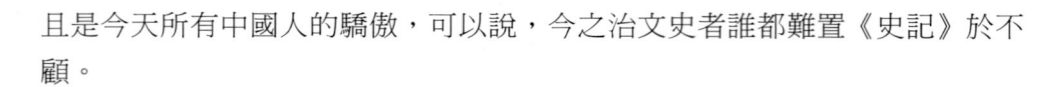

且是今天所有中國人的驕傲,可以說,今之治文史者誰都難置《史記》於不顧。

司馬遷編著《史記》時,是把它當做一部史書來定位的。但是在今天中國乃至世界的中文專業教學中,《史記》無疑也占據著極其重要的地位。如果我們做個調查研究,研究《史記》的學者中,文學專業的多還是歷史專業的居多?這應該不難回答,文學專業出身的學者明顯居多,這可能是司馬遷所始料未及的,其實這恰恰反映出《史記》所具有的鮮明個性特色和獨特的文學特徵。

《史記》,原名《太史公書》,又稱《太史公記》、《太史記》,至東漢後期才被稱為《史記》。司馬遷意在使其「藏之名山,副在京師,俟後世聖人君子」。漢宣帝時,司馬遷外孫楊惲將其公之於世。關於其篇目,司馬遷說得非常清楚:「略推三代,錄秦漢,上記軒轅,下至於茲,著十二本紀,既科條之矣。並時異世,年差不明,作十表。禮樂損益,律曆改易,兵權山川鬼神,天人之際,承敝通變,作八書。二十八宿環北辰,三十輻共一轂,運行無窮,輔拂股肱之臣配焉,忠信行道,以奉主上,作三十世家。扶義俶儻,不令己失時,立功名於天下,作七十列傳。凡百三十篇,五十二萬六千五百字,為太史公書。序略,以拾遺補闕,成一家之言,厥協六經異傳,整齊百家雜語,藏之名山,副在京師,俟後世聖人君子。第七十。」(《太史公自序》)在楊惲將其公之於世時已有少量缺篇,班固在《漢書·司馬遷傳》中提到《史記》缺少十篇。一般認為褚少孫等為《史記》作補,今本《史記》中帶有「褚先生曰」者就是他的補作。

《史記》是中國史學上第一部紀傳體通史,開創了紀傳體通史的先河,在史學發展史上占有很重要的地位;同時又是中國文學史上的一部文學巨著,可以稱得上是中國文學史上的一座豐碑。它對於以後中國的文學、史學、文化的發展都造成了不可忽視和不可替代的作用,成為中華文化發展的源泉。《史記》當中涉及的內容非常豐富,人物傳記的文學價值、史學價值,乃至文獻學價值、文化學價值都很突出,所以《史記》又被稱為百科全書式的巨著。正基於此,現在大陸國內的許多大學,都已相繼開設《史記》專修課程,

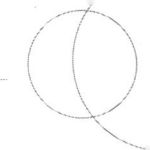

從中可以看出這部鴻篇巨制的重要價值和偉大意義，我們非常有必要對《史記》多一點關心和瞭解。

本書意在透過對《史記》有關理論知識的講解和精彩片段的分析，引導讀者全方位多角度地把握《史記》，進而提高閱讀古書的能力，增強分析思考的能力，培養分析歷史人物、文學人物的興趣。透過對《史記》的學習，可以瞭解、認識和把握中國古老的燦爛的傳統文化，提高我們的文化素養，最終增強大家的民族自豪感和愛國熱情。

由於《史記》是一部偉大的文學巨著，所以，可以透過《史記》有關人物傳記的學習，初步掌握人物傳記的特點和寫法，把握其在中國文學史上的重要意義。《史記》是史學巨著，是透過活生生的人物來串起生動具體事件的紀傳體著作，同時又是非常優秀的敘事文學作品，對於後世小說、戲劇等敘事文學具有重大影響。

同時，學習《史記》可以對個人的立身處世有很強的指導意義。《史記》中最有價值的是其中幾百個活生生的歷史人物。司馬遷透過對歷史人物一生或詳或略的敘述，做出自己的考察和綜合分析評價。歷史人物的優缺點，歷史人物的長處和短處，歷史人物人生關鍵時刻或正確或錯誤的選擇而導致的不同結果都對現在的我們有著深刻的啟示。

這樣的例子不勝枚舉，比如，在劉邦身上就蘊含著屢敗屢戰最終成功的道理；項羽敢於抓住機遇從而在滅秦戰爭中立下不朽功勳，但又在關鍵時刻喪失了有利時機，最終功敗垂成自刎烏江所留給人的深刻啟示；張良在複雜的社會環境條件下，能戒驕戒躁知曉何時有為何時無為的處世之道；韓信能忍辱負重最終成名成功，然而終因不懂形勢而冤屈致死的教訓，等等，這一切都如此生動而讓人警醒。

講信義，可以想到季布的一諾千金；說友誼，有管仲、鮑叔牙；論愛國，比干、子產、弦高、藺相如、廉頗等不可勝數。這些歷史人物既涉及修身，也涉及治國，包含著極為豐富的人生體驗和歷史哲理。句踐的臥薪嘗膽，項羽的破釜沉舟，韓信的背水一戰，屈原的哀郢沉湘，荊軻的易水悲歌，夷齊的不食周粟，范蠡的泛舟五湖，在人生關鍵時刻所做出的抉擇蘊含著何等的

意志、決心，擁有著怎樣的豪情和瀟灑！再如焚書坑士、指鹿為馬、項莊舞劍以及馮唐易老、李廣難封，又包含著多少殘酷的權術和悲哀的命運。前車之轍，後車之鑑，如果我們能以《史記》中活生生的傳記人物為鏡鑑，就能修塑我們儘可能完美而沒有大憾的人生。

在學習過程中，我們首先要對其基本知識和理論有總體的較全面的把握。瞭解司馬遷和《史記》的基本知識、基本內容，《史記》的研究概況等，重點是對於《史記》的思想性和文學性的總體把握。具體內容分為司馬遷及其生平，《史記》的成書、體例、研究概況、思想以及文學成就和《史記》在中國歷史和文學史上的地位等內容。當然要取得真正的效果，真正提高自己的能力，還是要把精力和時間放到具體作品的解讀上。建議首先通讀除表、書外的傳記作品，如果時間吃緊，可以先選擇重要篇目精讀，比如《太史公自序》、《孫子吳起列傳》、《項羽本紀》、《淮陰侯列傳》、《李將軍列傳》、《伍子胥列傳》等篇目。熟讀作品，精讀經典之作，增強對《史記》的感性認識，在此基礎上才能上升到分析評價的理性認識的高度。

在接觸全書之前，首先簡單介紹「史記學」研究上的重要名詞——「史記三家注」。我們知道，《史記》自成書後，一直到東漢才有人為之作注，現存最早最完整的舊注有三家：南朝宋裴駰的《史記集解》、唐司馬貞的《史記索隱》和唐張守節的《史記正義》。裴駰，字龍駒，是《三國志注》作者裴松之的兒子。與其父一樣，裴駰少秉家學，酷愛經史，官至中郎參軍。裴駰曾多次反覆閱讀《史記》，深感《史記》無注給後人閱讀研究帶來極大的困難和不便，於是他經過多年艱辛努力，終於撰成《史記集解》130卷，提供了豐富資料，為後世《史記》研究做出了卓越貢獻，是古代傑出的史學大家。後來，唐司馬貞又撰成《史記索隱》13卷，張守節撰成《史記正義》30卷。這三種本子起初都以單行本面世，後世將其合為一書出版，因此合稱為「史記三家注」。

何謂集解、索隱和正義？

集解：「解」的本義是分析，作為訓詁體制的名稱，「解」就是分析語義。後世有所謂「集解」，有兩種意義：一是將經與傳放在一起解釋，如杜預《春秋經傳集解》；二是集各家之說，如范寧《春秋穀梁傳集解》，如《史記集解》。

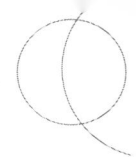

索隱：李奇說：「隱猶微也。」「索隱」、「發隱」的意思大致相當於「探微」、「發微」，即「釋其微指」，如司馬貞《史記索隱》、陳良獻《周易發隱》。

正義：即義疏，註疏，義疏就是疏通其義的意思。

　　關於《史記》的讀法，在全面研讀《史記》前，一定要讀好兩篇文章，一是《報任安書》，一是《太史公自序》。《報任安書》是司馬遷留下的唯一一封書信，最早見於《漢書·司馬遷傳》。這是司馬遷寫給朋友任安的一封書信，它對我們研究司馬遷的生平家世、思想以及《史記》的寫作動機和完成過程有極其重要的價值，並且在文學史上又是不可多得的散文傑作，古人早就把它視為可與《離騷》相媲美的天下奇文（詳細內容見後）。

　　關於《太史公自序》的重要性，民國時人李景星有一段話說得非常好。他認為在讀《史記》全書前首先要讀好、讀透、讀精《太史公自序》：「自序非他，即史遷自作之列傳也。無論一部《史記》總括於此，即史遷一人本末，亦備見於此。其文勢，猶之海也，百川之匯，萬派之歸，於是乎在此也。又史遷以此篇為教人讀《史記》之法也，凡全部《史記》之大綱細目，莫不於是粲然明白。未讀《史記》之前，須將此篇熟讀之；既讀《史記》以後，尤須以此篇精參之。文辭高古莊重，精理微旨更奧衍宏深，是史遷一生出格大文字。」

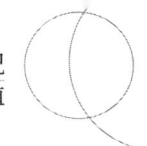

第一章 《史記》的魅力、價值及其研究概況

　　司馬遷是中國古代乃至世界上最有創造天才的偉大的歷史學家和文學家。他有著豐富的閱歷、坎坷的生平、崇高的人格、堅強的毅力和卓越的史才，因而在兩千多年前就寫出了一部紀傳體通史《史記》。由於本書在史學與文學兩領域成就巨大，所以魯迅先生在《漢文學史綱要》中稱其為「史家之絕唱，無韻之離騷」。自《史記》產生以後，兩千多年來，無數中外學者、專家閱讀它、研究它，都對它給予了應有的重視和極高的評價，從而形成了一個專門的學術體系，即「史記學」。《史記》對中國歷史、中國文化以及中國各時期人們的影響極其深遠。在今天，當代中國幾乎每一所綜合性大學都已經開設《史記》課程，甚至某些中學也已經開設《史記》選修課程。由此可見這部鴻篇巨制在當代中國受重視的程度，同時也說明《史記》具有怎樣的魅力，蘊含著怎樣的價值。

第一節 《史記》的魅力和價值

　　《史記》作為一部文史巨著，裡面有著取之不盡的思想源泉，對一代代中國人的成長起著極其重要的作用，也可以說它對於中華民族有著無與倫比的凝聚作用。《史記》自成書流傳以來，受到了歷代無數讀者、學者的喜愛，這證明著《史記》具有非同一般的魅力和價值。

　　自它產生以來，幾乎在每個朝代都能找到一批專門研究它的學者專家。漢代有班彪、班固父子；唐宋有「古文八大家」，有史學家劉知幾和鄭樵，有理學家程頤、程顥、朱熹等人；清代有顧炎武、趙翼、王念孫、章學誠等；近現代有梁啟超、劉師培、王國維、胡適、魯迅等等。研究學者眾多，代不乏出。據統計，自漢代以來，研究《史記》的作者達兩千餘人；留下的成果，論文有 3700 多篇，著作近 300 部，總字數達一億一千多字，這是其他古籍研究所難以比擬的。而 1980 年代以來的當代《史記》研究更成為一門顯學，每年發表的學術論文持續在百篇以上。有學者對 1980 年到 1998 年 19 年間

的《史記》研究作了統計，發表論文 1835 篇，出版論著 131 部，總字數達 6000 餘萬字。而新世紀以來的《史記》研究更是如火如荼，學者眾多，論文論著難以勝數。《史記》到底為什麼會有如此大的魅力？其價值何在？我們從以下五方面來做簡單論述：

一、《史記》是「百科全書」式的著作

《史記》在中國傳統文化國學中，占據著無比重要的地位，可以稱得上是一部「百科全書」。我們說《史記》是一部文史名著，這樣的概括不足以擔當「百科全書」的稱號。《史記》其實早已經超出了文史的範疇，成為了百科全書的彙編。

為什麼說《史記》是「百科全書」呢？我們知道，《史記》是中國第一部貫通古今的紀傳體通史，它的記史年限上起傳說中的黃帝，下迄司馬遷所生活的時代。《史記》記載歷史的內容非常廣泛，可以說所記錄的觸角遍及生活的方方面面、社會的角角落落，可謂無所不有、無所不包，具體內容涵蓋自然科學、社會科學以及當代人所能瞭解掌握的實際範疇。所以我們稱《史記》為「百科全書」式的巨制。

其「百科全書」的特性表現在很多方面，具體說來：

從該書涉及的時間和空間來看，其記事年限上起傳說中的黃帝，下迄漢武帝太初年間，記載了大約 3000 年的史事。這是一部貫通古今的著作，絕對稱得上是空前巨制；從該書所涉及的地理範圍講，它延伸到今天當代中國的版圖之外，北至大漠，西至中亞，南至越南，第一次把歷史編纂的時空界限擴大到了時人所知的實際範圍，就此意義而言，《史記》具有世界史的性質。

從《史記》記載的人物來說，幾乎涉及整個社會不同類型的典型人物，帝王（十二本紀涉及上百個國君帝王）、貴族（世家是貴族的聚居地）、大小官僚（列傳中多見）、政治家（周公，商鞅，吳起，管仲，藺相如，蕭何，曹參，陳平）、軍事家（司馬穰苴，孫武，孫臏，伍子胥，樂毅，廉頗，韓信，衛青）、文學家（屈原，司馬相如，賈誼）、思想家（孔子，莊子，孟子等諸子）、經學家（漢代經學）、說客（張儀，蘇秦，范雎，酈食其）、策士

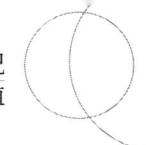

(張儀,蘇秦,陳軫)、刺客(曹沫,專諸,豫讓,聶政,荊軻)、遊俠(朱家,田仲,王公,劇孟,郭解)、隱士(伯夷,叔齊,魯仲連)、土豪(竇嬰,田蚡,灌夫)、商賈(子貢,范蠡,程鄭,卓王孫)、醫生(扁鵲,倉公)、卜者、農民、俳優、婦女(呂后,竇太后,王太后,卓文君)等等,無所不有。

從《史記》記載的人類生活的各個方面來看,《史記》中有文學、歷史學、哲學、政治學、經濟學、軍事學、法學、醫學、天文學、地理學等許多學科、許多領域的內容。梁啟超對此講得很深入很系統:「《史記》以極複雜之體裁混合組織,而配置極完善,前既言之矣。專就《列傳》一部分論,其對於社會文化確能面面顧及。政治方面代表之人物無論矣,學問、藝術方面,亦盛水不漏。試以劉向《七略》比附之:如《仲尼弟子》《老莊申韓》等傳,於先秦學派綱羅略具,《儒林傳》於秦、漢間學派淵源敘述特詳,則《六藝略》、《諸子略》之屬也;如《司馬穰苴》《孫子吳起》等傳,則《兵書略》之屬也;如《屈原賈生》《司馬相如》等傳,則《詩賦略》之屬也;如《扁鵲倉公傳》,則《方技略》之屬也;如《龜策》《日者》兩傳,則《術數略》之屬也。又如《貨殖傳》之流行社會經濟,《外戚》《佞幸》兩傳暗示漢代政治禍機所伏,處處皆具特識。又其篇目排列,亦似有微意。如《本紀》首唐、虞,《世家》首吳泰伯,《列傳》首伯夷,皆含有表彰讓德之意味。」以至於使得我們今天不論研究哪門學問,在追本溯源時幾乎都無法拋開《史記》。從這個意義上,也可以說《史記》是一部包羅萬象的百科全書。

在《陳涉世家》中,《史記》第一次記錄了農民戰爭的發生、發展和結束的全過程的歷史。司馬遷告訴我們滅秦戰爭的肇始,客觀評價了陳勝揭竿而起進而發跡的偉大意義,全面肯定了陳勝在中國歷史上的獨特貢獻,而且對陳勝失敗的原因也做了客觀的分析。

司馬遷還首創《儒林列傳》,敘述了儒學的發展歷史及其師承淵源。司馬遷為諸子百家的代表人物立了傳,其中記載歷史人物50多個。這實際上已經屬於學術史、思想史的範疇。

司馬遷還首創民族專史,為當時的五個邊疆少數民族立了傳,《東越列傳》、《朝鮮列傳》、《南越列傳》、《西南夷列傳》、《大宛列傳》五篇作品成為研究少數民族歷史以及當今周邊國家歷史的最早、最權威的資料。

在《史記》中還有經濟史的內容，並且闡述了很先進的經濟思想，有的直到今天都還富有現實意義。這主要集中體現在《平準書》和《貨殖列傳》兩篇中。《平準書》主要記載了西漢前期 70 年的社會經濟狀況和政府的經濟政策演變。漢初，國家貧困，百廢待興，為了鞏固剛剛建立的封建政權，政府採取了減輕錢重以便利流通、促進商業發展的政策，結果卻造成了物價飛漲、通貨膨脹的局面。於是政府不得不逐漸增加錢重，還透過改鑄錢、官鑄錢的措施以打擊商人。改鑄錢措施就是宣布舊錢無效，使士農工商透過各種辛勤勞動賺來的硬通貨，突然化為一堆廢銅。這樣做的最直接效果是：漢政府從中得到很多利益。而在受害者中，最慘的主要是農民和手工業者。對商人而言，錢幣多變，你變你的，我做我的，他們便透過「多積貨逐利」可以有效地避免大的損失；而政府的獲利也是短暫的，並不能促進商業健康發展，從根本上改變國家的經濟狀況。《平準書》告訴我們，貨幣僅是流通工具，它本來有其內在的規律，以行政手段，企圖透過隨意改變發行這種掠奪性的措施從中取巧，從短期來看可以得利，而從長遠來看是有害無益的。

《貨殖列傳》從經濟角度將當時的漢代統治地區劃分為關中、三河、齊魯、越楚、南陽五大區域，並論述了各區域的經濟特點以及彼此間的相互作用。《太史公自序》在論述作此傳目的時曰：「布衣匹夫之人，不害於政，不妨百姓，取與以時而息財富，智者有采焉。作《貨殖列傳》。」《貨殖列傳》還記載了春秋末期至秦漢的眾多大貨殖家，如范蠡、子貢、白圭、猗頓、卓氏、程鄭、孔氏、師氏、任氏等人；介紹了貨殖家的言論、行為、社會經濟地位，以及他們所處的時代、重要經濟地區的特產商品、有名的商業城市和商業活動、各地的生產情況和社會經濟發展的特點，分析了他們的致富之道，提出了司馬遷自己的經濟思想。太史公認為，自然界物產極其豐富，社會經濟的發展是不以人的意志為轉移的，商業發展和經濟都市的出現是自然趨勢，人們沒有不追求富足的，絕對的大公無私是不存在的。在道德品行和基本的生活需要發生矛盾的時候，要尊重人的基本生活需要。陳平投奔劉邦途中，「渡河，船人見其美丈夫獨行，疑其亡將，要中當有金玉寶器，目之，欲殺平。平恐，乃解衣裸而佐刺船。船人知其無有，乃止。」在劉邦處收受賄賂，被人告發，陳平這樣自我辯護，「（臣）聞漢王之能用人，故歸大王。臣裸身

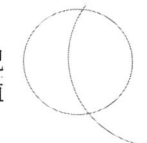

來，不受金無以為資。誠臣計畫有可採者，願大王用之；使無可用者，金具在，請封輸官，得請骸骨。」劉邦的反應是「漢王乃謝，厚賜，拜為護軍中尉，盡護諸將。」（《陳丞相世家》）漢王向陳平道歉，進行了豐厚的賞賜，任命他為護軍中尉，監督全體將領，劉邦用實際行動告訴我們，人們要滿足生存所需要的基本物質需要，道德品行就退而居其次了。滿足了基本的物質需要，並進而追求富足的生活，這幾乎是每個普通人的共同理想。

司馬遷還提出了農工商虞並重發展的思想。農工商虞，前三者易懂，「虞」稍難解，「虞」之本義，據《說文解字》為「騶虞」，是一種神話傳說中的獸，白虎黑文，尾長於身，仁獸，食自死之肉。與之相聯繫，虞就成為古代掌管山澤鳥獸的官吏。《貨殖列傳》：「虞而出之。」「虞不出則財匱。」「虞」近似於今天的林業、畜牧業和漁業。農工商虞在社會發展中的作用極其重大，農工商虞並重，促進多業並舉，對於加快物品流通、豐富人民的生活具有重要的作用。

司馬遷強調工商活動對社會發展的作用，肯定工商業者追求物質利益的合理性與合法性，還認為物質財富的占有量決定著人們的社會地位，這就是今天我們所熟知的經濟基礎決定上層建築的理論，而經濟的發展關係到國家的盛衰、存亡，這些思想在當時非常先進，即便放在今天也是毫不過時的經濟思想。他還主張應因勢利導，讓商人自由發展，而不能強行壓制，更不要與商人爭利。眾所周知，司馬遷生活的時代，主流思想是重農抑商，如賈誼的《論積貯疏》和晁錯的《論貴粟疏》都極力論證重糧、貯糧、重農的重要性，農為本，商為末，應重農抑商，這種思想其實已經成為兩千多年的中國傳統封建農業社會的統治思想，我們現在還往往說國以民為本，民以食為天；而司馬遷不人云亦云，而是透過自己的觀察、思考和判斷，提出了嶄新的思想理論，這是很不簡單的。

另外，《史記》還涉及天文學知識，如《天官書》、《曆書》等；《史記》還為文學家立傳，如《屈原賈生列傳》、《司馬相如列傳》等；《史記》還出現了第一篇醫學家的傳記，如《扁鵲倉公列傳》；《史記》中也包含有姓氏學、地名學的知識，《史記》保存了大量姓氏的發展，對姓氏進行了系

統整理。從以上各方面的論述，我們完全可以肯定地說，把《史記》看作「百科全書」式巨著是名副其實，理所應當。

二、《史記》是中華傳統文化的繼承和濃縮

《史記》的魅力和價值還在於它是中華民族傳統文化的繼承和濃縮。我們從三個方面來說：

首先，《史記》是中國一部空前絕後的紀傳體通史。在《史記》之前已經有《尚書》、《春秋》、《左傳》、《國語》、《戰國策》等史書，但它們所記載的歷史史事範圍狹窄，時間跨度較短，內容比較簡單，歷史往往被看成是統治者個人及其周圍極少數人的活動，缺乏廣泛的社會意義；並且這些史書只敘述相應時代的個別人的歷史，在敘述時因體例的限制，一個人的歷史受到時間的限制往往斷斷續續。可以說，在《史記》之前沒有一部能夠以人物為主而貫通古今的史書。

馬恩指出，人們自己創造了自己的歷史，因此，歷史是人人的歷史，所有的人都參與了歷史的創造。這應該是真理式的判斷。那麼什麼是歷史呢？我們的認識是：一般的歷史是人人都參與創造的，只要他生過、來過這個世界，他就參與了歷史的創造；從長期或根本上來看，在歷史上起主要作用的是百姓大眾，當然我們也應充分肯定英雄人物所起的巨大作用。但對於百姓大眾，我們不能理解得過於狹窄，認為只包括勞動人民，這樣是不合理、不符合客觀事實的。凡是與歷史發展潮流相一致的人，站在進步一邊的人，都應該包括在百姓大眾之中；歷史發展的最終結果，是各派別互相作用的合力的體現，並非哪個階級、階層、集團、派別單獨造成的。這樣看來，歷史應該是歷史上所有人共同創造的歷史，在創造歷史的過程中，適應了生產力發展的派別，適應民意、利用民心的英雄人物把握住機遇在歷史的創造中起了比較明顯的作用。但無論如何，「得道者多助，失道者寡助」，「得民心者得天下」，離開了百姓大眾的支持，誰也不能取得勝利。

由此理論看來，由於《史記》以前的幾乎所有史書都是把歷史看做是少數人的專利，雖說有的史書已經有民本思想的體現，但神祕的「神鬼」氛圍還很濃厚。隨著社會的需要、時代的需要，司馬遷以「究天人之際，通古今

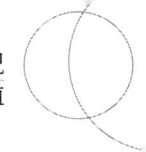

第一章 《史記》的魅力、價值及其研究概況
第一節 《史記》的魅力和價值

之變,成一家之言」為宗旨,創作了上起黃帝、下到漢武帝 3000 年的通史,把歷史從一個狹小的天地引向了廣闊的世界,而且能夠從人出發,以人為主體,建立了嶄新的歷史觀認知體系,這是前無古人的創舉。也可以說,《史記》是第一部真正體現了歷史是所有人的歷史的歷史,這在中國歷史上是空前的。

其次,《史記》是中國歷史上上古文化典籍整理的凝聚和濃縮。關於《史記》的取材,司馬遷自己說是「厥協六經異傳,整齊百家雜語」。關於「六經」,一般解釋是指《詩經》、《尚書》、《禮記》、《樂經》、《周易》、《春秋》。但後來《樂經》失傳,只剩下五經。司馬遷之「六經」不應只是指這六部書,這只是其中的代表而已。這兩句意思是說融會司馬遷時代所見的百家學說和各種知識於一編(《太史公自序》)。正因為《史記》是上古文化典籍整理的凝聚和綜合,所以才奠定了《史記》作為百科全書的基礎。《史記》對文獻資料的採擇利用,應該廣泛涉獵了當時其所見的所有的文獻材料。憑藉一人之力,將各種文化典籍資料整理融會貫通為一部歷史著作,這應該是文獻利用的最好形式,也必然是發揮歷史文獻功能的最好手段。這種工作絕非一般讀書人可以為之,只有偉人大師才堪此重任。而司馬遷憑藉其特有的家世出身和後天的有意識努力,於紛繁蕪雜的史料中用一雙慧眼爬羅剔抉,終於熔鑄成為一部集眾家之長又獨具創見的偉大著作,於是它成為後代文史學家著述的典範。

第三,全社會全方位歷史的敘述。在《史記》中,不僅有社會各色人物及百姓大眾的傳記,而且還第一次記載了各民族的歷史,在此基礎上還創立了民族大一統思想。其思想非常開放,顯得非常超前,書中體現出來的是大的民族意識,司馬遷認為各民族之間要和平相處,求同存異。中國歷史上以後慢慢形成的中華民族的意識,在《史記》中也已經有所體現,甚至已經具有了一定的世界意識,而不是天國自大的落後意識。

中國自古以來就是一個由多民族組成的國家,中華民族的歷史,毋庸置疑,正是由漢族和各少數民族共同創造的歷史。「夷」、「狄」受到了華夏族的影響,而華夏族也受到了「四夷」的影響,正是在相互矛盾相互促進中往前發展的。而儒家的正統觀念卻往往忽視了這一點,一再宣揚「夷夏之辨」、「夷夏之大防」,認為中原華夏民族為文明冠帶之國,貶稱周邊各民

族為夷狄之邦,中原文明高貴,周邊民族低賤,中原文明會影響「夷狄」,「用夏變夷」,反過來卻不能接受「夏變於夷」的現實。

　　許行倡導農家,在滕國推行農家學說,「其徒數十人,皆衣褐,捆屨、織席以為食。」這種行為影響很大,連以前學儒的陳相兄弟等人都紛紛棄儒學農。孟子批評陳相,「吾聞用夏變夷者,未聞變於夷者也。陳良、楚產也;悅周公、仲尼之道,北學於中國;北方之學者,未能或之先也:彼所謂豪杰之士也。子之兄弟事之數十年;師死而遂倍之。……吾聞出於幽谷遷於喬木者,未聞下喬木而入於幽谷者。」孟子的這段話明確地宣示了自己的「用夏變夷」的思想,夷夏不同,夏高於夷、貴於夷,「夷狄」不能也沒有資格來影響中原華夏民族的文明。

　　與司馬遷同時代的鴻儒董仲舒提出的綱常倫理學說影響很大,在當時也被推廣到了民族關係上來。董仲舒認為,諸侯當然不能與天子平等,大夷小夷也絕不能與華夏族等而列之,用他的原話說就是:「大小不逾等,貴賤如其倫,義之正也。」他們之間不能平等是天經地義放之四海而皆準的真理。我們知道,司馬談、司馬遷生活在漢武帝「罷黜百家,獨尊儒術」的時代,時代要求必定是唯皇帝獨尊,不允許文人有太多自己的思維,與皇帝唱反調是很危險的。但司馬遷卻能在父親「論六家要旨」的基礎上獨立思考,堅持己見,為百家學說留下了應有的地位。而且司馬遷還首創各民族史傳,用《匈奴列傳》、《南越列傳》、《東越列傳》、《朝鮮列傳》、《西南夷列傳》五篇篇幅將中原華夏文明周圍的東西南北各民族均歸為天子的臣民,說中國境內的各民族都是炎黃子孫,把記敘各民族的列傳與各人物列傳等列編撰,表現了他的民族平等思想。此外還寫了《大宛列傳》,記述了中亞各國的歷史,留下了中西文化交流的內容,從而賦予了《史記》以世界史的內容。

三、《史記》是包含民族共同心理的哲學

　　在《史記》中蘊涵著豐富的歷史哲學思想內涵,透過豐富的活生生的人物,透過歷史的盛衰興亡表現了中華民族共同的社會心理追求。今天我們大家所熟知的,並為世界華人所廣泛接受的「炎黃子孫」,乃至「龍的傳人」等說法,就來源於《史記》開卷的《五帝本紀》,本篇皆言五帝盛德及堯舜

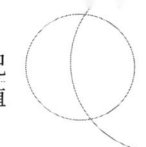

禪讓之事，要者五帝皆出於黃帝，所以黃帝自然而然、理所應當地成為了中華民族的共同祖先，這一點直到今天我們還一直秉承；與此相關的是大一統思想。

在《五帝本紀》中，司馬遷給我們勾畫出了中華民族的起源，記敘了五帝即遠古傳說中相繼為帝的五個部落首領：黃帝—顓頊—帝嚳—堯—舜的事跡，對他們之間的關係，司馬遷敘述得非常清楚。

黃帝，是少典部族的子孫，姓公孫名叫軒轅。他戰勝炎帝，打敗蚩尤，成為當時的實際統治者。黃帝居軒轅山，娶西陵國女為妻，即嫘祖。她發明了養蠶，為「嫘祖始蠶」。黃帝有二十五子，其中建立自己姓氏的有十四人。而嫘祖是黃帝的正妃，生有兩個兒子，他們的後代都領有天下：一個叫玄囂，也就是青陽，被封為諸侯，降居在江水；另一個叫昌意，也被封為諸侯，降居在若水。昌意娶了蜀山氏的女兒，名叫昌僕，生下高陽，高陽有聖人的品德。黃帝死後，埋葬在橋山，他的孫子，也就是昌意的兒子高陽即帝位，這就是顓頊帝。

顓頊帝生的兒子叫窮蟬。顓頊死後，玄囂的孫子高辛即位，這就是帝嚳。高辛是顓頊的侄子。帝嚳娶陳鋒氏的女兒，生下放勛。娶娵訾氏的女兒，生下摯。帝嚳死後，摯接替帝位。帝摯登位後，沒有幹出什麼政績，於是弟弟放勛登位。這就是帝堯。「其仁如天，其知如神。就之如日，望之如雲。富而不驕，貴而不舒。黃收純衣，彤車乘白馬。能明馴德，以親九族。九族既睦，便章百姓。百姓昭明，合和萬國。」這段話是說堯仁德如天，智慧如神。接近他，就像太陽一樣溫暖人心；仰望他，就像雲彩一般覆潤大地。他富有卻不驕傲，尊貴卻不放縱。他戴的是黃色的帽子，穿的是黑色衣裳，朱紅色的車子駕著白馬。他能尊敬有善德的人，使同族九代相親相愛。同族的人既已和睦，又去考察百官。百官政績昭著，各方諸侯邦國都能和睦相處。

堯年老時，繼承人的問題就提上了議事日程，大臣推薦了其子丹朱，堯認為他愚頑、兇殘；推薦共工，堯認為他好講漂亮話，用心不正，貌似恭敬，欺騙上天，不能用。眾人推薦了鯀。當時洪水滔滔，急需治理。堯於是聽從建議任用鯀治水。九歲，功用不成。眼看年紀越來越大，堯已經統治天下 70 年了，繼承人問題越來越迫切，於是眾人推薦了流浪漢舜。堯瞭解到其人品

絕好，於是便將兩個女兒嫁給了他，藉此考驗。虞舜，名叫重華。重華的父親叫瞽叟，瞽叟的父親叫橋牛，橋牛的父親叫句望，句望的父親叫敬康，敬康的父親叫窮蟬。窮蟬的父親是顓頊帝，顓頊的父親是昌意：從昌意至舜是七代了。自從窮蟬為帝之後一直到舜帝，中間幾代地位低微，都是平民。舜經過了重重考驗，終於接替堯統治天下。這就是有名的「禪讓制」（《五帝本紀》）。夏禹，名叫文命。禹的父親是鯀，鯀的父親是顓頊帝，顓頊的父親是昌意，昌意的父親是黃帝。禹，是黃帝的玄孫，顓頊帝的孫子。禹的曾祖父昌意和父親鯀都沒有登臨帝位，而是給天子做大臣（《夏本紀》）。

　　從黃帝到舜、禹，都是同姓，但立了不同的國號，為的是彰明各自光明的德業。所以，黃帝號為有熊，帝顓頊號為高陽，帝嚳號為高辛，帝堯號為陶唐，帝舜號為有虞。帝禹號為夏后，而另分出氏，姓姒氏。

　　應該說，在中國歷史上，能夠對五帝如此全面系統地記載者，司馬遷是第一人。以前許多人一直以為這都是荒誕不經的傳說，後來的考古發現證明司馬遷的記載基本是符合史實的，或者至少不是杜撰而是有所本的。五帝的後四帝的祖先是黃帝，夏、商、周的祖先也是黃帝，於是華夏族——中華民族的共同的祖先——就統一到炎黃，尤其是黃帝身上。雖然這樣欠科學，但這卻成為中華民族後代子孫的民族自覺的共同心理。這使得我們中華民族擁有了誰都不能否認的共同的祖先。中國自古至今，雖然有過分裂，但相對都是短暫的，總的趨勢是融合的。連許多的少數民族統治者自己都有意與炎黃子孫攀上關係。楊隋李唐的統治者雖說也是漢族，但卻是以漢族為父系，鮮卑為母系的新漢族。隋煬帝楊廣、唐高祖李淵的母親，都出自拓跋鮮卑的獨孤氏。唐太宗李世民的生母出自鮮卑族紇豆陵氏。而長孫皇后父系、母系皆為鮮卑人，據此推算，唐高宗李治鮮卑血統為四分之三，漢族血統僅為四分之一。可能也正因此，唐太宗才能做到「一視華夷」吧，他說：「自古皆貴中華，賤夷、狄，朕獨愛之如一。」無論隋還是唐，都自覺認同炎黃子孫的提法，說明大一統的中華民族觀念和意識具有無限生命力。

　　有漢代學者指出，只把五帝寫進《史記》還遠遠不夠，還應該把「三皇」也寫進《史記》。客觀地說，憑藉司馬遷一人之力，在當時的歷史條件下能夠做到這種程度已經非常難能可貴了。在《五帝本紀》的「太史公曰」中，

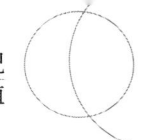

司馬遷談到這個問題：「學者多稱五帝，尚矣。然《尚書》獨載堯以來；而百家言黃帝，其文不雅馴，薦紳先生難言之。孔子所傳《宰予問五帝德》及《帝系姓》，儒者或不傳。餘嘗西至空桐，北過涿鹿，東漸於海，南浮江、淮矣，至長老皆各往往稱黃帝、堯、舜之處，風教固殊焉，總之不離古文者近是。予觀《春秋》、《國語》，其發明《五帝德》、《帝系姓》章矣，顧弟弗深考，其所表見皆不虛。《書》缺有間矣，其軼乃時時見於他說。非好學深思，心知其意，固難為淺見寡聞道也。餘並論次，擇其言尤雅者，故著為本紀書首。」司馬遷認為，當時就他所能蒐集的資料而言，堯及堯以後諸帝的資料多見，可信。而有關黃帝的資料卻粗疏而不文雅，也不合乎典範。經過實地調查，司馬遷將蒐集來的傳說與資料相對應，認為那些與古文經籍記載相符的說法，接近正確。對於一個有著無數荒誕不經傳說的人物，司馬遷對黃帝的處理是建立在資料考證和實地調查的基礎上的，能夠做到如此嚴謹審慎，已經實屬不易。當時，司馬遷已經意識到這個問題，所以最後發出了自己的感慨：如果不是好學深思，真正在心裡領會了它們的意思，想要向那些學識淺薄，見聞不廣的人說明白，肯定是困難的。我把這些材料加以評議編次，選擇了那些言辭特別雅正的，著錄下來，寫成這篇本紀，列於全書的開頭。

再如，司馬遷主張維護國家民族統一的歷史觀；主張賢人治國，反對暴政的政治觀；主張禮生於有而廢於無的義利觀；主張德才並重自奮成材的人才觀等等，這些都是中華民族傳統文化的精華，成為我們中華民族的共同的心理和不懈追求。

四、文史巨著，影響深遠

關於《史記》的性質，東漢時期的班彪、班固父子曾有過非議。其非議其實就是基於歷史和文學的矛盾來立論的。魯迅先生在《漢文學史綱要》中的評語——「史家之絕唱，無韻之離騷」是對《史記》所具有的歷史和文學雙方面成就的最高評價，這幾乎成為對《史記》的定評。

從歷史學角度看，《史記》作為一部歷史著作，其特點是體大思精。「體」是指體例、體制，「大」是宏大。「體大」是指《史記》的五種體例——本紀、世家、列傳、表、書——的形式，囊括中外，貫通古今，內容極其豐富全面；

「思精」,「思」是指構思,「精」是精當。「思精」指《史記》在宏大體例的涵蓋下具有內容的真實性、全面性、系統性和進步性的特點。《史記》敘述的是歷史,歷史是社會的發展史,但這個發展史卻是透過活生生的歷史人物的一生活動的記錄來實現的。人物是歷史發展的中心,歷史就是歷史人物的社會活動的發展史,把歷史人物所參與的歷史活生生的展現出來,那麼活生生的歷史就呈現出來了。《史記》全書記載了 4000 多個人物,立傳人物 100 多個,僅在「五體」中寫人物的篇目就達到 112 篇。

《史記》既然是以人物為中心的,那麼勢必就要寫出活生生的人物活動,這樣就需要注意人物塑造的方法。因而,《史記》又有了文學方面的卓越成就。司馬遷寫歷史人物,選取生活中的典型事件來突出人物的特徵。《史記》中的人物往往栩栩如生,無論好的壞的,其形象都讓人感覺非常鮮明。關於《史記》的文學性,以後將有多章重點講述,茲不贅述。

司馬遷以人物為中心寫歷史,其寫作目的就是要用活生生的歷史人物來警醒世人。在司馬遷所寫的每一個歷史人物的傳記中都有著自己的思考,進行著自己的評價,傾注著自己的情感,寄寓褒貶、甄別善惡、分清是非,告訴我們這個歷史人物一生的亮點或汙點,關鍵人物在人生關鍵處的人生抉擇,使社會各色人物在閱讀《史記》時,都能找到自己的影子,以史為鑑,揚人之長,避人之短,修塑自己健康完美的人生。所以《史記》問世以來,在中國文化史上一直長盛不衰,成為人們提高素養的必讀教科書。

這裡我們就不得不說說「以人為鏡」這一典故了。我們最熟悉的是魏徵死去後唐太宗說的幾句話,《舊唐書》、《新唐書》的《魏徵傳》皆有記載,同樣事由,同樣人物,但史家不同,敘述也不相同。

《舊唐書》卷七十一:

嘗臨朝謂侍臣曰:「夫以銅為鏡,可以正衣冠;以古為鏡,可以知興替;以人為鏡,可以明得失。朕常保此三鏡,以防己過。今魏徵殂逝,遂亡一鏡矣!徵亡後,朕遣人至宅,就其書函得表一紙,始立表草,字皆難識,唯前有數行,稍可分辨,云:『天下之事,有善有惡,任善人則國安,用惡人則

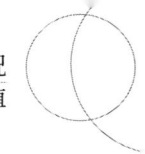

第一章 《史記》的魅力、價值及其研究概況
第一節 《史記》的魅力和價值

國亂。公卿之內,情有愛憎,憎者唯見其惡,愛者唯見其善。愛憎之間,所宜詳慎,若愛而知其惡,憎而知其善,去邪勿疑,任賢勿貳,可以興矣。』」

《新唐書》卷九十七:

帝后臨朝嘆曰:「以銅為鑑,可正衣冠;以古為鑑,可知興替;以人為鑑,可明得失。朕嘗保此三鑑,內防己過。今魏徵逝,一鑑亡矣。朕比使人至其家,得書一紙,始半稿,其可識者曰:『天下之事,有善有惡,任善人則國安,用惡人則國弊。公卿之內,情有愛憎,憎者惟見其惡,愛者止見其善。愛憎之間,所宜詳慎。若愛而知其惡,憎而知其善,去邪勿疑,任賢勿猜,可以興矣。』其大略如此。」

我們熟知的是「以人為鏡」的典故。而新、舊《唐書》中的「憎者唯見其惡,愛者唯見其善」更是發人深省,這直到我們今天都極富於現實意義。一般人對於喜歡的人都是「情人眼裡出西施」,對於自己厭惡憎恨的人是咬牙切齒、恨之入骨;而這樣是極不理性,也不客觀的。所以魏徵認為人們應該「愛而知其惡,憎而知其善,去邪勿疑,任賢勿猜」。而「以人為鏡」的典故出自《墨子》,非李世民之原創。《墨子‧非攻中‧十八》:「古者有語曰:『君子不鏡於水,而鏡於人。鏡於水,見面之容;鏡於人,則知吉與凶。』」唐太宗李世民善於聽取各種諫議,深諳「兼聽則明,偏信則暗」之理。其直諫大臣魏徵曾上疏數十,直陳其過,勸太宗宜內自省,居安思危,察納雅言,擇善而從。後魏徵逝去,太宗親臨弔唁,痛哭失聲,乃發前言。前車之轍,後車之鑑。「以人為鏡」乃指以人為借鑑,即以歷史上人物的成敗得失引以為鑑,以免重蹈覆轍。我們學習《史記》,要注意閱讀《史記》中的人物傳記,從歷史人物身上找到對自己人生有意義、有價值的經驗或教訓,使自己的人生多些圓滿少些缺憾。

《史記》的學習意義重大,簡直可以說是見習社會人生的一條捷徑,如認真閱讀思考,定收穫良多;勸各位勤讀《史記》,從司馬遷和《史記》那裡尋見人生的意義。基於此,閒塗數句如下:

五帝三王迄嬴劉,興亡醒醉書紙透。

司馬史記為鏡鑑,坎漫人生任遨遊。

五、崇高人格、創新精神的激勵作用

司馬遷在《與摯伯陵書》中說:「君子所貴乎道者三:太上立德,其次立功,其次立言。」摯峻,字伯陵,是司馬遷的朋友。摯峻「退身修德」,隱居山中,做了隱士。彼時的司馬遷對他的做法並不贊同,於是寫信勸說。司馬遷所論即所謂「三不朽」,指的是立德、立功、立言。「三不朽」精神又稱「三立」精神。語出自春秋時魯大夫叔孫豹:「豹聞之,太上有立德,其次有立功,其次有立言,雖久不廢,此之謂不朽。」言「不朽」是相對於世俗之祿位而言的。世俗祿位光榮富貴,但是往往隨身死而消失,或者死後不久就消失,不能感召人心,傳之久遠,此之謂「朽」。而立德、立功、立言三者,均能感召人心,傳之久遠,故言「不朽」。

在「三不朽」中,「立德」居於首位,原因有三,第一,因為「德」是做人之根本,人可以無「立功」,無「立言」,但只要道德高尚,就不失一堂堂正正之人。第二,道德高尚之人,能夠教化感召普通人向善,其本身也就是立功。其三,道德的建立是適應人的心性而自然樹立起來的,而心性與自然天地之道相通,所以「立德」一事,其本身也已經具備了超越小我、為天地立心的大精神。「立功」位於「立德」之後居於「立言」之前是因為功業的建立,都是基於人後天之所為,但功業建立後,能直接惠及百姓,延及後世,同樣能夠「不朽」。「立言」居於最後者,因言論的影響必須借助後世識者才能發揚光大,其效果比不上「立德」的直指人心和「立功」的立竿見影。雖然如此,但人類社會的發展往往要建立在前人經驗的基礎上,所以亦為「不朽」。「三不朽」就是司馬遷的人生觀。一個人具有高尚的道德,還要擁有個人的獨立和自由,一個人的意義和價值能夠透過著作流傳下去,透過後世的閱讀、傳播發揮著有益的影響,這也無形中實現了自己的立德、立功和立言的不朽理想。

司馬遷在遭受了生命的極端打擊後,仍堅持活了下來。用《報任安書》中的話說就是:「人固有一死,死有重於泰山,或輕於鴻毛,用之所趨異也。」人的死有輕有重,關鍵看為什麼去死,怎樣去死。在《太史公自序》中還記載了父親的臨終遺言:「且夫孝始於事親,中於事君,終於立身。揚名於後世,以顯父母,此孝之大者。」孝道始於奉養雙親,進而侍奉君主,最終在於立

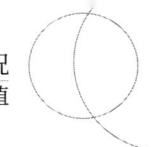

第一章　《史記》的魅力、價值及其研究概況
第一節　《史記》的魅力和價值

身揚名。揚名後世來顯耀父母是最大的孝道。由此可見，司馬遷把立身揚名看作孝道的最高準則。司馬遷將立身揚名看得非常重要，甚至超越了忠君。其實，在先秦時代人們將孝順奉養父母當作了人生的第一要務。管仲在論述與鮑叔牙的友誼時曾說道：「吾嘗三戰三走，鮑叔不以我怯，知我有老母也。」（《管晏列傳》）而伍子胥更是將殺父之仇凌駕於君臣之義之上，為了報仇而不惜離開楚國。這都說明在某個時期孝道之極是對父母的孝順奉養。

然後又進而提出了「發憤著書」說：「古者富貴而名摩滅，不可勝記，唯俶儻非常之人稱焉。蓋西伯拘而演《周易》；仲尼厄而作《春秋》；屈原放逐，乃賦《離騷》；左丘失明，厥有《國語》；孫子臏腳，《兵法》修列；不韋遷蜀，世傳《呂覽》；韓非囚秦，《說難》（說，言遊說之道為難，故曰說難或者理解成遊說帶來的災難）、《孤憤》；《詩》三百篇，大氐聖賢發憤之所為作也。此人皆意有所鬱結，不得通其道，故述往事，思來者。」大意是，古時候雖富貴而名聲卻泯滅不傳的人，是無法都記載下來的，只有卓越不凡的特殊人物能夠名揚後世。然後列舉了周文王受拘推演《周易》六十四卦、孔子受困作《春秋》、屈原放逐創作《離騷》、左丘明失明後創作《國語》、孫臏被截去膝蓋骨編撰《兵法》著作、呂不韋貶官而世上流傳《呂氏春秋》、韓非被秦國囚禁寫出《說難》、《孤憤》的例子，司馬遷甚至認為，《詩經》三百篇，大都是聖賢為抒發憂憤而創作出來的。所有這些都是由於主人翁心中憂鬱苦悶，無法實現其理想，於是記述以往的史事，想讓後來的人看到並瞭解自己的心意的啊。對於其中的例子，其實有不少是不符合史實的，比如，韓非囚於秦國而寫《說難》、《孤憤》，呂不韋的《呂氏春秋》的編撰在遭貶遷徙之後，周文王、孔子和左丘明的創作等等其實都缺乏歷史證據來證明，而說《詩經》三百篇「大氐聖賢發憤之所為作」，更是難圓其說，因為《詩經》大量的愛情詩，尤其是纏綿美好的愛情詩是難以與「聖賢發憤」扯上關係的。在有的人看來，這簡直是胡謅八扯，但是否可以說司馬遷不懂歷史呢？其實司馬遷很清楚有些例子並不可靠，但為了表達內心的激憤之情是有意為之，抒發真情實感才是根本，在內容與形式發生矛盾時，他毫不猶豫地站到了內容一邊。後代讀者在閱讀時，往往會為其中所抒發的真情所打動，被其中蘊含的哲理所感染，而不會苛求其中的細節真實。借用《項羽本

紀》司馬遷為樊噲所設計的語言來解釋這種做法，即「大行不顧細謹，大禮不辭小讓」。

循此而來，唐代散文家韓愈提出了「不平則鳴」說。《送孟東野序》：「大凡物不得其平則鳴。草木之無聲，風撓之鳴；水之無聲，風蕩之鳴。其躍也或激之，其趨也或梗之，其沸也或炙之；金石之無聲，或擊之鳴。人之於言也亦然。有不得已者而後言，其歌也有思，其哭也有懷。凡出乎口而為聲者，其皆有弗平者乎！」大意說，自然界各種事物處在不平靜的時候就會發出聲音：草木本來沒有聲音，風搖動它就發出聲響。水本來沒有聲音，風震盪它就發出聲響。水浪騰湧，或是有東西在阻遏水勢；水流湍急，或是有東西阻塞了水道；水花沸騰，或是有火在燒煮它。金屬石器本來沒有聲音，有人敲擊它就發出音響。人的語言也同樣如此，往往到了不得不說的時候才發言。人們唱歌是為了寄託情思，人們哭泣是因為有所懷戀，凡是從口中發出而成為聲音的，大概都有其不能平靜的原因吧！

宋代詩文革新領袖歐陽修進而提出了「窮而後工」說。歐陽修在《梅聖俞詩集序》裡有這樣一段話：「予聞世謂詩人少達而多窮。夫豈然哉？蓋世所傳詩者，多出於古窮人之辭也。凡士之蘊其所有而不得施於世者，多喜自放於山巔水涯。外見蟲魚草木風雲鳥獸之狀類，往往探其奇怪，內有憂思感憤之鬱積，其興於怨刺，以道羈臣寡婦之所嘆，而寫人情之難言，蓋愈窮則愈工。然則非詩之能窮人，殆窮者而後工也。」大意是，我聽到世人說，詩人很少有顯達的，而多數都處於窮頓困厄之中，真是這樣嗎？大概世上所傳的詩，多數是出於古代窮頓困厄的人的言辭吧。凡是讀書人中胸懷才志，而又不能施展於世的人，多數喜歡放浪自己在山巔水邊，外面可以看見蟲魚草木、風雲鳥獸的形狀和品類，常常會探究它們的奇形怪狀；心中懷有積存著的憂思感憤，興起於怨憤諷刺，用以表達羈旅的臣子和寡居的婦女們的慨嘆，而描寫人們感情中難以言狀之處，這大概是人越窮頓困厄，詩就越寫得好吧。這樣說來，不是作詩能使人窮頓困厄，倒是窮頓困厄的人才能寫出好詩。

導源於《史記》乃至《周易》的「發憤著書」，或者徑直說「逆境出人才」說的發展軌跡十分清晰，可以借用歐陽修的「窮而後工」說來概括。一般意義上的理解多指的是地位低賤，物質生活方面處於逆境；而實際上精神方面

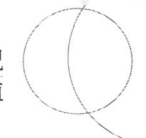

的「窮」也能夠鍛鍊人的意志和潛力。物質生活方面的有兩種情況，一種是終生貧困，唐朝的苦吟詩人孟郊、賈島屬此類。歐陽修說：「孟郊、賈島皆以詩窮至死，而平生尤自喜為窮苦之句。孟有《移居》詩云：『借車載家具，家具少於車。』乃是都無一物耳。又《謝人惠炭》云：『暖得曲身成直身。』人謂非其身備嘗之不能道此句也。賈云：『鬢邊雖有絲，不堪織寒衣。』就令織得，能得幾何？」清代黃景仁等人的詩歌，對於當時社會的刻畫可謂入木三分，深刻得讓人警醒，感情真摯，有的讓人為之黯然神傷而泣下。比如：「全家都在風聲裡，九月衣裳未剪裁」（《都門秋思》），「慘慘柴門風雪夜，此時有子不如無」（《別老母》），「十有九人堪白眼，百無一用是書生。莫因詩卷愁成讖，春鳥秋蟲自作聲」（《雜感》）。再一種是先達後窮，李煜和曹雪芹是很好的例子。而後者更容易創造出有深度的文學作品。精神生活方面的「窮」是說創作者物質生活方面並沒有「窮」，反而有所提高，但由於多方面的原因，精神生活卻極為痛苦，這是另一種意義的「窮而後工」，這一種情況也往往能夠創作出非常優秀的作品。

司馬遷遭李陵之禍，慘受宮刑。出獄之後，司馬遷升為中書令，官位雖比太史令為高，但只是「埽除之隸」、「閨閣之臣」，與宦者無異，因而更容易喚起他被損害、被汙辱的記憶，他「每念斯恥，汗未嘗不發背沾衣也」。對於這樣的奇恥大辱，司馬遷一直是憤憤難平，但還是隱忍苟活下來，將滿腔的鬱憤澆注到這部史書中。正是因為這一次巨大的變故，使得他對於最高統治者有了更新更深的認識，對於當時的世態炎涼有了深刻的體悟，支持他活下去的最大動力是完成父親的遺囑，完成一部「究天人之際，通古今之變，成一家之言」的偉大著作，這也成為他活下去的最大精神支柱。在《史記》的創作中，對於歷史上一些與之境遇相似的士子經常抱著同情褒揚的態度進行評價和謳歌，這裡面飽含著作者自己多深的感慨啊！

范雎、蔡澤和虞卿由坎坷而暢達、由布衣而卿相的人生經歷充滿著戲劇性。司馬遷在他們的傳記後發出如下感慨：

「范雎、蔡澤世所謂一切辯士，然遊說諸侯至白首無所遇者，非計策之拙、所為說力少也。及二人羈旅入秦，繼踵取卿相，垂功於天下者，固強弱

之勢異也。然士亦有偶合，賢者多如此二子，不得盡意，豈可勝道哉！然二子不困厄，惡能激乎？」（《范雎蔡澤列傳》）

「虞卿料事揣情，為趙畫策，何其工也！及不忍魏齊，卒困於大梁，庸夫且知其不可，況賢人乎？然虞卿非窮愁，亦不能著書以自見於後世云。」（《平原君虞卿列傳》）

范雎和蔡澤起初的遭遇非常之坎坷，但兩人並不氣餒，始終不改其志，終取卿相之職，虞卿為了朋友而不惜放棄了自己的相位，窮困潦倒，但因此而激發了他的著述慾望。如果他們「不困厄」，「非窮愁」，又怎麼能夠取得最後的成功呢？言外之意是坎坷、挫折誰都會經歷，但就看你如何看待、如何處理？如果以坦然的心態從容面對種種挑戰，就可以鍛鍊出超人的才能，激發出深藏著的潛能，最終鑄就一個人的成功；甚至可以說挫折、痛苦和打擊是一個人成功的必修課。從這個角度重新審視自己的遭遇，李陵之禍未嘗不是一件好事。就姑且將其看做是一件好事吧，如果不能擺脫厄運，那就勇敢地接受它。司馬遷自己遭遇宮刑，遭受莫大恥辱，他沒有走向自我毀滅，而是走向了奮進，化悲痛為力量，發憤著書，將自己的生活遭際，對於人生社會的看法，自己的孤憤難言的情緒傾注到這部書中，這樣《史記》也就成了一部偉大的抒情之書。從對范雎、蔡澤和虞卿的感嘆中，我們似乎能夠讀得出司馬先生的孤憤和一絲欣慰。正所謂「賦到滄桑句便工」，也正是失之東隅，收之桑榆啊。

所以，一個人希望一輩子一帆風順是不大可能的，遇到了挫折、打擊後能從容應對，在人生的歷練中成長、成熟，進而才能走向成功，才能享受人之所以為人的幸福和價值。人無論是順境還是逆境都不能丟掉了精神，沒有了精神的追求無異於行屍走肉。追求可大可小，追求可遠可近，只要是符合國家的、社會的利益，就是可取的。司馬遷遭受了人世最大的打擊，甚至是毀滅性的打擊，但他能夠「死而後生」，勇敢地站起來，創造了偉大的光照千古的輝煌之作。這正表現出了他偉大的人格力量，在《史記》中所表現出的創新精神為後世留下了取之不盡、用之不竭的精神財富。

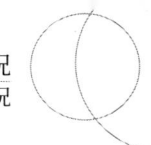

我們很可能不是個偉大的人，但我們可以做一個強者，一個對社會有用的人，只要我們擁有了崇高的人格、勇於創新的精神，「天行健，君子以自強不息」，只要我們堅持就應該會到達理想的彼岸。

第二節　《史記》研究概況

在前面我們已經述及，自產生以來，《史記》就受到了歷代學者的重視。具體而言，西漢時《史記》流傳不久，就開始有學者引用《史記》中的文字，並且出現了許多續寫《史記》之作。東漢時期的研究者以班氏父子為代表，二人對司馬遷的生平遭際、思想及《史記》的各方面進行了總體評價。自此後，各朝各代的《史記》研究代不乏人。

本部分簡單介紹古代《史記》研究的概況，重點講述現在大陸國內外關於《史記》的研究概況，包括《史記》研究的成果、方法，將目前《史記》研究的深度、廣度作簡要的說明。

一、自漢至清，《史記》的研究專著達 101 部，單篇論文 1435 篇，囊括了名物典章、地理沿革、文字校勘、音韻訓詁、版本源流以及疏解、讀法、評注等領域，方法是綜合材料，排比引證，基本是微觀的淺層次的資料式的「文獻」研究。從文學研究角度來看，因時代文化環境與研究者知識領域的限制，與中國古代文學批評的特點相一致，近代以前的學者多側重於感性的直觀式評點的單篇分析，缺少具有綜合性、邏輯性、理論性的宏觀研究和文、史兼顧的文學本體論分析。

二、20 世紀以來，關於司馬遷與《史記》的學術研究隊伍日益壯大，幾乎在每所大學，每個地區都能找得到研究學者。學者們的研究範圍非常廣泛，對司馬遷生卒年、生平、家世，對《史記》的各方面都有所研究。

20 世紀初期主要傾向於考據研究，集中到司馬遷的行年、《史記》疑案、馬班異同、《史記》與公羊學、《史記》三家注等領域。學者開始借鑑西方心理學、社會學、民族學、民俗學的理論，進而帶動了司馬遷人格與社會、民族、民俗思想的更深入地研究。當然，《史記》的文學研究仍是百年來的重點。我們可以把 20 世紀的《史記》研究依據不同特點分為三段：

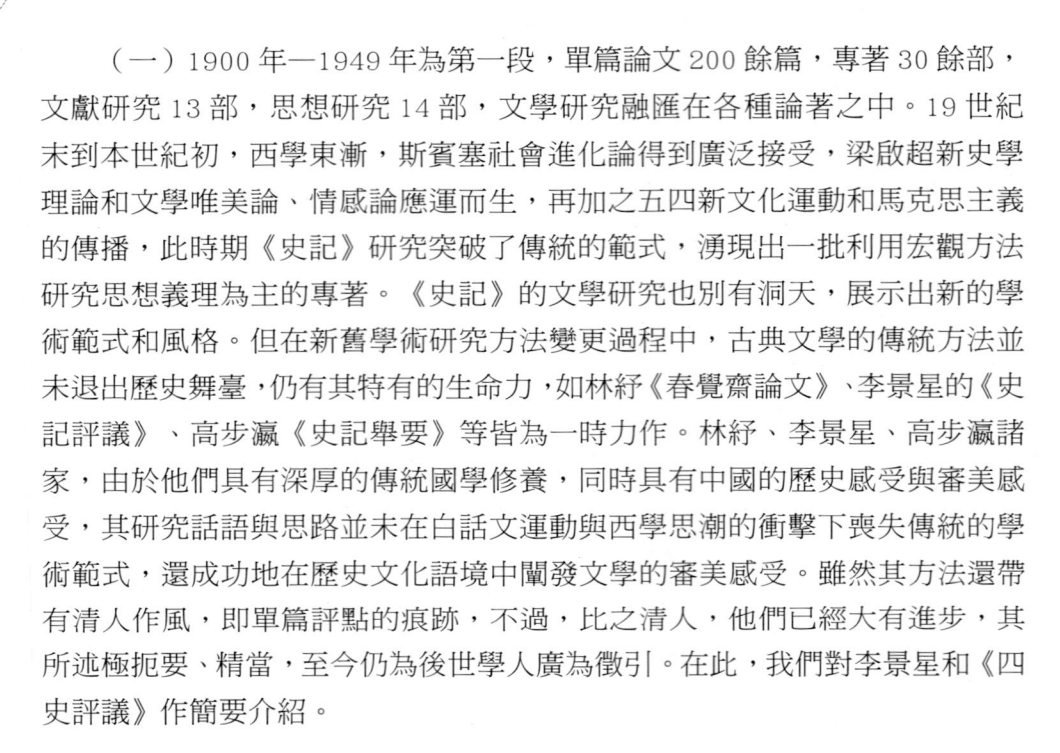

（一）1900年—1949年為第一段，單篇論文200餘篇，專著30餘部，文獻研究13部，思想研究14部，文學研究融匯在各種論著之中。19世紀末到本世紀初，西學東漸，斯賓塞社會進化論得到廣泛接受，梁啟超新史學理論和文學唯美論、情感論應運而生，再加之五四新文化運動和馬克思主義的傳播，此時期《史記》研究突破了傳統的範式，湧現出一批利用宏觀方法研究思想義理為主的專著。《史記》的文學研究也別有洞天，展示出新的學術範式和風格。但在新舊學術研究方法變更過程中，古典文學的傳統方法並未退出歷史舞臺，仍有其特有的生命力，如林紓《春覺齋論文》、李景星的《史記評議》、高步瀛《史記舉要》等皆為一時力作。林紓、李景星、高步瀛諸家，由於他們具有深厚的傳統國學修養，同時具有中國的歷史感受與審美感受，其研究話語與思路並未在白話文運動與西學思潮的衝擊下喪失傳統的學術範式，還成功地在歷史文化語境中闡發文學的審美感受。雖然其方法還帶有清人作風，即單篇評點的痕跡，不過，比之清人，他們已經大有進步，其所述極扼要、精當，至今仍為後世學人廣為徵引。在此，我們對李景星和《四史評議》作簡要介紹。

李景星（1876—1934），費縣人，著名文史學者，先後在費縣和肥城、嶧縣等地教書，晚年致力著述，有著作20餘部。刊行於世的有《四史評議》、《經說》等。1933年負責總纂《費縣誌》，將近完稿時病逝。其中，《四史評議》最為著名，包括《史記評議》、《漢書評議》、《後漢書評議》、《三國志評議》四部分，韓兆琦先生對該書評價很高，在該書序言中說：「《四史評議》是李景星的一部系統的研究前四史的專著，對前四史逐篇地進行了分析考訂，他大至篇章的命題、作品的中心、作者的用意、歷史人物的結構，甚至小至一詞一語、一時一地的勘核推敲，都花費了許多工夫，作出了許多令人嘆服的分析和論斷。」

關於司馬遷的生年問題，學界主要有兩種觀點：其一是張守節、王國維等認為生於漢景帝中元五年（前145年）；其二是司馬貞、桑原騭藏、李長之、郭沫若等主張生於漢武帝建元六年（前135年）。二說相差十歲。

1916年，王國維發表《太史公系年考略》，1923年又發表《太史公行年考》，收入《觀堂集林》卷十一，第一次將司馬遷的生卒年與生平經歷的

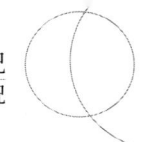

考證結果公之於世，認定司馬遷生於景帝中元五年，即公元前145年。鄭鶴聲《司馬遷年譜》以王氏論著為藍本，在王說基礎上有所補充和增訂，還附有《司馬氏世系表》、《尚書傳授世系表》、《司馬遷遊歷區域表》、《司馬遷交遊表》等較有價值的考證。王氏對司馬遷卒年的論斷：其卒年「絕不可考，……然視為與武帝相終始，當無大誤」，已獲得學界認同。而司馬遷生年的另一主張最早則由日本學者桑原騭藏提出，1922年《東洋文明史論叢》刊發了他的《關於司馬遷生年之一新說》的論文，該文由周德永譯成中文，刊發在《中國公論》1942年5月7卷2期第95頁到98頁，其文認為司馬遷生於武帝建元六年，即公元前135年，李長之1948年出版的《司馬遷之人格與風格》一書也主此說。李長之對此問題列舉了十方面的理由進行了論證。

關於司馬遷生年的兩種說法，歷來的根據都是《太史公自序》中的兩條注。《太史公自序》說：「（太史公）卒三年而遷為太史令，紬史記石室金匱之書，五年而當太初元年。」在「遷為太史令」下，司馬貞的《索隱》注為：「《博物誌》：『太史令茂陵顯武里大夫司馬遷，年二十八，三年六月乙卯，除六百石。』」在「五年而當太初元年」下，張守節的《正義》注為：「按：遷年四十二歲。」

司馬談死於元封元年（前110年），所謂卒三歲，就是到了元封三年（前108年）。假如《索隱》對，這年司馬遷28歲，那麼，司馬遷應生於漢武帝建元六年（前135年）。太初元年是公元前104年，假若《正義》所述正確，這年司馬遷42歲，司馬遷應生於漢景帝中元五年（前145年）。這樣兩種說法之間就有了10年的出入。兩種說法似乎都有一定道理，有人認為《正義》所謂42歲並非指太初元年時司馬遷42歲，而是說司馬遷只活了42歲。此說不足為據，因為張守節的斷語是以《集解》為前提的，《集解》引李奇語：「遷為太史後五年，適當於武帝太初年元年，此時述史記。」由此可見，42歲應為其時年齡，而非壽命。關於此問題學術界一直爭論不休，現一般多主景帝中元五年說，認為《索隱》的「年二十八」為「三十八」之誤。張大可先生的《司馬遷評傳》認為：「司馬遷生年問題，自1916年王國維提出，到八十年代中，經過了近一個世紀，中外學者幾代人的努力，尤其是五十年

代中和八十年代初兩次全國性大規模的學術討論，可以說基本上廓清了問題，現在可以作出定論。張守節的『案遷年四十二歲』，是依據《索隱》『年三十八』之文以推斷司馬遷太初元年時四十二歲。《索隱》與《正義》，不僅依據材料同源，他們的觀點一致。以《索隱》『年三十八』與《正義》『年四十二』推斷司馬遷生年為漢景帝中元五年，即公元前145年。」

關於司馬遷的卒年，尚無確切文獻可證明，大抵「與漢武帝相終始」，一般認為約卒於征和三年（公元前90年），寫完《報任安書》後不久即離開人世。有人認為是死於武帝之手，有學者認為死於武帝之後昭帝時期。

（二）1949年—1979年是第二段。因受政治影響，此期研究學者與研究論著比較有限，而且《史記》的研究被打上鮮明的時代教條的烙印，此時段的研究成果多側重於《史記》人民性、道德觀、階級性等政治性方面的分析，文學上的創新成果較少。有兩部著作值得一提，分別是鄭鶴聲的《司馬遷年譜》和季鎮淮的《司馬遷》。他們對司馬遷生平行年和作品的研究多有創獲，尤其是季著更側重於用文學紀傳的特質來剖析《史記》的紀傳文學價值，頗為新穎。陳直對《史記》名稱及早期傳播的研究，盧南喬從體例角度的研究，侯外廬、任繼愈從哲學思想角度的研究，程金造對《史記》三家注的研究等都獨具新見。同時，中華書局點校本《史記》、金德建《司馬遷所見書考》、陳直《史記新證》、錢鍾書《管錐編‧史記會注考證五十八則》等也都具代表性。

（三）從1980年至今是第三段。隨著中國對內改革、對外開放政策的逐步落實深化和中外文化的交流與發展，司馬遷與《史記》的研究步入嶄新期。80年代以來，學者數量激增，論著超過130部，論文超過1600篇。文獻與西方史學理論、方法相結合成為一大潮流，馬克思主義唯物史觀、歷史進化論的客觀運用，澄清了上一時期的極「左」思潮，心理學、歷史地理學、考古學、民俗學、社會學等學科學理的引入，大大拓寬了《史記》的研究領域。對司馬遷思想和《史記》在文學、史學、哲學、經學等方面的研究，使《史記》一書的百科全書價值得到彰顯，論著的綜合性涵蓋了司馬遷的歷史觀、政治觀、經濟觀、戰爭觀、社會倫理觀、學術觀、歷史編纂意識、文學觀、美學思想、法律思想、民族思想、人才觀、婦女觀、天文學思想、醫學思想等所

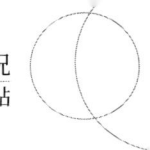

有方面。在各種司馬遷的評傳和《史記》綜論的著作中，以及數千篇的單篇論文中，論者都涉及了《史記》幾乎所有方面的文學成就評價。

第三節　當代《史記》研究的特點

《史記》的愛好者代不乏人，現在研究者越來越多，目前《史記》研究存在著什麼樣的問題？新時代我們如何去閱讀《史記》？對司馬遷和《史記》的研究如何出新？這都是需要我們認真思考的問題。從當代《史記》研究特點的總結和分析中，應該對我們現在和今後的閱讀和研究有一定的啟示。

一、唯物史觀能發現宏觀本質

以前的研究，多偏重辭章技巧，因而陷入尋章摘句中，同時，又刻意追求其中的微言大義，往往任意附會，脫離歷史實際。即便是大家、名家也難以避免，在《史記》有關作品和有關人物的評述中往往會出現某種誤讀。比如對於《淮陰侯列傳》篇名的解讀，為什麼稱「淮陰侯」而不名之「韓信」呢？有學者認為是與眾不同，顯示出司馬遷對他的讚美、歌頌與同情。而實際上，此稱呼的不同只是為了區別韓王信，加之韓信雖稱王但不終，最後以淮陰侯而被族誅的原因。

恩格斯說唯物史觀是馬克思主義新哲學世界觀的核心。恩格斯還說，唯物史觀就是關於現實的人及其歷史發展的科學。什麼是唯物史觀？1872至1873年，恩格斯在《論住宅問題》中說：「唯物史觀是以一定歷史時期的物質經濟生活條件來說明一切歷史事件和觀念、一切政治、哲學和宗教的。」

馬克思在《〈政治經濟學批判〉序言》中有對唯物史觀的經典表述：「人們在自己生活的社會生產中發生一定的、必然的、不以他們的意志為轉移的關係，即同他們的物質生產力的一定發展階段相適合的生產關係。這些生產關係的總和構成社會的經濟結構，即有法律的和政治的上層建築豎立其上並有一定的社會意識形態與之相適應的現實基礎。物質生活的生產方式制約著整個社會生活、政治生活和精神生活的過程。不是人們的意識決定人們的存在，相反，是人們的社會存在決定人們的意識，社會的物質生產力發展到一定階段，便同它們一直在其中運動的現存生產關係或財產關係（這只是生產

關係的法律用語）發生矛盾。於是這些關係便由生產力的發展形式變成生產力的桎梏。那時社會革命的時代就到來了。隨著經濟基礎的變更，全部龐大的上層建築也或慢或快地發生變革。」這段話可以看做是唯物史觀的集中而深刻的說明，這裡主要闡釋了三條基本原理：一是生產力決定生產關係，隨著生產力的發展，生產關係也要隨著發生改變；二是經濟基礎決定上層建築，隨著經濟基礎的變更，上層建築也會或慢或快地發生變革；三是社會存在決定社會意識。

當代學術界在唯物史觀的指導下，把司馬遷的寫作活動與當時漢代封建社會的政治狀況、經濟狀況、文化狀況等緊密地聯繫起來，不僅揭示出了司馬遷著史的動機，而且能夠從社會關係的總體解析中判斷出這種發展的客觀規律性，找出物質生產發展的根源。比如漢初與漢武帝時期對待匈奴政策明顯不同，外在的原因是統治者的性格的不同，而其中內在的原因是生產力發展的必然結果。經過了漢初高祖、文景之治時期的休養生息，到漢武帝時，生產力獲得了巨大的發展，由此具備了與匈奴戰爭的物質條件——經濟基礎，經濟基礎又對上層建築產生一定的作用，最終決定了漢武帝對匈奴的強硬政策。

二、縱橫比較可見異同優劣

古代的《史記》比較研究，多侷限於馬、班異同上。當代的《史記》研究大大拓展了比較研究的範圍，概括而言有如下三個方面：一是《史記》自身篇目的比較，解釋司馬遷運用「互見法」的創造和優點，這是橫向比較。二是將《史記》與前代、後代的史學和文學作比較，這是縱向比較。與前代比：與《春秋》、《左傳》、《戰國策》以及諸子的比較，與《離騷》、《楚漢春秋》等的比較，探索司馬遷對前代思想以及文獻資料的選擇、繼承與發展；與後代比：與《漢書》、《資治通鑑》以及戲曲、小說等作比較。當代全面系統地探索《史記》對後世傳記及小說的影響，成為文學界研究《史記》的一大主流，有關的論文論著都不少，占當代《史記》研究總量的三分之一還多。其三，將《史記》與國外的史學著作比較。齊思和在 1956 年 1 月 17 日的《光明日報》上發表的《〈史記〉產生的歷史條件和它在世界史學上的地位》，是第一篇運用歷史比較法將《史記》與希臘史學名著綜合比較的文章，

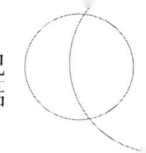

做出了基本判斷,那就是「《史記》的特點在於它的全面性,尤其是對於生產活動、學術思想和普通人在歷史上的地位的重視」,表述了《史記》在世界文化史上的地位。80年代後,這種研究多了起來,較有代表性的有黃新亞的《論司馬遷在中國文化史上的地位》,劉清河的《從〈舊約〉與〈史記〉的比較試探東方文學的一點規律》等。與國外史學著作比較得出的基本結論是:司馬遷在文獻資料的積累、認識的深度和廣度、表現力的強度等方面,都是同時代東西方最傑出的代表人物。因此,司馬遷不僅是漢代的文化巨人,是中國的文化巨人,而且可以說是整個古代世界的文化巨人。

三、新方法的學習與運用別開洞天

系統論、價值論、藝術辯證法等的運用,使得《史記》研究在傳統研究的基礎上別開洞天,大大開拓了《史記》研究的視野。

關於系統論的提出者,現在公認是加拿大籍奧地利人、理論生物學家L.V.貝塔朗菲(L. Von Bertalanffy)。他的論文《關於一般系統論》於1945年公開發表。到1948年貝塔朗菲在美國再次講授「一般系統論」時,其理論得到了學術界的重視。在1952年發表「抗體系統論」,提出了系統論的思想,1973年提出了一般系統論原理,奠定了這門科學的理論基礎。確立這門科學學術地位的是1968年貝塔朗菲發表的專著:《一般系統理論——基礎、發展和應用》(General System Theory:Foundations,Development,Applications),該書被公認為是這門學科的代表作。

現在學界通常把系統定義為:由若干要素以一定結構形式聯結構成的具有某種功能的有機整體。在這個定義中包括了系統、要素、結構、功能四個概念,表明了要素與要素、要素與系統、系統與環境三方面的關係。系統論認為,整體性、關聯性、等級結構性、動態平衡性、時序性等是所有系統的共同的基本特徵。

系統論的核心思想是系統的整體觀念。貝塔朗菲強調,任何系統都是一個有機的整體,它不是各個部分的機械組合或簡單相加,系統的整體功能是各要素在孤立狀態下所沒有的新質。他用亞里士多德的「整體大於部分之和」的名言來說明系統的整體性,反對那種認為「要素性能好,整體性能一定好,

以局部說明整體」的機械論的觀點。同時他還認為，系統中各要素不是孤立地存在著，每個要素在系統中都處於一定的位置上，起著特定的作用。要素之間相互關聯，構成了一個不可分割的整體。系統論的基本思想方法，就是把所研究和處理的對象，當做一個系統，分析系統的結構和功能，研究系統、要素、環境三者的相互關係和變動的規律性，世界上任何事物都可以看成是一個系統，系統是普遍存在的。徐興海《史記所體現的系統觀》，即運用系統論分析《史記》的整體結構和史學框架。

用系統論來看待《史記》，我們就會發現，《史記》其實正是一個非常嚴密的系統。司馬遷創作《史記》，著眼於全書的整體構思，本紀、書、表、世家、列傳，幾部分互相區別，又互相聯繫，構成了完整的不可分割的整體。透過五部分的有機聯繫將社會歷史的宏觀、微觀，社會生活的方方面面真實而全面地表現出來。在注重用人物紀傳來反映歷史發展的同時，又用書、表二體例將政治、經濟、軍事、文化等諸方面巧妙地聯繫起來。既再現了國家王朝的興亡盛衰史，又不忘記重要歷史人物的活生生的歷史，有點有面，有機結合，這樣就使得《史記》成為了一個偉大的系統工程。

價值問題，簡單說就是一切事物（包括世界萬物、人和社會、人的思想和活動等在內）對於人的意義（好壞、善惡、美醜、利弊、禍福等）問題，以及與之相聯繫的人的反映和選擇等問題。因此哲學上這一問題，實際上涉及人類一切價值思考的共同本質、特徵和規律，普遍的前提和方法等基礎性的問題，對於理解諸如倫理道德、審美藝術、經濟政治、思想文化、生命環境、社會發展乃至日常生活等領域的特殊本質和規律，負有提供深層理論基礎和思想方法的使命，具有普遍的理論意義和現實意義。馬克思主義價值論的形成和發展，不僅對我們的哲學，而且對於眾多的人文社會學科來說，都有密切相關的意義。價值論研究必須在哲學與各門人文社會科學的相互結合、相互促進中，才能發展。

用價值論來研究司馬遷和《史記》，會為我們打開一扇全新的窗戶。司馬遷沒有選擇死刑而是選擇了恥辱的宮刑，這正表現了司馬遷對自己生命更大價值的尊重。《史記》對韓信、彭越等功臣人物的價值進行了充分肯定，以及兔死狗烹所帶給人們的唏噓感嘆，還有像賈誼等傑出人才被埋沒而沒能

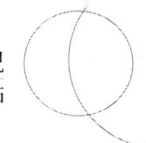

發揮個人價值的慨嘆，對統治者不喜歡或憎恨的遊俠、刺客等人物，司馬遷也能發現他們身上所具有的獨特價值。可以說用價值論來研究司馬遷和《史記》，可以收到意想不到的效果，為我們深入瞭解、把握司馬遷和《史記》提供了一條新的途徑。

藝術辯證法是藝術表現中統一體內矛盾著的雙方，既是互相矛盾的，又是對立統一的，彼此互相聯繫、互相作用的，互為依存、相反相成的，在一定條件下又是可以互相轉化的認識方法和表現方法。藝術辯證法是一個較廣的領域，它有多種多樣的表現形式。文藝學中如虛與實、情與景、悲與喜、哀與樂、愛與恨、哭與笑、莊與諧、動作與反動作、偶然與必然、動與靜、情與理、正與反、隱與顯、緊張與鬆弛、形與神、幻想與現實、俗與雅、程式化與非程式化、寫實與寫意等等都是藝術辯證法的表現形式。

藝術辯證法的運用非常廣泛，用藝術辯證法來研究《史記》，就產生了大量分析《史記》的實錄精神與人物塑造的關係的論文，郭雙成的《史記人物傳記論稿》做了成功的嘗試。

另外，還有學者利用現代化的技術手段來進行《史記》的研究，如李波的《史記索隱》就是利用微機處理《史記》原文取得的成果。

四、文獻與考古結合相得益彰

學術研究重視證據，用證據說話，所以說有「孤證不立」的說法。學術研究一貫有兩種方法：一重證據法：傳統考據學。清末、民國在河南安陽出土了大量殷墟甲骨，甲骨上的文字為古史研究提供了新的材料。因之，王國維適時地提出了「二重證據法」（即六經、先秦諸子、《史記》等「紙上材料」和甲骨文金文這一「地下材料」）。還有所謂三重證據法的研究。葉舒憲發表了一系列的論文論著，正式提出「三重證據法」這一新的方法論原則，即在「紙上材料」和「地下材料」二重證據的基礎上再增加跨文化的人類學材料這個「第三重證據」。

近代考古學的發展運用於《史記》研究，首推王國維用甲骨文、金文證明《史記》記載的夏商周三代歷史較為可信。王國維和郭沫若都運用漢簡考證司馬遷生卒年。利用考古材料全面論證《史記》的史料價值，陳直的《史

記新證》作出了新貢獻,吳樹平等人的《全注全譯史記》也大量吸收考古成果進行研究。

　　當代《史記》研究,重視微觀研究,更偏重宏觀,以歷史的研究為主導,把《史記》從「史料學」的研究水平提高到「史記學」的研究高度上來,把司馬遷和《史記》放到中國文化、中國思想文化史的大背景中進行評述,於是,《史記》研究走上了科學化的軌道,開拓了「史記學」的新格局。將考據和唯物史觀的分析方法相結合,宏觀和微觀互相補充,考論結合,大大提高了當代《史記》的研究水平。著名的代表作品有張大可的《太史公釋名考辨》,吳汝煜的《史記與公羊學》,趙生群的《〈史記〉〈戰國縱橫家書〉史料價值考論》等。

五、應用研究、普及閱讀方興未艾

　　由於《史記》的百科全書性質,全社會全方位歷史的特點,當代《史記》的應用研究非常繁榮。一大批講《史記》,說策略,析哲理,論寫作,談人生的著作如雨後春筍般地湧現出來。如,《讀史記學做人》、《品史記小人物成大事的經典案例》、《〈史記〉與民族精神》、《史記智慧全集》、《〈史記〉的明鏡之鑑——細讀史家經典200句》、《〈史記〉寫作文化研究》、《讀史記心得》,等等,簡直不勝枚舉。還有很多篇章賞析類的著作更是難以統計。這些著作透過不同的角度對《史記》進行了全方位的解讀,為《史記》的廣泛傳播造成了積極的作用。

　　當代社會,電視、網路的影響巨大,為適應當代人,尤其是年輕人的閱讀習慣,中央電視臺等媒體借助現代傳播手段,推出了一系列與電視講座同步發行的讀物。如王立群、孫立群等學者的「讀評史記」系列,該系列的講讀,注重情節,還原歷史,個性評點,形式靈活,語言幽默詼諧,大大推動了《史記》的普及閱讀與傳播。

　　這給我們今天的研究者以有益的啟示,為了使傳統經典產生更大的效用,在做好嚴肅學術研究的同時,我們可以做一些普及性的工作,將學術與普及結合起來,把知識性與趣味性糅合起來,真正讓《史記》走向青少年,走向大眾,讓《史記》走近萬千心靈,為當代的文化荒漠注入股股甘泉。這既是

學術研究的最高境界，也是當代史記研究學者義不容辭的職責，司馬先生在天有靈，也會多了幾分欣慰吧！

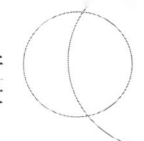

第二章　《史記》產生的環境和條件

　　早在兩千多年前，中國就產生了《史記》這樣一部具有世界影響的歷史學和文學巨著，這真稱得上是世界人類文化史上的奇觀。《史記》的出現絕不是偶然的，自然有其產生的特有時代環境和必備的條件。

▍第一節　漢武盛世

　　明代的胡應麟在《詩藪》中這樣總結唐代詩歌的時代特點：「盛唐句如『海日生殘夜，江春入舊年』，中唐句如『風兼殘雪起，河帶斷冰流』，晚唐句如『雞聲茅店月，人跡板橋霜』，皆形容景物，妙絕千古；而盛、中、晚界限斬然。故知文章關氣運，非人力。」在胡應麟看來，詩歌是時代的產物，詩歌與時代的關係密切，盛唐、中唐、晚唐詩歌都具有各自的鮮明特點，所以得出了「文章關氣運，非人力」的結論。一定社會政治經濟文化背景與文學的關係或近或遠，不一定成正比關係。但是文學是時代的產物，一定會打上所屬時代的印痕，這是毋庸置疑的。非常之人才可能為非常之事，一部偉大的文史巨著的誕生，離不開非常之人，非常之人當然也離不開一個特殊的時代，非常之人必待非常之世，所以，我們說唯有人和時代的因緣際會才可能創造出空前絕後的輝煌。

　　《史記》的產生有著特殊的時代環境，漢初「天子不能具鈞駟，而將相或乘牛車，齊民無藏蓋」（《平準書》），天子找不到一樣顏色的四匹馬，將相只能坐牛車，民無貴賤。所以說齊民，猶言平民，是說百姓家裡沒有多餘之物。經過高祖劉邦、惠帝劉盈、呂雉、文帝劉恆、景帝劉啟幾代，中央集權的統治日益牢固，國家逐漸高度統一，國力日益強盛，經濟高度繁榮，人民比較富裕，中外交流增多，這些必然帶來文化學術的大發展。漢武帝劉徹是西漢第五代皇帝，大漢帝國在漢武帝時代達到了最強盛時期。司馬遷言當時之盛況：「至今上即位數歲，漢興七十餘年之間，國家無事，非遇水旱之災，民則人給家足，都鄙廩庾皆滿，而府庫餘貨財。京師之錢累巨萬，貫朽而不可校。太倉之粟陳陳相因，充溢露積於外，至腐敗不可食。眾庶街巷有馬，阡陌之間成群，而乘字牝者儐而不得聚會。守閭閻者食粱肉，為吏者

長子孫，居官者以為姓號。」(《平準書》)在這樣一個全面發展的強盛時期，文化學術的大繁榮就成為一種可能。《史記》這樣一部鴻篇巨制的出現就成為一種必然。就客觀環境而言，《史記》的面世有如下的原因：

首先，這是總結秦亡教訓、鞏固西漢統治的需要。秦王朝在中國歷史上具有非常重要的地位，結束了長期分裂的局面，建立了中國歷史上第一個統一的中央集權制的封建王朝。但是這樣一個強勢的王朝短短的 15 年就滅亡了，這給人留下了很多的思考，秦迅速崛起的原因何在？秦短命的原因又是什麼？

雖然秦朝在文學上沒有取得大的成就，但政治上的極大成功和瞬間土崩瓦解卻給西漢初年的思想家、政治家提出了一系列發人深省的課題，也使許多才華橫溢的、希望嶄露頭角的漢初文人有了發揮各自聰明才智的廣闊天地。

陸賈，漢初思想家，政治家。早年隨劉邦平定天下，口才極佳，常受命出使諸侯。劉邦即帝位後，他受命出使南越，說服尉佗接受漢朝賜予的南越王印，向漢稱臣，被任為太中大夫。劉邦即位初，重武力，輕詩書，《酈生陸賈列傳》云：「陸生時時前說稱《詩》、《書》。高帝罵之曰：『乃公居馬上而得之，安事《詩》、《書》！』陸生曰：『居馬上得之，寧可以馬上治之乎？且湯、武逆取而以順守之，文武並用，長久之術也。昔者吳王夫差、智伯極武而亡；秦任刑法不變，卒滅趙氏。鄉使秦已並天下，行仁義，法先聖，陛下安得而有之？』高帝不懌而有慚色，乃謂陸生曰：『試為我著秦所以失天下，吾所以得之者何，及古成敗之國。』陸生乃粗述存亡之徵，凡著十二篇。每奏一篇，高帝未嘗不稱善，左右呼萬歲，號其書曰《新語》。」

《新語》的中心就是秦所以失天下、漢所以得天下和古代帝王的興衰成敗之理。陸賈認為秦朝滅亡的根本原因是：「秦以刑罰為巢，故有覆巢破卵之患；以趙高、李斯為杖，故有頓仆跌傷之禍。」(《新語·輔政》)所以陸賈認為最高統治者應該「行仁義，法先聖」，要採納「逆取順守，文武並用」的統治方略，唯有如此才可能避免重蹈秦亡的覆轍。自陸賈《新語》首論「過秦」之後，繼續關注秦失天下的是賈山，《漢書·賈山傳》云：「孝文時，(賈山)言治亂之道，借秦為喻，名曰《至言》。」賈山的《至言》載於《漢書》本傳，其基本思想是對陸賈思想的深化。

第二章 《史記》產生的環境和條件
第一節 漢武盛世

接著就是我們所熟知的年輕的思想家賈誼（前 200—前 168），賈誼把漢代政論體散文創作推向一個新的高度。其《過秦論》上中下三篇總結了秦亡的教訓：秦亡的原因在於「仁義不施，而攻守之勢異也」。天下應該武取文治，仁義是陸賈和賈誼著作共同的關鍵詞，如此而論，賈誼的《過秦論》是對《新語》的進一步闡發和提煉。

生活在這樣的形勢氛圍下，司馬遷對此問題也非常感興趣。賈誼的《過秦論》三篇全部收在《史記》中，限於篇幅，陸賈的著作只載其名，但也告訴我們：司馬遷很可能也進行了詳盡的研讀。非常之人必待非常之世，非常之世才會產生非常之人，只有非常之人才能成非常之事。而在《史記》中，司馬遷也承擔瞭解答這方面課題的任務。《史記》有大量篇幅都滲透著司馬遷關於秦朝滅亡短命的思考。《秦始皇本紀》在「太史公曰」中讚歎賈生「善哉」並全文引用了《過秦論》，表明了司馬遷的態度；《平津侯主父列傳》中嚴安的論述：「鄉使秦緩其刑罰，薄賦斂，省繇役，貴仁義，賤權利，上篤厚，下智巧，變風易俗，化於海內，則世世必安矣。」《汲鄭列傳》記汲黯當面批評漢武帝「內多欲而外施仁義，奈何欲效唐虞之治乎」而引得漢武帝「默然，怒，變色而罷朝」。其他如《酈生陸賈列傳》、《李斯列傳》、《陳涉世家》等都涉及了總結秦亡教訓以鞏固漢王朝統治的重大課題。

其次，文化大發展大繁榮為修史提供了有利條件。司馬遷創作《史記》，是建立在前代學者研究成果的深厚積澱基礎之上的。《春秋》、《尚書》、《左傳》、《國語》、《世本》、《戰國策》等史書的先後問世為《史記》的成書奠定了堅實的基礎。秦始皇統治時期，進行了「焚書坑士」的滅絕文化的政策，當然不可能有巨著產生的條件，再加之當時的書寫文字繁瑣，書寫材料難得，所以那個時候不可能出現這樣一部巨著。漢朝建立以後，歷代皇帝重視文治，多次頒布詔書，對獻書活動進行鼓勵和獎勵，並召集人士整理藏書。比如孔安國貢獻古書。我們今天到曲阜去，會看到一處叫「魯壁藏書」的歷史遺蹟，處在孔廟東院，緊靠故宅井。與「魯壁藏書」有聯繫的是一段曲折的故事。魯壁裡的藏書，是公元前 154 年西漢皇帝劉啟的兒子劉餘從淮南遷到曲阜，被封為魯王（史稱恭王）後，在其擴建王宮拆除孔子故宅時發現的。在這段牆壁裡，藏有珍貴的《尚書》、《禮》、《論語》、《孝經》

等書簡。這些經典是用蝌蚪文寫成的，不同於當時通用的隸書書寫的經典。所以，人們把它稱為「孔壁古文」。其中最有影響的是《古文尚書》，它比《今文尚書》多 16 篇。

「孔壁古文」是在秦始皇焚書坑士時，孔子第九代孫孔鮒因「秦非吾友……吾將藏之，以待其求」，將這批經典藏在孔子故宅夾牆壁內。孔鮒一直到死也沒有把書取出和說出藏書之地，因而，使這批經典得以保存下來。孔子後裔孔安國先後獻上孔子故居夾牆中發現的先秦經卷。劉向、劉歆父子整理祕府圖書也發現了先秦經卷。西漢透過多方搜求古書，百年之間，皇家「祕府」（國家圖書館）「書植如山」。

漢武帝崇尚武力，又重視文治，下令「天下計書先上太史公，副上丞相，序事如古春秋」（《太史公自序》，《史記集解》引如淳語）。司馬遷說：「百年之間，天下遺文古事靡不畢集。太史公仍父子相繼纂其職。」父子二人相繼主持文化典籍的整理工作，得以閱讀祕籍藏書，成為了最博學的人，這樣為編著《史記》提供了有利的條件，打下了牢固的基礎。

第三，漢武帝叱吒風雲，鑄就大一統盛世。司馬遷生活的時代是漢朝最為輝煌的時代，這是《史記》成書的直接背景。漢武帝一改以往委曲求全的和親懷柔政策，對胡越等地用兵，大肆開拓疆土。漢武帝在位 54 年，對匈奴用兵達 44 年之久，這在中國歷代帝王中，應該說空前絕後了吧。雖說窮兵黷武，勞民傷財，但其正面作用也是非常明顯的。透過對匈奴以及東方、南方、東南方、東北方的軍事鬥爭，使得漢朝的勢力空前強大，版圖幾乎是秦朝的兩倍。

漢武帝對內果斷進行改革，解決了長期困擾漢中央集權統治的諸侯王國問題。漢初，諸侯王的爵位、封地都是由嫡長子單獨繼承的，其他庶出子孫得不到尺寸之地。雖然文、景兩代採取了一定的削藩措施，但冰凍三尺非一日之寒，積重難返，到漢武帝初年，「今諸侯或連城數十，地方千里，緩則驕奢易為淫亂，急則阻其彊而合從以逆京師。」嚴重威脅著漢朝的中央集權。主父偃提出了解決諸侯問題的建議，「今諸侯子弟或十數，而適嗣代立，餘雖骨肉，無尺寸地封，則仁孝之道不宣。願陛下令諸侯得推恩分子弟，以地侯之。彼人人喜得所願，上以德施，實分其國，不削而稍弱矣。」（《平津

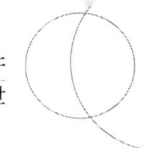

第二章　《史記》產生的環境和條件
第一節　漢武盛世

侯主父列傳》）因此公元前 127 年正月，武帝採納主父偃的建議，頒行「推恩令」。實際上，推恩令並非主父偃的原創，賈誼在《陳政事疏》中就早有論述：「割地定制，令齊、趙、楚各為若干國，使悼惠王、幽王、元王之子孫畢以次各受祖之分地，地盡而止，及燕、梁它國皆然。其分地眾而子孫少者，建以為國，空而置之，須其子孫生者，舉使君之。」但可惜的是，這個表面溫和而實有力的建議未能引起當時統治者的重視。

推恩令是漢朝漢武帝時期推行的一個旨在減少諸侯封地、削弱諸侯王勢力範圍的一項重要法令。主要內容是一改過去由諸侯王只能把封地和爵位傳給嫡長子的情況，允許諸侯王把封地分為幾部分傳給他子，形成直屬於中央政權的侯國。推恩令吸取了晁錯削藩引起七國之亂的教訓，規定諸侯王除以嫡長子繼承王位外，其餘諸子在原封國內封侯，新封侯國不再受王國管轄，直接由各郡來管理，地位相當於縣。這就使得對諸侯王國在名義上沒有進行任何的削藩，避免激起諸侯王武裝反抗的可能，而又因此徹底解決了王國問題。於是「藩國始分，而子弟畢侯矣」，導致封國越分越小，勢力大為削弱，從此「大國不過十餘城，小侯不過十餘里」。這樣就穩固了上層建築，加強了大一統的皇權統治，從而造成了漢大帝國的宏大氣象。

司馬談和司馬遷父子作為漢武帝身邊的重要臣子，積極參加、親身經歷了漢武帝建立恢弘帝業的過程，經歷了盛大的典禮，雄壯的閱兵儀式，以及規模巨大的遊獵、封禪等活動，親受了昂揚宏大的時代精神的洗禮。身有親歷，心有所感，司馬遷父子受到時代的感染，要如實記下這樣一個特殊的時代。所以說，《史記》一書的形成，與漢武帝一朝的宏偉氣象密不可分。

《史記》一書的成書還得益於較開明的時代。高祖時期對秦亡的教訓進行了深入探討和深刻反思。漢文帝時期發動了對秦朝暴政的批判，吸取「雍蔽之傷國也」（賈誼《過秦論》）的歷史教訓，鼓勵臣民直言進諫。漢武帝時期雖然崇尚集權專制，但也有別於後世。雖然有大批直言進諫之士死於武帝之手，但對一些直言、忠言還算能聽得進去，如汲黯、東方朔等。如對窮兵黷武之事，漢武帝晚年也很是後悔，所以有作深刻自我批評和檢討的《罪己詔》傳世。雖然「罷黜百家，獨尊儒術」，但還是能讓臣下直言議政，故

而司馬遷敘史，漢武帝未予更多干涉。在這樣相對和平的環境下，司馬遷才敢於直言，能夠實錄，雖不乏忌諱之辭，但終能成其一家之言。

最後，漢武帝後期的尖銳化矛盾，為司馬遷著史提供了現實依據。《太史公自序》云：「王跡所興，原始察終，見盛觀衰，論考之行事，略推三代，錄秦漢，上記軒轅，下至於茲，著十二本紀，既科條之矣。」「原始察終，見盛觀衰」就是司馬遷研究歷史的方法。「原始察終」，指歷史研究要考察歷史事件、歷史人物發展變化的因果關係；「見盛觀衰」，指要洞察歷史的變化以及變化的原因，更要能在一個王朝鼎盛時看到它衰敗的徵兆。司馬遷用這種方法研究漢朝當代歷史，認識到漢朝的統一和制度，是繼秦朝歷史的發展而來，沒有秦朝的統一就沒有漢朝的統一，從而肯定了秦朝的統一之功。同時又從秦朝短命覆亡原因的剖析中，看到了當代政治所面臨的危機。《漢書‧食貨志》批評秦始皇：「竭天下之資財以奉其政，猶未足以澹其欲也。海內愁怨，遂用潰畔。」而殊不知「竭天下之資財」的說法首先來自司馬遷，批評的對象隱隱指向了今上——漢武帝，「竭天下之資財」以恣己欲並不以為怪，這其實正是步秦始皇之後塵而不知。司馬遷說：「安寧則長庠序，先本絀末，以禮義防於利；事變多故而亦反是。」對於漢武帝的尚武開邊、祭神、封禪、巡遊等「事變」之多極為不滿，認為漢代重用「興利之臣」，以致國耗民貧、天下騷然。然而「物盛而衰，固其變也」（《平準書》），如果不吸取教訓，社會矛盾進一步激化、複雜化，發展到最後，漢朝也很可能會重蹈秦的覆轍。《史記》內容呈現出尊漢與暴露的矛盾，是史學家內心矛盾心理的真實寫照，也正是司馬遷所處時代巨變的反映。

第二節　史官世家

　　司馬遷字子長，漢代夏陽（今陝西韓城縣）人。「遷生龍門，耕牧河山之陽。年十歲則誦古文。」龍門，山名，橫跨在黃河兩岸，東段在山西河津縣北，西段在陝西韓城縣北約五十里。黃河穿越龍門，鯉魚跳龍門的傳說即產生於此。

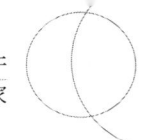

其遠祖在周朝時就擔任史官，故而說司馬家族是「世典周史」。司馬錯為秦朝大將，與指揮長平之戰而大獲勝利的名將白起相比肩。其父司馬談也為史官。

漢武帝即位後，司馬談做了太史令，仕於建元、元封之間。雖然太史令側於下大夫之列，秩比六百石，僅與一個博士官的俸祿相等，但司馬談十分珍惜這一職掌，把他視為自上古以來的世傳祖業。做史官就有史官的追求，他的最大的追求就是完成他的修史理想，揚名後世。但身體欠佳，未得實現夙願。司馬談平時用「世典周史」的光榮家世來教育司馬遷，培養司馬遷。司馬遷十歲就開始誦讀《左傳》、《國語》等古代史籍了。在此以前，司馬遷「耕牧河山之陽」，即幫助家人做些農業勞動，同時大概已學習了當時通行的文字——隸書。隨父到長安後，他又學習了「古文」。

司馬談有廣博的學問修養，曾「學天官於唐都，受易於楊何，習道論於黃子」。又曾為文「論六家之要指（旨）」，對當時流行的六家學說做了開放的評價，在六家中，對儒、墨、名、法和陰陽五家，否定中有肯定，而對道家卻是持完全肯定的態度，這說明他深受當時流行的黃老思想的影響。在漢初，劉邦基本重視道家，用道家理論作為治國的基本指導思想。「漢高祖時代的張良、陳平、曹參是『黃老派』，就是漢高祖本人講鬥智不鬥力，能以退為進，能欲取先予，也是深得黃、老三昧的。」至司馬談生活時代，情形已經有了變化，因為此時漢武帝已慢慢開始推行尊儒的策略。而司馬談全面肯定道家，在《史記》的撰述中，司馬遷對道家也是情有獨鍾。司馬遷父子的這種不人云亦云的獨立學術思想很不簡單。唯其如此，才保證了《史記》創作的獨立個性和鮮明特色。

從文法上來說，該文層次清楚，論述客觀深入，邏輯關係嚴密，有簡單概括，有詳細闡述，語言成熟流暢，是一篇頗為成熟的理論文章。在推重道家時，並沒有王婆賣瓜自賣自誇，把別家思想一棍子打死，而是有理有據地概括了各家思想的主旨，客觀分析其長處與短處，最後自然而然地得出了結論，因道家能夠吸收各家之長，以順應自然變化為常理，所以能夠成為根本之學。

「易大傳：『天下一致而百慮，同歸而殊塗。』夫陰陽、儒、墨、名、法、道德，此務為治者也，直所從言之異路，有省不省耳。」即《周易‧繫辭傳》說：「天下人追求相同，而具體謀慮卻多種多樣；達到的目的相同，而採取的途徑卻不一樣。」陰陽家、儒家、墨家、名家、法家和道家都是致力於如何達到太平治世的學派，只是他們所遵循依從的學說不是一個路子，學習者有的明白，有的不明白罷了。開篇先提出一個驚人的觀點：先秦六家，雖表述各異，有嚴格的門戶之見，但在司馬談看來，本質上卻是「一致百慮」的，這應該是振聾發聵之宏論。

　　接著論析「六家短長」，先對五家的思想主張的長處與短處進行了高度概括，簡單明瞭，卻幾語中的。「嘗竊觀陰陽之術，大祥而眾忌諱，使人拘而多所畏；然其序四時之大順，不可失也。儒者博而寡要，勞而少功，是以其事難盡從；然其序君臣父子之禮，列夫婦長幼之別，不可易也。墨者儉而難遵，是以其事不可遍循；然其彊本節用，不可廢也。法家嚴而少恩；然其正君臣上下之分，不可改矣。名家使人儉而善失真；然其正名實，不可不察也。」即我曾經在私下裡研究過陰陽之術，發現它注重吉凶禍福的預兆，禁忌避諱很多，使人受到束縛並多有所畏懼，但陰陽家關於一年四季運行順序的道理，是不可丟棄的。儒家學說廣博但殊少抓住要領，花費了氣力卻很少功效，因此該學派的主張難以完全遵從；然而它所序列君臣父子之禮，夫婦長幼之別則是不可改變的。墨家儉嗇而難以依遵，因此該派的主張不能全部遵循；但它關於強本節用的主張，則是不可廢棄的。法家主張嚴刑峻法卻刻薄寡恩；但它辨正君臣上下名分的主張，則是不可更改的。名家使人受約束而容易失去真實性；但它辨正名與實的關係，則是不能不認真查考的。

　　道家思想由於吸收了眾家之長而自然高於他學。「道家使人精神專一，動合無形，贍足萬物。其為術也，因陰陽之大順，采儒墨之善，撮名法之要，與時遷移，應物變化，立俗施事，無所不宜，指約而易操，事少而功多。儒者則不然。以為人主天下之儀表也，主倡而臣和，主先而臣隨。如此則主勞而臣逸。至於大道之要，去健羨，紬（同「黜」，去除）聰明，釋此而任術。夫神大用則竭，形大勞則敝。形神騷動，欲與天地長久，非所聞也。」即道家使人精神專一，行動合乎無形之「道」，使萬物豐足。道家之術是依據陰

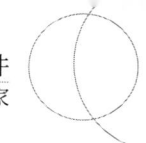

陽家關於四時運行順序之說，吸收儒墨兩家之長，攝取名、法兩家之精要，隨著時勢的發展而發展，順應事物的變化，樹立良好風俗，應用於人事，無不適宜，意旨簡約扼要而容易掌握，用力少而功效多。儒家則不是這樣。他們認為君主是天下人的表率，君主倡導，臣下應和，君主先行，臣下隨從。這樣一來，君主勞累臣下卻得安逸。至於大道的要旨，是捨棄剛強與貪慾，去掉聰明智慧，將這些放置一邊而用智術治理天下。精神過度使用就會衰竭，身體過度勞累就會疲憊，身體和精神受到擾亂，不得安寧，卻想要與天地共長久，則是從未聽說過的事。

承上，在對六家思想作了高度概括的基礎上，深入論述「短長之因」，「夫陰陽、四時、八位、十二度、二十四節各有教令，順之者昌，逆之者不死則亡，未必然也，故曰『使人拘而多畏』。夫春生夏長，秋收冬藏，此天道之大經也，弗順則無以為天下綱紀，故曰『四時之大順，不可失也』。」即陰陽家認為四時、八位、十二度和二十四節氣各有一套宜、忌規定，順應它就會昌盛，違背它不死則亡。這未必是對的，所以說陰陽家「使人受束縛而多所畏懼」。春生、夏長、秋收、冬藏，這是自然界的重要規律，不順應它就無法制定天下綱紀，所以說「四時的運行是不能捨棄的」。

「夫儒者以六藝為法。六藝經傳以千萬數，累世不能通其學，當年不能究其禮，故曰『博而寡要，勞而少功』。若夫列君臣父子之禮，序夫婦長幼之別，雖百家弗能易也。」即儒家以《詩》、《書》、《易》、《禮》、《春秋》、《樂》等「六藝」為法式，而「六藝」的本文和釋傳以千萬計，幾代相繼不能弄通其學問，有生之年不能窮究其禮儀，所以說儒家「學說廣博但殊少抓住要領，花費了力氣卻很少功效」。至於序列君臣父子之禮，夫婦長幼之別，即使百家之說也是不能改變它的。

「墨者亦尚堯舜道，言其德行曰：『堂高三尺，土階三等，茅茨不翦，采椽不刮。食土簋（古代盛食物的器具，圓口，雙耳），啜土刑（通「鉶」，古代盛羹的鼎，兩耳三足，有蓋），糲粱之食，藜藿之羹。夏日葛衣，冬日鹿裘。』其送死，桐棺三寸，舉音不盡其哀。教喪禮，必以此為萬民之率。使天下法若此，則尊卑無別也。夫世異時移，事業不必同，故曰『儉而難遵』。要曰彊本節用，則人給家足之道也。此墨子之所長，雖百家弗能廢也。」即

墨家也崇尚堯舜之道，談論他們的品德行為說：「堂口三尺高，堂下土階只有三層，用茅草搭蓋屋頂而不加修剪，用櫟木做椽子而不經刮削。用陶簋吃飯，用陶鉶喝湯，吃的是糙米粗飯和藜藿做的野菜羹。夏天穿葛布衣，冬天穿鹿皮裘。」墨家為死者送葬只做一口厚僅三寸的桐木棺材，送葬者慟哭而不能盡訴其哀痛。教民喪禮，必須以此為萬民的統一標準。假使天下都照此法去做。那貴賤尊卑就沒有區別了。世代不同，時勢變化，人們所做的事業不一定相同，所以說墨家「儉嗇而難以遵從」。墨家學說的要旨強本節用，則是人人豐足，家家富裕之道。這是墨子學說的長處，即使百家學說也是不能廢棄它的。

「法家不別親疏，不殊貴賤，一斷於法，則親親尊尊之恩絕矣。可以行一時之計，而不可長用也，故曰『嚴而少恩』。若尊主卑臣，明分職不得相踰越，雖百家弗能改也。」即法家不區別親疏遠近，不區分貴賤尊卑，一律依據法令來決斷，那麼血緣之親、尊上禮下的恩愛關係就斷絕了。這些可作為一時之計來施行，卻不可長用，所以說法家「嚴酷而刻薄寡恩」。至於說到法家使君主尊貴，使臣下卑下，使上下名分、職責明確，不得相互踰越的主張，即使百家之說也是不能更改的。

「名家苛察繳（纏繞）繞，使人不得反其意，專決於名而失人情，故曰『使人儉而善失真』。若夫控名責實，參伍不失，此不可不察也。」即名家刻細繁瑣，糾纏不清，使人不能反求其意，一切取決於概念名稱卻失棄了一般常理，所以說它「使人受約束而容易喪失真實性」。至於循名責實，要求名稱與實際進行比較驗證，這是不可不認真考察的。

「道家無為，又曰無不為，其實易行，其辭難知。其術以虛無為本，以因循為用。無成勢，無常形，故能究萬物之情。不為物先，不為物後，故能為萬物主。有法無法，因時為業；有度無度，因物與合。故曰『聖人不朽，時變是守。虛者道之常也，因者君之綱』也。群臣並至，使各自明也。其實中其聲者謂之端，實不中其聲者謂之窾（空）。窾言不聽，奸乃不生，賢不肖自分，白黑乃形。在所欲用耳，何事不成。乃合大道，混混冥冥。光耀天下，復反無名。凡人所生者神也，所託者形也。神大用則竭，形大勞則敝，形神離則死。死者不可復生，離者不可復反，故聖人重之。由是觀之，神者生之

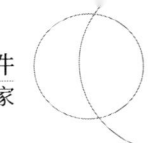

第二章 《史記》產生的環境和條件
第二節 史官世家

本也,形者生之具也。不先定其神形,而曰『我有以治天下』,何由哉?」道家講「無為」,又說「無不為」,其實際主張容易施行,其文辭則幽深微妙,難以明白通曉。其學說以虛無為理論基礎,以順應自然為實用原則。道家認為事物沒有既成不變之勢,沒有常存不變之形,所以能夠探求萬物的情理。不做超越物情的事,也不做落後物情的事,所以能夠成為萬物的主宰。有法而不任法以為法,要順應時勢以成其業;有度而不恃度以為度,要根據萬物之形各成其度而與之相合。所以說「聖人的思想和業績之所以不可磨滅,就在於能夠順應時勢的變化。虛無是道的永恆規律,順天應人是國君治國理民的綱要」。群臣一齊來到面前,君主應讓他們各自明確自己的職分。其實際情況符合其言論名聲者,叫做「端」;實際情況不符合其言論聲名者,叫做「窾」。不聽信「窾言」即空話,奸邪就不會產生,賢與不肖自然分清,黑白也就分明。問題在於想不想運用,只要肯運用,什麼事辦不成呢。這樣才會合乎大道,一派混混冥冥的境界。光輝照耀天下,重又返歸於無名。大凡人活著是因為有精神,而精神又寄託於形體。精神過度使用就會衰竭,形體過度勞累就會疲憊,形、神分離就會死亡。死去的人不能復生,神、形分離便不能重新結合在一起,所以聖人重視這個問題。由此看來,精神是人生命的根本,形體是生命的依託。不先安定自己的精神和身體,卻侈談「我有辦法治理天下」,憑藉的又是什麼呢?

　　司馬談喜歡道家思想,是有自己的理由的,文章最後對此作出了深入細膩的論述。值得注意的是,最後的論述是不是也透露出司馬談對當代政治的一些看法呢?一是對生死的認識,司馬談不相信神仙之說,「神大用則竭,形大勞則敝,形神離則死。死者不可復生,離者不可復反,故聖人重之」,世界上根本沒有什麼神仙,人只有一世,所以人要所作為。這對於祈望長生不老的漢武帝而言,不啻是一種抨擊。既然司馬談不相信神仙之說,所以在劉徹看來,司馬談對於封禪是毫無意義的。這是不是司馬談未能得以參與的真正原因呢?一是「我有以治天下」,是不是對漢武帝時代政治的一種批評呢。漢武帝為滿足一人之私慾,棄絕道家,獨尊儒術,此儒非儒家,而是儒術,實則儒法合流,這在司馬談看來絕對是捨本逐末的做法。所以,此文也表現出對當代政治的一種態度。

司馬談的這篇文章在中國學術史上影響重大。就思想而言,李長之有言:「最可驚異的是他對於古代學術整理出的系統,但尤可值得驚異的則是他對於古代學術的不同派系都還它一個入木三分的得失俱論的真評價。」臺灣學者張素卿認為司馬談「論六家要旨」在學術史上值得注意的特出貢獻有六方面:

1.首先揭示諸學派(「家」)的觀念而綜論其「學」,代替以學者(「子」)作為評述對象;2.區分先秦諸子為「六家」:陰陽、儒、墨、名、法、道,為後世所遵循;3.綜稽六家思想同歸一致之處,曰:此務為「治」也;4.綜述六家論之「要旨」,兼論其短與其長——不專主批評;5.重視「兼綜會通」,推重道家,正以其能「兼綜」各家之長;6.論「學」,亦兼論「政」(「治」),故以「而曰『我有以治天下』,何由哉」作結。

司馬談在文中所表現的明晰的思想、獨立的見解和和科學的批判精神,無疑給司馬遷為先秦諸子作傳以良好的啟示,而且對司馬遷的思想、人格和治學態度也大有影響。

元封元年(前110),漢武帝東巡,封禪泰山。統治者認為這是千載難逢的盛典,司馬談未能參加,「是歲天子始建漢家之封,而太史公留滯周南,不得與從事,故發憤且卒」(《太史公自序》)。這時,司馬遷剛好從西南迴來,司馬談就把自己著述歷史的理想和願望遺留給司馬遷,「余先周室之太史也。自上世嘗顯功名於虞夏,典天官事。後世中衰,絕於予乎?汝復為太史,則續吾祖矣。今天子接千歲之統,封泰山,而余不得從行,是命也夫,命也夫!余死,汝必為太史;為太史,無忘吾所欲論著矣。且夫孝始於事親,中於事君,終於立身。揚名於後世,以顯父母,此孝之大者。夫天下稱誦周公,言其能論歌文武之德,宣周邵之風,達太王王季之思慮,爰及公劉,以尊后稷也。幽厲之後,王道缺,禮樂衰,孔子修舊起廢,論《詩》、《書》,作《春秋》,則學者至今則之。自獲麟以來四百有餘歲,而諸侯相兼,史記放絕。今漢興,海內一統,明主賢君忠臣死義之士,余為太史而弗論載,廢天下之史文,余甚懼焉,汝其念哉!」(「我們的先祖是周朝的太史。遠在上古虞夏之世便顯揚功名,職掌天文之事。後世衰落,今天會斷絕在我手裡嗎?你繼做太史,就會接續我們祖先的事業了。現在天子繼承漢朝千年一統的大業,

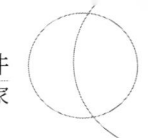

在泰山舉行封禪典禮,而我不能隨行,這是命啊,是命啊!我死之後,你必定要做太史;做了太史,不要忘記我想要撰寫的著述啊。再說孝道始於奉養雙親,進而侍奉君主,最終在於立身揚名。揚名後世來顯耀父母,這是最大的孝道。天下稱道歌誦周公,說他能夠論述歌頌文王、武王的功德,宣揚周、邵的風尚,通曉太王、王季的思慮,乃至於公劉的功業,並尊崇始祖后稷。周幽王、厲王以後,王道衰敗,禮樂衰頹,孔子研究整理舊有的典籍,修復振興被廢棄破壞的禮樂,論述《詩經》、《書經》,寫作《春秋》,學者至今以之為準則。自獲麟以來四百餘年,諸侯相互兼併,史書丟棄殆盡。如今漢朝興起,海內統一,明主賢君忠臣死義之士,我作為太史都未能予以論評載錄,斷絕了天下的修史傳統,對此我甚感惶恐,你可要記在心上啊!」)(《太史公自序》)

司馬遷流涕說:「小子不敏,請悉論先人所次舊聞,弗敢闕!」(《太史公自序》)司馬遷說雖然自己駑笨,但他會詳述先人所整理的歷史舊聞,不敢稍有缺漏的。父親去世三年後,司馬遷果然做了太史令,他以極大的熱情來對待自己的職務,「絕賓客之知,亡室家之業,日夜思竭其不肖之才力,一心營職以求親媚於主上。」(《報任安書》)並開始在「金匱石室」即國家藏書處閱讀、整理歷史資料。這樣經過了四、五年的準備,在太初元年(前104),他主持了改秦漢以來的顓頊曆為夏曆的工作後,就開始了繼承《春秋》的著作事業,即正式寫作《史記》,實踐他父親論載天下之文的遺志。這年司馬遷四十二歲。

清‧趙翼在《廿二史箚記》卷二談到司馬遷寫作《史記》的時間問題:

司馬遷《報任安書》謂:「身遭腐刑,而隱忍苟活者,恐沒世而文采不表於後世也。」論者遂謂遷遭李陵之禍始發憤作《史記》,而不知非也。其《自序》謂:父談臨卒,屬遷論著列代之史。父卒三歲,遷為太史令(前109),即紬石室金匱之書。為太史令五年,當太初元年(前104年),改正朔,正值孔子《春秋》後五百年之期,於是論次其文。會草創吸鍛,而遭李陵之禍,惜其不成,是以就刑而無怨。是遷為太史令,即編纂史事,五年為太初元年,則初為太史令時乃元封二年也。元封二年至天漢二年(前109-前99年)遭李陵之禍,已十年。又《報任安書》內謂:「安抱不測之罪,

將迫季冬，恐卒然不諱，則僕之意終不得達，故略陳之。」安所抱不測之罪，緣戾太子以巫蠱事斬江充，使安發兵助戰，安受其節而不發兵。武帝聞之，以為懷二心，故詔棄市。此書正安坐罪將死之時，則征和二年間事也。自天漢二年（前99年）至征和二年（前91年），又閱八年。統計遷作《史記》，前後共十八年。況安死後，遷尚未亡，必更有刪訂改削之功，蓋書之成凡二十餘年。其《自序》末謂：「自黃帝以來，至太初而訖。」乃指所述歷代之事止於太初，非謂作史歲月至太初而訖也。

　　趙翼認為任安死後，司馬遷又活了好久，因此創作時間應該為二十餘年。王立群先生在講述《報任安書》時認為，其卒年應在征和二年。其依據為：司馬遷寫完這封書信後，再沒有關於司馬遷的任何訊息，因此斷定司馬遷在寫完這封書信後不久即離開了人世，所以認定此書為絕筆之作。司馬遷究竟是如何死的？這可能與其書的「不虛美」、「不隱惡」的實錄筆法有關，也可能與《報任安書》的直白控訴有關。無論是觸怒了最高統治者被殺，或是完成了偉大巨著、失去了精神支柱而自殺，這都有可能。接受宮刑後隱忍苟活下來的原因就是為了完成父親的遺願，著書成為其活下來的精神支柱，當著述大業完成後，可以說，對於一個將生死置之度外的人，無論是被殺，還是自殺，都死而無憾了。

▎第三節　讀萬卷書和行萬里路

　　一個人生活在文明時代，要想成才必先成人。而成人就要首先繼承接受歷代的文明成果，修身養性，具備較好的綜合素質，成為一個有較高精神追求的人，才可能會是有用的人。讀書可以曉事明理，讀書可以修塑人的心靈，善讀萬卷書才可成人，成為一個充實的人，一個有精神追求的人，一個善良的人，一個有益於社會的人。與讀萬卷書相適應的是行萬里路，一個人要想取得大的成功，實踐萬不可少。知行結合，相互促進，理論與實踐相輔相成，古往今來，任何一個成功人士似乎都不可少了讀萬卷書與行萬里路的經歷，司馬遷正是這樣的一個代表。

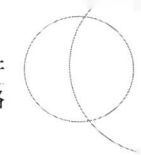

一、讀萬卷書——博覽群書

　　博覽群書，這是成為一個偉大學者的先決條件。司馬遷出身於史官世家，以後又做了太史令，這樣就擁有了比別人更為有利的條件。司馬遷說「百年之間，天下遺文古事靡不畢集。太史公仍父子相繼纂其職」。當時漢武帝下令「天下計書，先上太史公，副上丞相，序事如古春秋」（《太史公自序·集解》）。太史公擁有首先閱讀古籍文獻的特權。

　　面對這麼多古籍，這麼有利的條件，如果不能好好地利用，雖多又有什麼作用呢？從《史記》提供的線索來看，司馬遷閱讀的範圍是非常廣泛的，具體如下：

　　一、「紬史記石室金匱之書」，即閱讀皇家所藏圖書典籍、檔案文書。這部分主要表現在秦漢，尤其是漢代的朝廷文書檔案。這也是《史記》中歷史性最強最可信的部分。如《扁鵲倉公列傳》載倉公之醫案為皇室所藏。《樊酈滕灌列傳》多錄《功令》之文。還有戰國秦漢時期的史書，如《尚書》、《春秋》、《左傳》、《國語》、《戰國策》等都是司馬遷認真閱讀研究的著作。《漢書·司馬遷傳》說：「故司馬遷據《左氏》、《國語》，采《世本》、《戰國策》，述《楚漢春秋》，接其後事，訖於天漢。」

　　二、前代流傳下來的上至古老的有關三代的典籍，諸子百家的著作，都是他的閱讀對象。《竹書紀年》等著作，五帝本紀、三代本紀，以及諸子的傳記都主要來源於上述作品。

　　三、前代、當代文人的創作。下至西漢盛世司馬相如等人的辭賦，他都有涉獵。《史記》中收錄了大量的文學作品，如賈誼的《過秦論》等，司馬相如的《子虛賦》、《上林賦》。為屈原立傳，主要是因為屈原的作品以及屈原的為人，而為鄒陽立傳，似乎更是匪夷所思了，究其因，不正是因為鄒陽《獄中上梁王書》寫得文采飛揚、感情深厚嗎？由此可見司馬遷對文學的重視。

　　司馬遷對於上述文獻不是浮光掠影式地瀏覽，而是認真地鑑別真偽，比較同異。比如，對於九州山川的記載，他認為《尚書·禹貢》是可靠的，而《山海經》等書則不可信。司馬遷讀過魯恭王壞孔子宅所發現的古文，認為其中

關於孔子弟子的記載基本合乎事實。司馬遷還在閱讀文獻的過程中主動和古人溝通，讀其書，識其人，做到知人論世。他不只一次地廢書而嘆，並且產生了為書的作者立傳的衝動。

二、行萬里路——漫遊中國

讀萬卷書能成為一名學問淵博的學者，但僅僅是學者而已，卻未必能成為一位偉大的作家。因為實地的觀察、調查、研究，到歷史人物出生、成長的地區的感悟、體察對於歷史人物的把握具有不可小覷的作用。關於年輕時的漫遊經歷，司馬遷曾經說過：「余嘗西至空桐，北過涿鹿，東漸於海，南浮江、淮矣。」（《五帝本紀》）這是從行蹤四至的角度而言的。「余南登廬山，觀禹疏九江，遂至於會稽太湟，上姑蘇，望五湖；東窺洛汭、大邳，迎河，行淮、泗、濟、漯、洛渠；西瞻蜀之岷山及離碓；北自龍門至於朔方。」（《河渠書》）這是從河渠的角度來說的。具體來說，其漫遊主要有這樣幾次：

二十歲左右遊長江中、下游，山東，河南。到過屈原流放地沅、湘，到廬山、九嶷蒐集舜、禹的傳說，訪問句踐遺跡，到淮陰收集韓信故事，到徐州考察楚漢戰爭古戰場，到魏都大梁考察信陵君遺蹟，在齊魯之地研討遊學。這就是他在《史記·太史公自序》中所說的：「二十而南遊江淮，上會稽，探禹穴，窺九疑，浮於沅、湘。北涉汶、泗，講業齊魯之都，觀孔子之遺風，鄉射（鄉射：古代的射禮）鄒嶧，戹困鄱、薛、彭城，過梁楚以歸。」（二十歲開始南遊江、淮地區，登會稽山，探察禹穴，觀覽九嶷山，泛舟於沅水湘水之上；北渡汶水、泗水，在齊、魯兩地的都會研討學問，考察孔子的遺風，在鄒縣、嶧山行鄉射之禮；困厄於鄱、薛、彭城，經過梁、楚之地回到家鄉。）

不久之後，做了郎中，奉武帝之命巡視四川、雲南，為以後寫《西南夷列傳》、《貨殖列傳》中西南的物產，收集了寶貴的資料。司馬遷自言：「於是遷仕為郎中，奉使西征巴、蜀以南，南略邛、筰、昆明，還報命。」

三十六歲時，隨武帝到泰山行封禪禮，及巡邊、巡長城，如登單于山，東到碣石、遼西，考察了中國北部、東部的地區，為寫《秦始皇本紀》、《今上本紀》、《蒙恬列傳》等創造了條件。廣泛的漫遊使司馬遷擴大了視野，

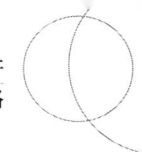

增加了知識，收集了大量的資料，並對人民生活有了較多的感受，對他政治見解的形成和豐富《史記》的內容有重大的影響。

梁啟超研究認為，司馬遷所經行之地在《史記》中有明確的言說。他認為有：《五帝本紀》、《河渠書》、《齊太公世家》、《魏世家》、《孔子世家》、《伯夷列傳》、《孟嘗君列傳》、《信陵君列傳》、《春申君列傳》、《屈原賈生列傳》、《蒙恬列傳》、《淮陰侯列傳》《樊酈滕灌列傳》、《太史公自序》。並且他還認為：「吾儕試取一地圖，按今地，施朱線，以考遷遊蹤，則知當時全漢版圖，除朝鮮、河西、嶺南諸新開郡外，所歷殆遍矣。」其得出的結論是：司馬遷的足跡幾乎踏遍了當時中國的所有區域。在當時交通工具、道路狀況等客觀條件下，司馬遷幾乎走遍了當時的中國，這不得不讓人油然而生敬意。在今天，各方面條件比司馬遷生活時代不知優越了多少倍，但一個人一生所遊歷處不一定能超越兩千多年前的司馬遷，這不禁不讓人為之嘆服。

關於漫遊對司馬遷創作《史記》的影響，我們是這樣認為的，如果司馬遷只是待在書房裡博覽群書，從故紙堆裡也能寫出一部規模宏大的歷史巨著。但是我們說如果沒有這樣幾次大的漫遊，司馬遷是絕對創作不出今天大家所見到的這樣一部文史巨著的。這裡就不得不提到環境和人的關係的問題。

眾所周知，環境與人的關係十分密切，對於二者之間的關係一向有幾種說法：環境決定人，人決定環境，環境與人之間有密切關係。我們認為第三種說法比較科學，環境與人二者之間的關係非常密切。環境對於人的生產、生活具有很強的制約作用；對於人的行為方式、性格、個性以及心理等都具有很明顯的影響；對於人類所創造的文學、文化、民俗、習慣等具有很明顯的制約作用。更直接地說，環境對生活在不同區域的人的影響不同，它可以影響到人的外表，人的內在的個性、心理和社會風尚。從書本上獲得的材料是死的，呆板的。要想把歷史人物寫活，寫得生動逼真，一定要瞭解歷史人物生活的環境。俗話說：一方水土養一方人，歷史人物的生活區域，成長的地理環境不同，不同的地域、不同的地理環境對人的影響就絕不一樣。因為不同的地理環境會形成帶有鮮明特色的地域文化。生活在特定地域中的人必然要受到地域文化的強烈影響。同時，歷史人物還有它出生、成長的特殊環

境，只有深入到歷史人物的故鄉去，才可能把故紙堆裡獲得的死的材料給予最大限度地活的還原。可以說把死的材料和漫遊獲得的材料相糅合才會創作出更接近歷史真實的人物傳記。

從最基本之處看待這個問題，漫遊可以熟悉地形，便於從宏觀整體的角度去把握歷史。在《夏本紀》中，司馬遷對禹的記載，就有許多漫遊的影子。寫大禹治水，兼及治理天下。

「禹乃行相地宜所有以貢，及山川之便利。」

「鳥夷皮服。夾右碣石，入於海。」

「（兗州）貢漆、絲，其篚織文。浮於濟、漯，通於河。」

「海岱維青州……厥貢鹽絺，海物維錯，岱畎絲、枲、鉛、松、怪石，萊夷為牧，其篚檿絲。浮於汶，通於濟。」

「海岱及淮維徐州……貢維土五色，羽畎夏狄，嶧陽孤桐，泗濱浮磬，淮夷珠臮魚，其篚玄纖縞。浮於淮、泗，通於河。」

「淮海維揚州……貢金三品，瑤、琨、竹箭，齒、革、羽、旄，島夷卉服，其篚織貝，其包橘、柚錫貢。均江海，通淮、泗。」

從這些記載可以看出，司馬遷對於每個地區的地理位置、地理形勢、土壤類型以及出產等都至為熟悉，對於向中央進貢的路線更是瞭如指掌。這不僅僅是大禹治水的經歷，更是自己漫遊的極大收穫。可以說，在漫遊中增加了大禹親身生活體驗的感性認識，增強了記史的真實性和可讀性。

司馬遷寫作《史記》成功之一取決於他掌握了大量史料。如前所言，這些史料來源大致有三個方面。一是先秦典籍和當世流傳的著作，司馬遷稱這些材料為「六經異傳」、「百家雜語」。二是檔案文書，這部分也是大量的。如《絳侯周勃世家》中的記載，「最從高帝得相國一人，丞相二人，將軍、二千石各三人；別破軍二，下城三，定郡五，縣七十九，得丞相、大將各一人。」用數據說話，真實詳細，其來源必自檔案文書。三是實地調查的資料，這比文字記載的資料價值大得多，特別是秦漢百餘年歷史的撰寫，主要依據這部分活資料。如他曾親臨秦楚、楚漢戰爭的戰場實地考察了山川形勢。這

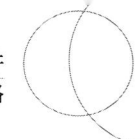

樣，他就能把當時戰役戰場的變化、軍隊出入的路線真實地再現於讀者面前。正如顧炎武所說：

  秦楚之際，兵所出入之途，曲折變化，唯太史公序之如指掌。以山川郡國不易明，故曰東曰西曰南曰北，一言之下，而形勢瞭然。以關塞江河為一方界限，故於項羽，則曰「梁乃以八千人渡江而西」，曰「羽乃悉引兵渡河」，曰「羽將諸侯兵三十餘萬，行略地至河南」，曰「羽渡淮」，曰「羽遂引東欲渡烏江」；於高帝則曰：「出成皋玉門北渡河」，曰「引兵渡河，復取成皋」。蓋自古史書兵事地形之詳，未有過此者。太史公胸中固有一天下大勢，非後代書生之所能及也。

  根據顧炎武的認識，《史記》對兵事地形描寫的詳細清晰是以前史書所沒有的，而太史公對山川地勢的瞭解，也是後代書生難以企及的。司馬遷用實際行動告訴後人一個不容置疑的道理：編撰史書必須親歷其境採訪史事。司馬遷對史料的態度十分審慎，凡所掌握的都進行考訂選擇，可疑的存疑，不知道的不採納，奇談怪異的儘量不寫，正由於此，《史記》才被後人一致公認為「實錄」。「然自劉向、揚雄博極群書，皆稱遷有良史之材，服其善序事理，辨而不華，質而不俚，其文直，其事核，不虛美，不隱惡，故謂之實錄。」劉勰《文心雕龍‧史傳》也說《史記》有「實錄無隱之旨」的特點。

  司馬遷十分重視現代史，所以《史記》的內容詳近略遠，而《史記》之所以上溯到傳說中的黃帝時代，為的是使讀者瞭解當代發展的歷史淵源。《史記》全書130篇，其中專記漢代歷史的就有62篇，將近全書的二分之一，秦至漢（公元前221年—公元前104年）僅百餘年的史事，就占了全書篇幅的十分之六七。這也成為史學領域的優良傳統之一。

  漫遊不僅僅影響著歷史記載的真實性、生動性，同時還把旅途上的見聞感受寫入《史記》，可以說做到了與古人同呼吸、共命運。他漫遊到汨羅江畔，在當年屈原投江自沉的地方，他高聲朗誦著屈原的詩，痛哭流涕，所以他寫《屈原列傳》寫得那麼有感情，他是親自去考察過，他是在學習屈原的基礎上，在與屈原有了心靈交流的基礎上來寫屈原的。

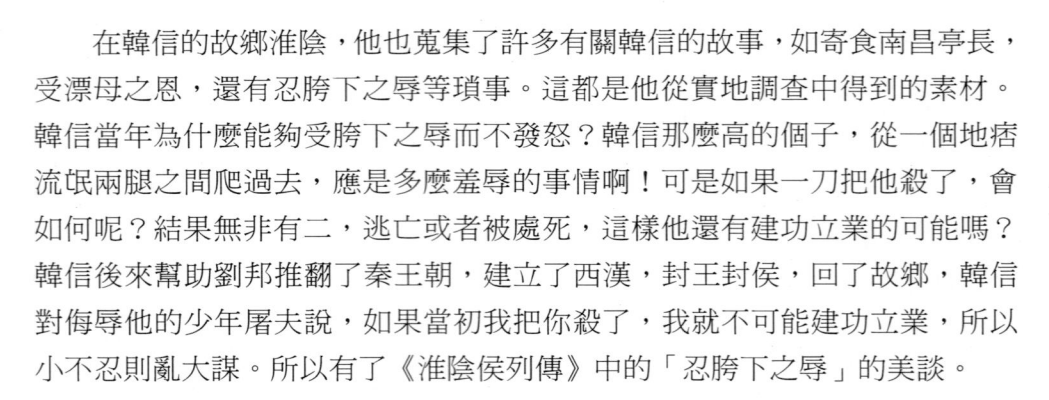

在韓信的故鄉淮陰，他也蒐集了許多有關韓信的故事，如寄食南昌亭長，受漂母之恩，還有忍胯下之辱等瑣事。這都是他從實地調查中得到的素材。韓信當年為什麼能夠受胯下之辱而不發怒？韓信那麼高的個子，從一個地痞流氓兩腿之間爬過去，應是多麼羞辱的事情啊！可是如果一刀把他殺了，會如何呢？結果無非有二，逃亡或者被處死，這樣他還有建功立業的可能嗎？韓信後來幫助劉邦推翻了秦王朝，建立了西漢，封王封侯，回了故鄉，韓信對侮辱他的少年屠夫說，如果當初我把你殺了，我就不可能建功立業，所以小不忍則亂大謀。所以有了《淮陰侯列傳》中的「忍胯下之辱」的美談。

他在曲阜瞻仰了孔子墳墓，還和孔子故鄉的一些儒生在一起攬衣挽袖、一步一揖，學騎馬、學射箭、學行古禮，以此表達他對孔子的紀念，高山仰止，表現出對孔子深深的景仰之情。在孟嘗君的故鄉薛城，他走鄉串巷，考察民風，而且他考察這個地方的民風跟當年孟嘗君好客養士有什麼關係，所以一路走來，所看到不僅僅是沿途風光，更重要的是一路考察，考察歷史人物所生活的社會環境，收集歷史人物的逸聞趣事，不放過任何一個瞭解歷史的人，不放過任何一個存留於人們口碑上的故事，獲得了許許多多從古籍當中所得不到的歷史材料。而漢初開國的顯赫人物在起初幾乎都曾從事過微賤的工作。樊噲屠狗，灌嬰賣繒，蕭何、曹參為獄吏，周勃做過吹鼓手，周昌為小吏，夏侯嬰本是高祖戲耍的玩伴，盧綰和高祖同日生。司馬遷說：「吾適豐沛，問其遺老，觀故蕭、曹、樊噲、滕公之家，及其素，異哉所聞！方其鼓刀屠狗賣繒之時，豈自知附驥之尾，垂名漢廷，德流子孫哉？」這告訴我們在漫遊中可以得到迥異於平常的第一手材料。（《樊酈滕灌列傳》）這些瑣屑之事如果不是到歷史人物成長的家鄉去漫遊調查，司馬遷就無法把這些生動真實的材料寫入《史記》。那麼《史記》的真實性、生動性甚或文學性肯定就要大打折扣。再如劉邦，好酒色，常侮辱官吏，喜歡吹牛皮、說大話等的描寫也都應得自於漫遊中來自於民間的耳聞目睹。

同時他深入民間，廣泛地接觸了百姓大眾的生活，使得他對社會，對人生的觀察、認識逐漸深入。透過漫遊將有關歷史人物的傳記都寫得非常生動具體真實，以至帶有鮮明的地域特徵，具有不同的風格。這一點宋代的馬存有過細膩的論述：

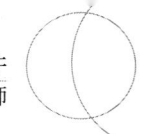

「子長生平喜遊，方少年自負之時，足跡不肯一日休，非直為景物役也，將以盡天下大觀，以助吾氣，然後吐而為書。今於其書觀之，則其生平所嘗遊者皆在焉。南浮長淮，溯大江，見狂瀾驚波，陰風怒號，逆走而橫擊，故其文奔放而浩漫；望雲夢洞庭之波，彭蠡之渚，涵混太虛，呼吸萬壑而不見介量，故其文停蓄而淵深；見九嶷之芊綿，巫山之嵯峨，陽臺朝雲，蒼梧暮煙，態度無定，靡蔓綽約，春裝如濃，秋飾如薄，故其文妍媚而蔚紆；泛沅渡湘，弔大夫之魂，悼妃子之恨，竹上猶有斑斑，而不知魚腹之骨尚無恙者乎？故其文感憤而傷激；北過大梁之墟，觀楚漢之戰場，想見項羽之喑噁，高帝之謾罵。龍跳虎躍，千兵萬馬，大弓長戟，俱遊而齊呼，故其文雄勇猛健，使人心悸而膽栗；世家龍門，念神禹之大功，西使巴蜀，跨劍閣之鳥道，上有摩雲之崖，不見斧鑿之痕，故其文斬絕峻拔而不可攀躋；講業齊魯之都，睹夫子遺風，鄉射鄒嶧，徬徨乎汶陽洙泗之上，故其文典重溫雅，有似乎正人君子之容貌。」

這些實踐活動豐富了司馬遷的歷史知識和生活經驗，擴大了司馬遷的胸襟和眼界，更重要的是使他接觸到廣大人民的經濟、文化生活，體會到人民的思想感情和願望。這對他後來著作《史記》有極其重要的意義。

第四節　師承大師

常言道，名師出高徒。而學無常師才能成為大師。師承西漢鼎盛時期兩位著名的經學大師，一為今文經學大師董仲舒（有學者認為二人之間沒有師生之誼，但司馬遷受到董仲舒的影響應該沒有任何問題）；一為古文經學大師孔安國。司馬遷從董仲舒那裡學習到了民族大一統思想；從孔安國那裡打下了深厚的經學根底。兩漢經學有今文經學和古文經學之分，二者之間學術見解不同，方法迥異，界限森然。在學習上古文今文兼收並蓄，不囿門戶之見，表現出難得的開放的思想文化心態。

歷經秦火戰亂，漢初儒家經典大都無先秦舊本。今文經指漢初由儒生口耳相傳，並用當時流行的漢代隸書記錄下來的經籍。古文經指漢代前期從民間徵集或孔子故宅壁間所發現的用先秦古籀文字寫成的經籍。今文經學注重闡發經文的「微言大義」，主張通經致用，多有聯繫實際的理論闡發。今文

經學以董仲舒、何休等為代表。而古文經學偏重於對文字、音韻、訓詁作精深的研究，學術態度嚴謹，與現實政治問題聯繫較弱；以劉歆、賈逵等為代表。

董仲舒（公元前 179－前 104），廣川（今河北棗強東）人，西漢時期著名的哲學家和今文經學大師，漢景帝時為博士官，以通曉《公羊春秋》聞名於世。他在景帝朝已經做了博士，博士相當於皇帝的學術顧問。董仲舒專心治學，「蓋三年不窺園，其精如此。進退容止，非禮不行，學士皆師尊之。」人們稱其為「三年不窺園」，後來演變為大家熟知的成語「目不窺園」。

在漢武帝時期，因長期對外用兵和統治階級的窮奢極侈，賦役日益苛重，怨聲載道，西漢封建統治內部孕育著嚴重危機。董仲舒為了從意識形態上加強西漢中央政權的統治，創建了「天人感應」、「君權神授」的學說，並提出了「罷黜百家、獨尊儒術」的主張。《史記·儒林列傳》和《漢書·儒林傳》說：「及竇太后崩，武安侯田蚡為丞相，絀黃老、刑名百家之言，延文學儒者數百人。」

其思想主要體現在《天人三策》中，這篇文章有三點思想值得重視，第一，董仲舒認為新王朝成立後，或者新皇帝登基後，應「更正朔，易服色，以順天命而已」。「更正朔」是說修改曆法，「易服色」，「易」是改變，要改變一個王朝的顏色。比如夏朝尚黑，殷朝尚白，周朝尚赤。新王朝建立後要有新王朝的顏色。這其實是告訴人們新王朝的建立是君權神授的，這樣就維護了新王朝的合法性和權威性。第二，提出了「大一統」理論，「大一統」意即高度重視天下徹底的統一。這個思想來源於《春秋公羊傳》，「大一統者，天地之常經，古今之通誼也。」第三，重視發現人才，培養人才。要「興太學，舉賢良」，太學相當於國家最高學府，「立太學以教於國，設庠序以化於邑。」同時還建議地方官員向中央舉薦兩名人才，為了保證舉薦人才的質量，還提出了獎懲制度，「所貢賢者有賞，所貢不肖者有罰。」

司馬遷師從董仲舒，深受其師的影響，而影響最大的應該是「大一統」思想和重視人才的思想，這正體現在整部《史記》之中。而且在《史記》中還大段地引用董仲舒的言論，由此可見董仲舒對司馬遷的影響。在《太史公自序》中，在回答上大夫壺遂問「昔孔子何為而作春秋」時，就引證董仲舒的「講課筆記」說：

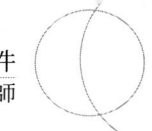

第二章 《史記》產生的環境和條件
第四節 師承大師

「余聞董生曰：『周道衰廢，孔子為魯司寇，諸侯害之，大夫壅之。孔子知言之不用，道之不行也，是非二百四十二年之中，以為天下儀表，貶天子，退諸侯，討大夫，以達王事而已矣。』子曰：『我欲載之空言，不如見之於行事之深切著明也。』夫《春秋》，上明三王之道，下辨人事之紀，別嫌疑，明是非，定猶豫，善善惡惡，賢賢賤不肖，存亡國，繼絕世，補敝起廢，王道之大者也。《易》著天地陰陽四時五行，故長於變；《禮》經紀人倫，故長於行；《書》記先王之事，故長於政；《詩》記山川溪谷禽獸草木牝牡雌雄，故長於風；《樂》樂所以立，故長於和；《春秋》辨是非，故長於治人。是故《禮》以節人，《樂》以發和，《書》以道事，《詩》以達意，《易》以道化，《春秋》以道義。撥亂世反之正，莫近於《春秋》。《春秋》文成數萬，其指數千。萬物之散聚皆在《春秋》。《春秋》之中，弒君三十六，亡國五十二，諸侯奔走不得保其社稷者不可勝數。察其所以，皆失其本已。故《易》曰『失之毫釐，差以千里』。故曰『臣弒君，子弒父，非一旦一夕之故也，其漸久矣』。故有國者不可以不知《春秋》，前有讒而弗見，後有賊而不知。為人臣者不可以不知《春秋》，守經事而不知其宜，遭變事而不知其權。為人君父而不通於《春秋》之義者，必蒙首惡之名。為人臣子而不通於《春秋》之義者，必陷篡弒之誅，死罪之名。其實皆以為善，為之不知其義，被之空言而不敢辭。夫不通禮義之旨，至於君不君，臣不臣，父不父，子不子。夫君不君則犯，臣不臣則誅，父不父則無道，子不子則不孝。此四行者，天下之大過也。以天下之大過予之，則受而弗敢辭。故《春秋》者，禮義之大宗也。夫禮禁未然之前，法施已然之後；法之所為用者易見，而禮之所為禁者難知。」

雖說司馬遷以董仲舒為師，但並不迷信其學說。對董仲舒的有些思想觀點，司馬遷並不盲從。董仲舒認為歷史上只有堯、舜、周文王、周武王等極少數聖王才有資格繼承天命，施行教化，而對中國歷史上第一個封建制中央集權王朝的奠基者——秦始皇，董仲舒深惡痛絕，甚至連謾罵的本事都用上了，他說：「聖王之繼亂世也，掃除其跡而悉去之，復修教化而崇起之。教化已明，習俗已成，子孫循之，行五六百歲尚未敗也。至周之末世，大為亡道，以失天下。秦繼其後，獨不能改，又益甚之，重禁文學，不得挾書，棄捐禮

誼而惡聞之，其心欲盡滅先王之道，而顓為自恣苟簡之治，故立為天子十四歲而國破亡矣。自古以來，未嘗有以亂濟亂，大敗天下之民如秦者也。其遺毒餘烈，至今未滅，使習俗薄惡，人民囂頑，抵冒殊扞，孰爛如此之甚者也。孔子曰：『腐朽之木不可雕也，糞土之牆不可圬也。』」由於秦推行暴政，致使短命而亡，這在漢代許多人的心目中，一直是記憶猶新的。但從歷史的發展上來看，秦朝統一天下的偉大功績是不言而喻的。董仲舒是提倡大一統的，但對秦朝的統一之功卻視而不見，這應該算得上自相矛盾的認識了。司馬遷的觀點更科學更全面，司馬遷基於歷史發展的角度，以學者的眼光做出了判斷：秦王的失敗罪在於己，「秦王懷貪鄙之心，行自奮之智，不信功臣，不親士民，廢王道，立私權，禁文書而酷刑法，先詐力而後仁義，以暴虐為天下始。夫並兼者高詐力，安定者貴順權，此言取與守不同術也。」（《秦始皇本紀》）但不可否認，秦朝的歷史地位非常重要，「秦起襄公，章於文、繆、獻、孝之後，稍以蠶食六國，百有餘載，至始皇乃能並冠帶之倫。以德若彼，用力如此，蓋一統若斯之難也。」（《秦楚之際月表》）經過秦國歷代國王的用心經營，終於結束了長達幾百年的戰亂紛爭割據，本身就是一個偉大的創舉。「至秦有天下，悉內六國禮儀，採擇其善，雖不合聖制，其尊君抑臣，朝廷濟濟，依古以來。至於高祖，光有四海，叔孫通頗有所增益減損，大抵皆襲秦故。」（《禮書》）秦朝的制度大多為漢所沿襲，為漢之大一統奠定了堅實基礎。甚至可以說，如果沒有秦朝的統一，就沒有大漢之天下，大漢之統一。

孔安國，西漢魯人，字子國，孔忠次子，孔子的第十一代孫。西漢著名古文經學家。孔安國少學《詩》於申培，受《尚書》於伏生，學識淵博，擅長經學。漢武帝時任博士，後為諫大夫，官至臨淮太守。據傳，漢魯恭王劉餘擴建宮室拆除孔子故宅，於壁中得古文《尚書》，較今天《尚書》多16篇，孔安國將古文改寫為當時通行的隸書，並為之作「傳」，成為「尚書古文學」的開創者。司馬遷研究《堯典》、《禹貢》等古文，曾向他請教。司馬遷從孔安國那裡學習到了扎實的文獻閱讀查勘的功夫、嚴謹的治學精神，從而在一定程度上維護了史學的權威性，所以其《史記》早有「實錄」之美譽。

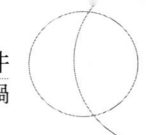

第五節　遭李陵之禍

在司馬遷的生平中，遭遇李陵之禍對於《史記》的成書意義重大，甚至可以說，怎麼形容都不為過。在此前，司馬遷是個順民，是個良民，從內心實在太想做個模範公民了，他希望能夠做個奉公守法的忠心耿耿的盡職盡責的官員。照此人生常態，司馬遷也一定能夠寫出一部比現在我們所見的《史記》更為合格的史書的，但，恐怕中國文學史上就要缺少一部偉大的文學巨著了。我們說恰恰是因為遭此劫難，才促使司馬遷去重新審視歷史和當代政治，在他眼裡，最為敬重的皇帝、政治官僚階層以及當時的社會完全變了個樣，以前司馬遷考察歷史，看重的是表象，這以後司馬遷更為看重的是本質，此次事件將一個平平常常的史官玉成了偉大的歷史學家和偉大的文學家，也使得司馬遷練就了一雙能夠透視歷史、直指人心的火眼金睛，從而將可能的符合歷史學規範的史書鍛造成為一部具有鮮明個性特徵的文史巨著。

元封元年（前106年），司馬談去世。司馬遷守喪三年後，果然如父親臨終遺訓所言，在元封三年，司馬遷繼任太史令。這一年司馬遷38歲。太初元年（前104年），漢武帝頒布了新曆法，定名太初曆，並改年號為太初，改曆是封禪活動的繼續。封禪象徵新王朝受命於天地，改曆象徵受命的完成。漢武帝完成封禪改曆是劃時代的壯舉，神聖非凡。司馬遷適逢其時，參與其事，非常激動。

天漢三年（前98），司馬遷48歲。正當司馬遷專心著述的時候，巨大的災難降臨在他的頭上，那就是遭李陵之禍。關於司馬遷受禍始末，讀者可以參看《漢書·李陵傳》和司馬遷的《報任安書》。

一、廣利出兵，李陵策應

李廣利是漢武帝寵妃李夫人之兄，貳師將軍稱號的由來源自漢武帝的貪心。漢武帝聽說大宛有好馬，便發動了四年大規模的戰爭，先是派了六千騎兵，幾萬浮浪子弟，叫李廣利帶領前往征討。名馬在大宛貳師城，所以稱其為貳師將軍。漢武帝為了幾匹寶馬，興師動眾，勞師遠征，致使生靈塗炭，死傷無數，為了滿足一人之私利，可以說是完全不必要的，根本不值得的。

據《漢書·張騫李廣利傳》載，為獲得貳師寶馬，李廣利先後出兵兩次，第一次歷時兩年，數萬士卒，因戰死、餓死所剩「不過什一二」。第二次出兵，可謂不惜血本，「赦囚徒扞寇盜，發惡少年及邊騎，歲餘而出敦煌六萬人，負私從者不與。牛十萬，馬三萬匹，驢、橐駝以萬數齎糧，兵弩甚設。天下騷動，轉相奉伐宛，五十餘校尉。宛城中無井，汲城外流水，於是遣水工徙其城下水空以穴其城。益發戍甲卒十八萬酒泉、張掖北，置居延、休屠以衛酒泉。而發天下七科適，及載糒給貳師，轉車人徒相連屬至敦煌。」可以說為了幾匹寶馬幾乎傾天下之力，最後的結果是「漢軍取其善馬數十匹，中馬以下牝牡三千餘匹。」所付出的與所獲得的，差別何其大也！所以，漢代學術大師劉向說：「貳師將軍李廣利捐五萬之師，靡億萬之費，經四年之勞，而廑獲駿馬三十匹，雖斬宛王毋鼓之首，猶不足以復費，其私罪惡甚多。孝武一味萬里征伐不錄其過，遂封拜兩侯、三卿、二千石百有餘人。」劉向批判的矛頭指向李廣利，誠然，李廣利是平庸之人，代價如此巨大而收穫甚微，一將成名萬骨枯，漢武帝遂「封廣利海西侯，食邑八千戶」。當然，掠奪寶馬付出慘重的代價，其罪魁禍首正是當時的最高統治者劉徹。

天漢二年五月，漢武帝下達了出擊匈奴的動員令。九月，貳師將軍李廣利率三萬騎兵出酒泉。名義上是出擊匈奴，實際上漢武帝還是想找藉口封賞李廣利。所以做了周密的安排，以確保李廣利的勝利。李陵率五千軍出居延策應，吸引單于的注意力，保證貳師將軍的出擊。李陵「為人自奇士，事親孝，與士信，臨財廉，取予義，分別有讓，恭儉下人，常思奮不顧身以徇國家之急。」李陵接受命令後，帶兵長驅直入，士卒同心，取得了一個又一個的勝利。「李陵提步卒不滿五千，深踐戎馬之地，足歷王庭，垂餌虎口，橫挑強胡，卬億萬之師，與齎連戰十餘日，所殺過當。虜救死扶傷不給，旃裘之君長咸震怖，乃悉征左右賢王，舉引弓之民，一國共攻而圍之。」但猛虎抵不上一群狼，李陵孤軍深入，缺乏援兵，而匈奴傾全力圍攻，形勢岌岌可危，「轉鬥千里，矢盡道窮，救兵不至，士卒死傷如積。」但在如此艱險的情形下，「李陵一呼勞軍，士無不起，躬流涕，沫血飲泣，張空拳，冒白刃，北首爭死敵。」表現出了上下同心、共同禦敵、不怕犧牲的可歌可泣的精神。

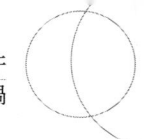

在「陵未沒時，使有來報，漢公卿王侯皆奉觴上壽。」在得到了李陵戰敗的消息後，「主上為之食不甘味，聽朝不怡。大臣憂懼，不知所出。」

二、李陵無援假投降，司馬直言卻遭禍

李陵最後全軍覆沒，投降匈奴，是因為老將路博德以為其後援而為恥，漢武帝於是讓他出兵西河，使得李陵孤軍奮戰沒有救援，這實際上是因漢武帝領導錯誤而導致的悲劇。而李廣利並非優秀人才。此次出征匈奴，漢武帝本想讓他立功而獲封，然而他帶領著三萬騎兵未遇匈奴主力，卻被打得大敗而還。漢武帝見兩路兵敗，內心極其沮喪。阿諛逢迎之臣下，都諱言貳師之敗，全委過於李陵。司馬遷對朝中大臣耍兩面派的做法，很看不慣。當漢武帝召問時，「僕懷欲陳之，而未有路，適會召問，即以此指推言陵功，欲以廣主上之意，塞睚眥之辭。」（我內心打算向皇上陳述上面的看法，而沒有得到適當的機會，恰逢皇上召見，詢問我的看法，我就根據這些意見來論述李陵的功勞，想以此來寬慰皇上的胸懷，堵塞那些攻擊、誣陷的言論。）而司馬遷與李陵並無深交，「夫僕與李陵俱居門下，素非相善也，趣舍異路，未嘗銜盃酒接殷勤之歡。」所以完全是出於一顆公心，抱著為皇帝分憂解圍的初衷來發言的。司馬遷說：「僕竊不自料其卑賤，見主上慘淒怛悼，誠欲效其款款之愚，以為李陵素與士大夫絕甘分少，能得人之死力，雖古名將不過也。身雖陷敗彼，彼觀其意，且欲得其當而報漢。事已無可奈何，其所摧敗，功亦足以暴於天下。意為由於敵我兵力懸殊，李陵帶少數將士轉戰千里，且後無援兵，仍然殺傷近萬敵軍，司馬遷認為古代的名將也不過如此！至於李陵力竭投降，司馬遷以為是不得已而為之，還可能找機會主動報答國家的⋯⋯」

「明主不深曉，以為僕沮貳師，而為李陵遊說，遂下於理。」不過，「久之，上悔陵無救」，漢武帝派遣「將軍公孫敖將兵深入匈奴迎陵。敖軍無功還，曰：『捕得生口，言李陵教單于為兵以備漢軍，故臣無所得。』上聞，於是族陵家，母弟妻子皆伏誅。隴西士大夫以李氏為愧。其後，漢遣使使匈奴，陵謂使者曰：『吾為漢將步卒五千人橫行匈奴，以亡救而敗，何負於漢而誅吾家？』使者曰：『漢聞李少卿教匈奴為兵。』陵曰：『乃李緒，非我也。』」

如果情報準確,如果假以時日,如果李陵家人安好,那麼李陵重新回到漢朝也是非常可能的。但可惜的是,這一切都只是假設。

「因為誣上,卒從吏議。家貧,財賂不足以自贖,交遊莫救,左右親近不為一言。」按照漢朝刑法的規定,被判處死刑的人若想不死,有兩種減免的辦法,或是用 50 萬錢贖罪、或是實行宮刑,破壞其生殖器官。由於沒有錢財,為了能夠活下去,他只好選擇了「宮刑」。

什麼叫宮刑呢?宮,即「丈夫割其勢,女子閉於宮」,就是閹割男子生殖器、破壞女子生殖機能的一種肉刑,又稱蠶室、腐刑、陰刑和椓刑,這些不同的名稱都反映出這一刑罰的殘酷。所謂蠶室,據唐人顏師古的解釋:「凡養蠶者欲其溫早成,故為蠶室,畜火以置之。而新腐刑亦有中風之患,須入密室,乃得以全,因呼為蠶室耳。」這就是說,一般人在受宮刑以後,因創口極易感染中風,若要苟全一命,須留在似蠶室一般的密室中,在不見風與陽光的環境裡待上百日,創口才能癒合。宮刑又稱腐刑,這是因為,對受害者來說,不但肉體痛苦,而且心靈受辱,從此像一株腐朽之木,有桿但不能結實。「腐,宮刑也。丈夫割勢,不能復生子,如腐木不生實。」宮刑又稱陰刑,是指對男子或女子的陰處施加刑罰。把宮刑稱為椓刑,見於《尚書·呂刑篇》,「椓」,據《說文》是以棍擊伐之意,椓刑謂用木棍敲擊女性上身,以破壞其生育機能。

宮刑在中國歷史上由來已久。《尚書》中有多處提到了五刑和宮刑,《堯典》中就有「五刑有服」語。後世一般認為宮刑至少在夏禹以前就已出現。周朝時將受了宮刑的男子稱為「寺人」。「寺」字為會意字,由「士」與「寸」二字構成,在古代,「士」是男性生殖器的象形字,史書所稱「士人」即男人,「士女」即男女;「寸」像一隻手拿著一把小刀,「士」與「寸」合在一起就是用刀割去男性生殖器。

男子受宮刑,一般理解是將陰莖連根割去,但據古籍記載,也有破壞陰囊與睪丸者。如《韻會》一書云:「外腎為勢,宮刑男子割勢。」外腎是指陰囊和睪丸,破壞了它,人的性腺即不再發育,陰莖不能勃起,從而喪失了性能力。

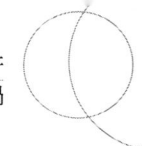

古代的宮刑也適用於女性，對女子的性刑罰，稱為「幽閉」。魯迅在《病後雜談》一文中說：「向來不大有人提起那方法，但總之，是絕非將她關起來，或者將她縫起來。近時好像被我查出一點大概來了，那辦法的兇殘、妥當，而又合乎解剖學，真使我不得不吃驚。」關於「幽閉」，用今天的話來說，「幽閉」就是人為地造成的子宮脫垂。「幽閉」最早的記載也見於《尚書》。與對男子的宮刑一樣，死於「幽閉」的婦女是無法統計的。

我們對宮刑做了較全面的介紹，原因在於宮刑對司馬遷的影響實在太大太大。接受宮刑後，司馬遷一直沉浸在恥辱之中。司馬遷受宮刑後，心情極為痛苦。他在《報任安書》裡，說自己是「腸一日而九回，居則忽忽若有所亡，出則不知所如往。每念斯恥，汗未嘗不發背沾衣也」。司馬遷為什麼如此痛苦呢？除了身體殘缺的原因，更有精神方面的原因。

因為宮刑最初的作用是為了懲罰男女之間不正當的性關係，即「女子淫，執置宮中不得出；丈夫淫，割其勢也」。《伏生書》更云：「男女不以義交者，其刑宮。」受宮刑者，起初皆為淫亂者；後來，此刑也施之於某些非淫亂者，但仍以淫亂者為主。司馬遷是以非淫亂者受的宮刑。在當時的社會觀念中，淫亂是大惡、大恥，「萬惡淫為首」，因此法制上便採取了極為殘忍的割去生殖器的刑罰。司馬遷並沒有犯淫亂罪，只是發表了使漢武帝不快的言論，卻被施以原本是用來懲罰淫亂者的「淫刑」，而且，宮刑用的是騸馬閹豬式的方法，是用整治牲口的辦法整治人，此刑可謂「獸刑」，再者，受宮刑意味著跟宦官相類，而宦官是一群有人格缺陷和道德缺陷的人，是一群被世人看不起並被視之為醜類的人。司馬遷非常鄙視宦官，在《報任安書》裡，他特別說到自古以來人們就以做宦官為恥。孔子因為曾由宦官陪同出遊而感到恥辱。當時的漢文帝非常寵信太監趙同，有一次，文帝坐車出行，趙同在車上服侍，袁盎馬上跪在馬車前面說：「我聽說能和皇帝一起坐在馬車上的人都是英雄豪傑，可現在陛下怎麼和一個身體有殘缺的人坐在一起呢？我們大漢並不缺人才啊！」「於是上笑，下趙同。趙同泣下車。」（《袁盎晁錯列傳》）一個太監連與皇帝同乘的資格都沒有，這說明當時太監的社會地位非常低下。自己雖然不是太監，但如今恰恰自己因為受了宮刑而與宦官有了相同之處，這一切都使得他感覺受到了莫大的恥辱。就漢武帝而言，讓司馬遷受宮刑，

一是惜才，一是用此酷刑警示司馬遷以後說話要注意，三思而後行。從五刑的排列順序來看，五刑分為奴隸制五刑和封建制五刑，奴隸制五刑分為墨、劓、刖、宮、大辟。宮刑是肉刑中最重的，僅次於大辟（斬首），顯然當時人們思想中還殘留著原始時代的初民對生殖器崇拜的影響，生殖器的價值僅次於頭顱。

當然，受宮刑之所以給司馬遷帶來巨大的恥辱，除了以上幾個原因外，從司馬遷自身來說，是因為他的知恥觀念特別強。司馬遷的思想體系是儒家的，他是孔子的崇拜者，孔子及其所創立的儒家，是極講「恥」的觀念的。孔子說，「行己有恥」，「有恥且格」，「知恥近乎勇」，把「恥」作為立身行事的重要準則。司馬遷的知恥觀念特別強，是深受了儒家的影響的。他的《報任安書》通篇都貫穿著儒家的「恥」的觀念，貫穿著因恥辱而發憤的精神。

天漢三年下「蠶室」，受「腐刑」，這是對他莫大的摧殘和侮辱。司馬遷為什麼沒有選擇死亡？是因為他怕死嗎？當然不是。「僕之先人非有剖符丹書之功，文史星曆近乎卜祝之間，固主上所戲弄，倡優畜之，流俗之所輕也。假令僕伏法受誅，若九牛亡一毛，與螻蟻何異？而世又不與能死節者比，特以為智窮罪極，不能自免，卒就死耳。」先說祖先的職務不為天子所重，且為世俗所輕，再說自己假如不選擇受腐刑，而是「伏法受誅」，在周圍人眼裡，自己是罪有應得，並不能顯示出自己有什麼氣節。但又想到著述還沒有完成，不應輕於一死。「所以隱忍苟活，函糞土之中而不辭者，恨私心有所不盡，鄙沒世而文采不表於後也。」於是「就極刑而無慍色」，決心「隱忍苟活」以完成自己著作的宏願。如果不是為李陵說了幾句公道話，司馬遷就不至於遭受宮刑，或者更進一步說，不是因為李陵而是因為李廣利，才遭遇了恥辱之刑。因為在漢武帝時代，漢將投降匈奴，匈奴投降漢朝並不是大不了的事，趙破奴就是很好的例子。趙破奴曾經投降匈奴，「已而歸漢」，為驃騎將軍司馬。以後帶兵與匈奴作戰，匈奴「八萬騎圍破奴，破奴為虜所得」，又一次投降了匈奴，「居匈奴中十歲，復與其太子安國亡入漢」，漢朝又一次接納了他。由此可見，當時李陵投降匈奴是平常之事，只是因為李廣利的摻入而使問題變得複雜了起來，如果沒有李廣利，漢武帝就沒有私心，

也就沒有所謂的尷尬矛盾,當然就沒有司馬遷的進言以及因言遭禍了。司馬遷遭受宮刑,一般都說「遭李陵之禍」,其實「遭李廣利之禍」更恰切。

　　李廣利軍事指揮才能本不突出,其下場也非常可悲。「征和三年,貳師復將七萬騎出五原,擊匈奴,度郅居水。兵敗,降匈奴。」「齎素知其漢大將貴臣,以女妻之,尊寵在衛律上。……衛律害其寵,會母閼氏病,律飭胡巫言先齎怒,曰:『胡故時祠兵,常言得貳師以社,今何故不用?』於是收貳師,貳師罵曰:『我死必滅匈奴!』遂屠貳師以祠。」李廣利之投降源自漢武帝晚年的多疑猜忌,似也是不得已而為之。漢武帝因李陵投降而大發雷霆、寢食難安,沒想到自己所鍾愛的李廣利最終也投降了匈奴,這對劉徹不能不說是一個諷刺。

　　司馬遷是堅強的,但遭李陵之禍,受恥辱之宮刑對司馬遷的影響是終生的,這成為一個永不可磨滅的烙印,深深地刻在他的心頭。他曾說:「太上不辱先,其次不辱身,其次不辱理色,其次不辱辭令,其次詘體受辱,其次易服受辱,其次關木索被箠楚受辱,其次剔毛髮嬰金鐵受辱,其次毀肌膚斷支體受辱,最下腐刑,極矣。傳曰『刑不上大夫』,此言士節不可不厲也。」一個人最重要的是不汙辱祖先,其次是自身不受侮辱,再次是不因別人的臉色而受辱,再次是不因別人的言語而受辱,再次是被捆綁在地而受辱,再次是穿上囚服受辱,再次是戴上腳鐐手銬、被杖擊鞭笞而受辱,再次是被剃光頭髮、頸戴枷鎖而受辱,再次是毀壞肌膚、斷肢截體而受辱,最下等的是腐刑,侮辱到了極點。古書說「刑不上大夫」,這是說士人講節操而不能不加以自勉。司馬遷承繼父親的遺志,重視立身揚名,由於這樣的原因他選擇了接受刑罰,以完成自己的著述大業。

　　經過三年左右的囚禁生活,司馬遷終於出獄。武帝對司馬遷的才能還是愛惜的,任命他為中書令。中書令,名義雖比太史令為高,但只是「埽除之隸」、「闈閤之臣」,與宦者無異,因而更容易喚起他被損害、被汙辱的記憶,他「每念斯恥,汗未嘗不發背沾衣」。但他的著作事業卻從這裡得到了更大的力量,他埋首發憤著述,終於完成了「究天人之際,通古今之變,成一家之言」的巨著——《史記》,並在《史記》若干篇幅中流露了對自己不幸遭遇的憤怒和不平。在太始四年(前93年),司馬遷說:「近自託於無能之辭,

網羅天下放失舊聞，考之行事，稽其成敗興壞之理，凡百三十篇……草創未就，適會此禍。」可見《史記》一書這時已基本完成了。從此以後，他的事跡就不可考，大概卒於武帝末年。他的一生大約與武帝相始終。

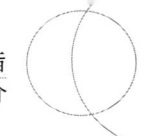

第三章　司馬遷著作簡介及《史記》的創作宗旨

　　司馬遷流傳下來的著作除《史記》外，還有一封重要的書信——《報任安書》，一篇抒情小賦——《悲士不遇賦》。《史記》後面詳講，《報任安書》是理解和把握司馬遷及其《史記》的重要文獻。《悲士不遇賦》曲折表現了司馬遷複雜的思想感情，為我們觸摸司馬遷創作《史記》時的心靈提供了很好的註解。司馬遷創作《史記》，其目的為「究天人之際，通古今之變，成一家之言」，非常簡單的三句話，卻具有極為豐富的內涵。

第一節　《史記》及其他著作簡介

　　司馬遷的著作可用三個「一」來概括，一部史書——《史記》，一封書信——《報任安書》，一篇抒情小賦——《悲士不遇賦》。《漢書‧藝文志》著錄其賦八篇，但今僅存《悲士不遇賦》一篇。

一、《史記》

　　《史記》，原名《太史公書》，又稱《太史公記》、《太史記》，至東漢末年才稱為《史記》。司馬遷意在使其「藏之名山，副在京師，俟後世聖人君子」（見《太史公自序》、《報任安書》）。漢宣帝時，司馬遷外孫楊惲把它公之於世，其時已有少量缺篇。

　　關於《史記》編著的目的、意義和總體框架，《太史公自序》說：「罔羅天下放失舊聞，王跡所興，原始察終，見盛觀衰，論考之行事，略推三代，錄秦漢，上記軒轅，下至於茲，著十二本紀，既科條之矣。並時異世，年差不明，作十表。禮樂損益，律歷改易，兵權、山川、鬼神、天人之際，承敝通變，作八書。二十八宿環北辰，三十輻共一轂，運行無窮，輔拂股肱之臣配焉，忠信行道，以奉主上，作三十世家。扶義俶儻，不令己失時，立功名於天下，作七十列傳。凡百三十篇，五十二萬六千五百字，為《太史公書》。」司馬遷對《史記》的結構、篇數、甚至字數都有明確的記載。由此可見，司

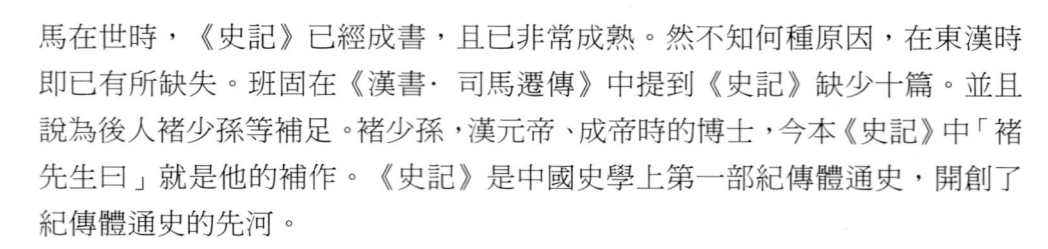

馬在世時，《史記》已經成書，且已非常成熟。然不知何種原因，在東漢時即已有所缺失。班固在《漢書·司馬遷傳》中提到《史記》缺少十篇。並且說為後人褚少孫等補足。褚少孫，漢元帝、成帝時的博士，今本《史記》中「褚先生曰」就是他的補作。《史記》是中國史學上第一部紀傳體通史，開創了紀傳體通史的先河。

司馬遷臨終受命，他立志完成父親未竟的事業，決心要做第二個孔子，寫第二部「春秋」。對於正在進行的撰述，有臣子頗有微詞，司馬遷引《春秋》為自己作了有力地辯解，強調《春秋》的作用怎麼說都不為過。「先人有言：『自周公卒五百歲而有孔子。孔子卒後至於今五百歲，有能紹明世，正《易傳》，繼《春秋》，本《詩》《書》《禮》《樂》之際？』意在斯乎！意在斯乎！小子何敢讓焉。」（《太史公自序》）周公約生於公元前1100年左右，孔子生於公元前551年，相隔約550年。孔子卒於公元前479年，司馬談卒於公元前110年，其間相距不足400年，所以五百年之說有牽強附會之嫌，取整數，重在表明司馬遷生逢其時，只是為了強調其著作的神聖意義。

司馬遷矢志繼承其父命，以孔子作為自己人生的楷模，以《春秋》作為著作的標樣，這一切都激發著他卓越的學養和才情，刻苦鑽研，追求上進。同時，統一而強盛的漢帝國聲威與開放的繁榮的文化氛圍也為他提供了寫作通史的條件。

司馬遷著史絕不是簡化為文獻的蒐集、整理與考證，或是以一種冷漠的態度從外部觀察歷史，經了李陵之禍後，他是帶著深切的痛苦去理解過去時代人物的奮鬥與成敗的。所以，魯迅在《漢文學史綱要》中說：「（司馬遷）發憤著書，意旨自激……恨為弄臣，寄心楮墨，感身世之戮辱，傳畸人於千秋，雖背《春秋》之義，固不失為史家之絕唱，無韻之《離騷》矣。惟不拘於史法，不囿於字句，發於情，肆於心而為文，故能如茅坤所言：『讀遊俠傳即欲輕生，讀屈原、賈誼傳即欲流涕，讀莊周傳、魯仲連傳即欲遺世，讀李廣傳即欲立鬥，讀石建傳即欲俯躬，讀信陵、平原君傳即欲養士也。』」《史記》中活生生的人物給了讀者深深的感染，原因在於司馬遷傾注了太多的心血，太多的情感。《史記》是文學的歷史，也是歷史的文學，是文學與史學的高度統一。溫徹斯特評論其原理說：「史之成為文學者，正是其激動感情

第三章　司馬遷著作簡介及《史記》的創作宗旨
第一節　《史記》及其他著作簡介

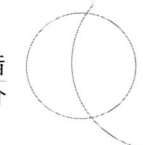

之力為耳。而《左傳》、《史記》之為文學，乃古今所公認，其故是《左傳》、《史記》敘述結構，多訴諸感情耳。本來，文學的表達與歷史的記載，亦有其區別，前者目的在於求美，詞章愈優美，旋律愈起伏越佳；後者的目的在於求真，故事愈近事實，愈近真理愈好。易言之，前者為抒情動感，後者為傳知表信。就其語言而論，前者為負荷情意的江流，後者為裝載概念的舟車。然這二者並非絕對衝突的，譬如《左傳》、《史記》即將二者兼容並蓄。」

二、《報任安書》

《報任安書》又名《報任少卿書》。這是司馬遷寫給其友人任安的一封回信。這封書信交代了《史記》的寫作緣起，遭禍的經歷以及他為了完成自己的著述而決心忍辱含垢的痛苦心情，是研究司馬遷生平思想的重要資料，也是一篇飽含感情的傑出散文。

　　1.寫作緣由

說到任安，就得說說巫蠱之禍；而說到巫蠱之禍，又不得不說到漢武帝與太子劉據的一場恩怨。

漢武帝征和二年（公元前91年），戾太子劉據因江充以巫蠱（用巫術毒害人）之事陷害自己，被逼不得已，殺死江充後帶領自己的親兵在長安城中誅滅奸臣。

蠱，即蠱惑。蠱，通鬼，又通詛，是一種詛咒之術。所謂「巫蠱」，即巫鬼之術或巫詛（咒）之術也。巫蠱之術的具體方法，就是以桐木製作小偶人，上面寫上被詛咒者的名字、生辰八字等，然後施以魔法和詛咒，將其埋放到被詛咒者的住處或近旁。行此術者相信，用此魔法，被詛咒者的靈魂就可以被控制或被攝取。武帝好神仙，尚迷信，晚年多病，更是疑神疑鬼。當時許多方士女巫經常出入宮廷，教宮人埋木偶於地下，祭祀禳災。宮中的婦女互相猜忌告訐，說某某詛咒皇帝。武帝聽了大怒，捕殺後宮和大臣數百人，說是「巫蠱」。一天武帝晝寢，夢見有數千木人打他，驚醒後深感不適，就令其親信江充率領胡巫，到處掘地挖木偶，捉到有嫌疑的人就嚴刑拷問，自京師三輔以至郡國，因此而死的有數萬人之多。

江充本與太子劉據有隙，於征和二年七月指使胡巫說太子宮中有蠱氣，木偶最多，又有帛書。此時武帝正臥病在甘泉宮，和京師不通消息。太子得知，非常害怕，於是聽從少傅石德的計策，詐稱武帝使者捕殺江充和胡巫，下決心起兵殺江充。「征和二年七月壬午，乃使客為使者收捕（江）充等。」「具白皇后，發中　車載射士，出武庫兵，發長樂宮衛，告令百官曰江充反。乃斬江充以徇，炙胡巫上林中。」劉據動員數萬市民與政府軍戰於長安城中，漢代最嚴重的政治動亂——「巫蠱之禍」於是爆發。

　　當時在甘泉宮休養的漢武帝命令嚴厲鎮壓太子軍，又具體指示：「捕斬反者，自有賞罰。以牛車為櫓，毋接短兵，多殺傷士眾。堅閉城門，毋令反者得出。」並且迅速回到長安，停駐城西建章宮，「詔發三輔近縣兵」，親自進行現場指揮。太子軍與政府軍「合戰五日，死者數萬人」，後兵敗出城東逃，在追捕中被迫自殺。在這場內亂中，劉據的兩個兒子也死掉了，只剩下一個孫子劉詢，這就是後來的漢宣帝。

　　關於任安事，司馬遷所記很簡略。附於《田叔列傳》後的褚少孫補敘說得很詳細，也很生動。衛青和田仁是莫逆之交，曾經在衛青府中做門客。因家中貧困，無錢買通將軍的管家，管家就讓他們餵養主人的烈馬。兩人同床而眠，田仁感慨地說：「太不瞭解人了，這個管家！」任安說：「將軍尚且不瞭解人，何況他是管家呢？」衛將軍帶二人拜訪平陽公主，公主家的人讓他們倆和騎奴同在一張蓆子上吃飯，二人感覺這是對他們的侮辱，拔刀割裂蓆子和騎奴分席而坐。由此可見二人對自我人格尊嚴和個人價值的重視。

　　後來皇帝下詔書徵募選拔衛將軍的門客做自己的侍從官，衛青挑選了門客中富裕的人，讓他們準備好鞍馬、絳衣和用玉裝飾的劍，準備進宮報告。正好趙禹來訪，衛青召集舉薦的門客給趙禹看。趙禹依次考問，十多個人中無一能通曉事理富有智謀。趙禹說：「吾聞之，將門之下必有將類。傳曰：『不知其君視其所使，不知其子視其所友』。今有詔舉將軍舍人者，欲以觀將軍而能得賢者文武之士也。今徒取富人子上之，又無智略，如木偶人衣之綺繡耳，將奈之何？」趙禹這段話富含哲理，告訴我們觀人取士應持之法，不瞭解某個領導看一看他任用的人就知道了，不瞭解一個人看一看他結交的朋友就大致清楚了。我們察人用人不可以貌、憑家世出身或者富有程度來做標準。

第三章　司馬遷著作簡介及《史記》的創作宗旨
第一節　《史記》及其他著作簡介

無才無德的有錢人家子弟就像木偶人穿上錦繡衣服罷了。趙禹召集衛將軍的一百個門客，依次考問他們，最終發現了田仁、任安。趙禹說：「只有這兩人能用，其餘都不夠格。」皇帝召集衛將軍門客，二人前去拜見，皇帝召見時詢問他們的才智情況讓他們互相推舉評價。田仁回答說：「提桴鼓立軍門，使士大夫樂死戰鬥，仁不及任安。」任安回答說：「夫決嫌疑，定是非，辯治官，使百姓無怨心，安不及仁也。」決斷嫌疑，評判是非，辨別屬下的官員，使百姓沒有怨恨之心，任安不如田仁。漢武帝大笑著說好！於是讓任安監護北軍，讓田仁到黃河邊上監護邊塞的屯田和生產穀物的事情。這兩人馬上名播天下。

其後用任安為益州刺史，以田仁為丞相長史。……其後逢太子有兵事，丞相自將兵，使司直主城門。司直以為太子骨肉之親，父子之間不甚欲近，去之諸陵，過。是時武帝在甘泉，使御史大夫暴君下責丞相「何為縱太子」，丞相對言「使司直部守城門而開太子」。上書以聞，請捕繫司直。司直下吏，誅死。

後來，讓任安做了益州刺史，讓田仁做了丞相長史。漢武帝認為田仁富有才幹，不懼豪強，又提拔他做了丞相司直，聲威震動天下。司直是丞相輔官，幫助丞相檢舉不法。太子謀反事發，丞相親率軍隊與太子軍戰鬥，命令司直田仁守衛城門。田仁認為太子和皇帝是骨肉之親，不想捲進他們父子之間的衝突，就離開城門到各個陵寢去，使太子得以逃出城門。這時漢武帝正在甘泉宮，派御史大夫暴勝之前來責問丞相：「為什麼放跑太子？」丞相回答說：「我命令司直守衛城門，他卻開門放了太子。」御史大夫上報皇帝，請求批准逮捕司直。司直田仁被送交法官審問後處死。

是時任安為北軍使者護軍，太子立車北軍南門外，召任安，與節令發兵。安拜受節，入，閉門不出。武帝聞之，以為任安為詳邪，不傅事，何也？

任安笞辱北軍錢官小吏，小吏上書言之，以為受太子節，言「幸與我其鮮好者」。書上聞，武帝曰：「是老吏也，見兵事起，欲坐觀成敗，見勝者欲合從之，有兩心。安有當死之罪甚眾，吾常活之，今懷詐，有不忠之心。」下安吏，誅死。

此時，任安擔任北軍使者護軍，太子在北軍的南門外停下車，召見任安，把符節給他，命他調動北軍。任安下拜接受符節，進去後，把軍門關上不再出來。漢武帝認為任安圓滑世故，看到太子謀反事發，想要坐觀勝敗，看到誰勝利就附和順從誰，有騎牆之心。於是把任安交法官判處了死刑（《田叔列傳》）。

事變之後，「巫蠱」冤案真相逐漸顯現於世，「久之，『巫蠱』事多不信」，漢武帝「知太子惶恐無他意」，又接受了一些臣下的勸諫，內心有所悔悟。他「族滅江充家」，又將江充的同黨蘇文焚死在橫橋上，又「憐太子無辜」，在劉據去世的地方築思子宮與歸來望思之臺，以示哀念，一時，「天下聞而悲之」。「戾太子」的「戾」為諡號。這個「戾」字帶有罪惡或有罪之意。諡號是劉據的孫子漢宣帝在位時大臣們根據人物的生平議定的。劉據雖是被冤枉的，但畢竟起兵了，造成長安城內死數萬人的結局。劉詢身為皇帝也不能改變「戾」的諡號，這是諡法的規定。

司馬遷在《田叔列傳》中說：「仁與余善，余故並論之。」由此可見，司馬遷和任安、田仁都是相交很深的朋友。而任安、田仁也是當時少有的忠義之士。在衛青失寵霍去病得寵後，「舉大將軍故人門下多去事驃騎」，而「唯任安不肯」。（《衛將軍驃騎列傳》）兩位好友都牽連其中，這在司馬遷看來，是很難過也很無奈的事。

而當初太子持節到北軍調兵。北軍，因為是皇帝的親兵衛隊，相當於中國今天的北京衛戍區部隊，由皇帝親派任安作監軍使者，負責指揮軍隊。任安的官職監軍使者究竟為何官，難以說清。《漢書·百官公卿表》和《後漢書·百官志》中都沒有監軍使者一職。其官職應該不大，可能主要承擔臨時性的工作。太子除長安宮中衛隊外，手中並無正規軍隊。他派人調任安指揮的北營軍馬，但任安接受調令後，心生猶豫，一方為當今聖上，一方可能是未來的皇帝，到底聽誰的命令，難以決斷，權衡再三，還是將天平傾向了當今聖上，於是緊閉營門，拒絕出兵。戾太子事件平定後，漢武帝認為任安「坐觀成敗」，「懷詐，有不忠之心」，論罪腰斬。俗話說，伴君如伴虎，出兵不是，不出兵也不是。如果出兵，太子不一定失敗，但是要冒造反弒君同樣被殺的

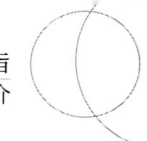

第三章　司馬遷著作簡介及《史記》的創作宗旨
第一節　《史記》及其他著作簡介

風險。任安入獄後曾寫信給司馬遷，希望他「盡推賢進士之義」，搭救自己。直到任安臨刑前，司馬遷才寫了這封著名的回信。

古代處決犯人多選在秋冬之季進行，故《酷吏列傳》中載王溫舒因春天來臨不能行刑而頓足嘆息。在《報任安書》開頭說：「今少卿抱不測之罪，涉旬月，迫季冬，僕又薄從上上雍，恐卒然不可諱。是僕終已不得舒憤懣以曉左右，則長逝者魂魄私恨無窮。請略陳固陋。闕然不報，幸勿過。」司馬遷寫信的目的很清楚：任安你獲罪已經一個多月了，馬上就要十二月了，我又偏偏要陪著皇上去雍地，恐怕在你死前來不及見了，這樣我就沒有機會再把我的憤懣告訴給你，你死了以後也就會對我一直地怨恨下去。我簡單說說吧，這麼長時間不回信，希望你不要責怪我。也就是說，司馬遷的主旨是藉此信表白自己接受宮刑後活到今天的信念所在。

司馬遷因李陵之禍遭受宮刑，出獄後任中書令，表面上職位高了，是皇帝近臣，但該職多為宦官擔任，所以往往為士大夫所輕賤。任安寫信給他，希望藉著司馬遷作皇帝近臣的機會去「推賢進士」，言外之意是請司馬遷為任安求情獲得活下去的機會。司馬遷由於自己的遭遇、身分和處境，感到很為難，不知如何作答，所以一直未能覆信。後任安被判死刑即將離開人世時，才給他寫了這封回信。司馬遷在此信中坦陳了自己因李陵之禍所受的奇恥大辱，傾訴了內心鬱積已久的痛苦。信中還淋漓盡致地述說了他受刑後「隱忍苟活」的一片苦衷，其實是為了完成《史記》的著述。當然，這封書信，我們認為不可能送到任安手上，因為本篇與《史記》比，有著太直接太尖銳的議論，太真摯太複雜的抒情，這樣的書信如果寄出去，無疑會給自己帶來殺身之禍。很可能，這只是司馬遷寫給自己寫給後人看的「心書」，一篇司馬遷內在心靈的自我告白。本篇不僅對我們研究司馬遷的思想以及《史記》的寫作動機和完成過程有極其重要的價值，並且在文學史上是不可多得的散文傑作，古人早就把它視為可與《離騷》相媲美的天下奇文。

2. 結構內容

文章首先陳述對方來信之意和自己遲遲回覆的原因，重在表白自己不能為任安辯白的原因，並非缺乏仗義執言的勇氣，自己曾力排眾議為李陵辯護就是明證。

83

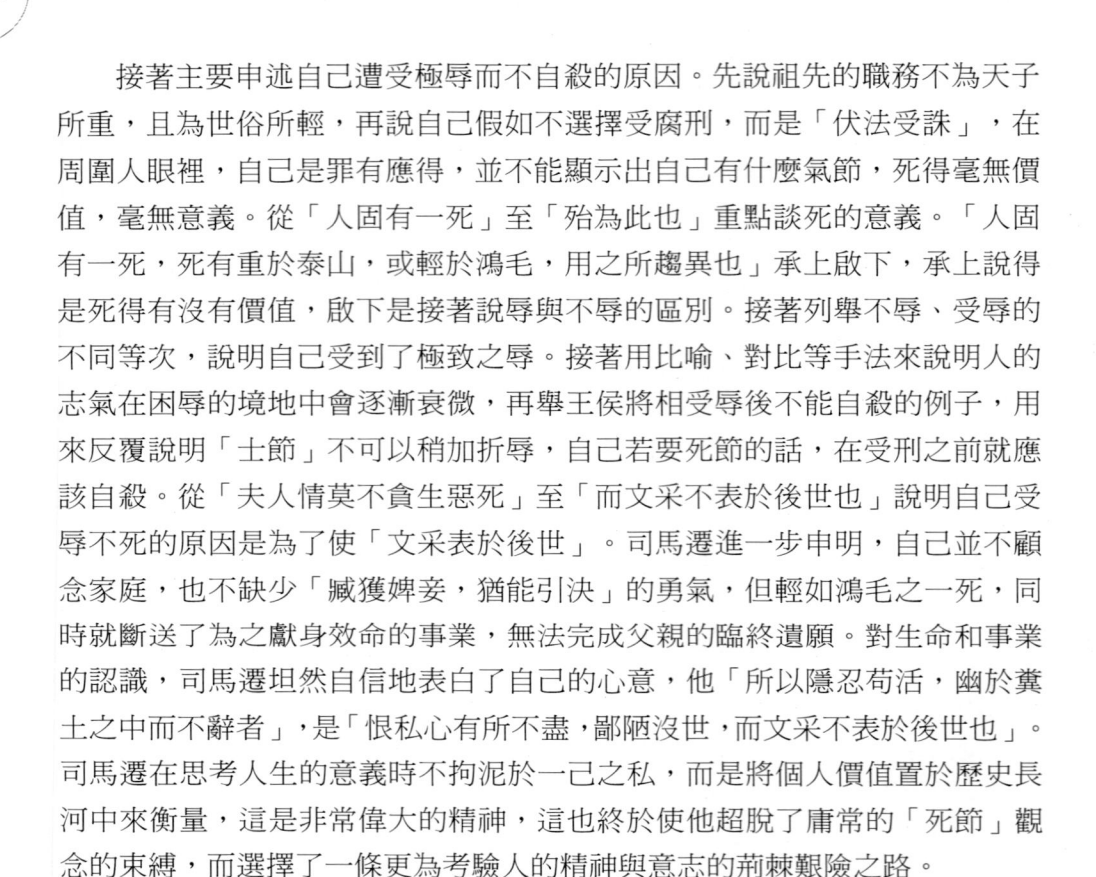

接著主要申述自己遭受極辱而不自殺的原因。先說祖先的職務不為天子所重，且為世俗所輕，再說自己假如不選擇受腐刑，而是「伏法受誅」，在周圍人眼裡，自己是罪有應得，並不能顯示出自己有什麼氣節，死得毫無價值，毫無意義。從「人固有一死」至「殆為此也」重點談死的意義。「人固有一死，死有重於泰山，或輕於鴻毛，用之所趨異也」承上啟下，承上說得是死得有沒有價值，啟下是接著說辱與不辱的區別。接著列舉不辱、受辱的不同等次，說明自己受到了極致之辱。接著用比喻、對比等手法來說明人的志氣在困辱的境地中會逐漸衰微，再舉王侯將相受辱後不能自殺的例子，用來反覆說明「士節」不可以稍加折辱，自己若要死節的話，在受刑之前就應該自殺。從「夫人情莫不貪生惡死」至「而文采不表於後世也」說明自己受辱不死的原因是為了使「文采表於後世」。司馬遷進一步申明，自己並不顧念家庭，也不缺少「臧獲婢妾，猶能引決」的勇氣，但輕如鴻毛之一死，同時就斷送了為之獻身效命的事業，無法完成父親的臨終遺願。對生命和事業的認識，司馬遷坦然自信地表白了自己的心意，他「所以隱忍苟活，幽於糞土之中而不辭者」，是「恨私心有所不盡，鄙陋沒世，而文采不表於後世也」。司馬遷在思考人生的意義時不拘泥於一己之私，而是將個人價值置於歷史長河中來衡量，這是非常偉大的精神，這也終於使他超脫了庸常的「死節」觀念的束縛，而選擇了一條更為考驗人的精神與意志的荊棘艱險之路。

　　在上面的基礎上司馬遷進一步深入說明自己受腐刑後隱忍苟活的直接和根本的原因，就是為了完成《史記》。從「古者富貴而名摩滅」至「思垂空文以自見」首先列舉了古代被人稱頌的「倜儻非常之人」受辱後「論書策，以舒其憤」的例子，告訴讀者自己的著史跟古人是息息相通、一脈相承的。然後詳細介紹了《史記》的體例和宗旨，說明自己「就極刑而無慍色」是為了完成《史記》。司馬遷透過研究發現一個規律性的現象：往昔「富貴而名摩滅」的人，「不可勝記」，只有「倜儻非常之人」，即對社會歷史發展和文化傳承做出貢獻的卓越非凡之人，才能不朽。周文王、孔子、屈原、左丘明、孫臏、呂不韋、韓非等人的著述，以及詩歌總集《詩經》的產生都是古代「聖賢發憤之所為作」；都是作者在現實生活中「有所鬱結，不得通其道」，於是「述往事，思來者」，把苦苦思索到的知識、思想，著錄成文，引發後人

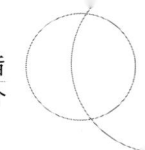

第三章　司馬遷著作簡介及《史記》的創作宗旨
第一節　《史記》及其他著作簡介

深深地思考。這些古代「聖賢」歷盡磨難，但矢志不移，「退論書策，以舒其憤，思垂空文以自見」，為人類社會的發展做出了不可磨滅的貢獻。司馬遷正是從對前代聖賢的研究分析中找到了自己的榜樣，找到了人生的方向和積極進取的道路。司馬遷為了完成《史記》，「受極刑而無慍色」，堅強地活下來，他「已著此書，藏之名山，傳之其人，通邑大都」，並以此「償前辱之責，雖萬被戮，豈有悔哉」！

在書信的結尾，司馬遷再次向任安表述沉痛羞辱的憤懣心情，並陳說他對餘生的看法。司馬遷說他不能「自引深藏於岩穴」，只能「從俗浮沉，與時俯仰，以通其狂惑」，這種痛苦只有自己心知肚明，別人難以知曉。司馬遷用「浮沉」、「俯仰」、「狂惑」等貶語，其實是作者寄寓悲憤的一種反語。最後與書信開端相照應，再次婉辭解說無從「推賢進士」的苦衷。

3. 藝術

從藝術上來說，首先是文章的結構好，次序井然，層次清楚，前後巧妙呼應。開頭講任安來信要自己「慎於接物，推賢進士為務」，談了自己為何不能這麼做以及此時才寫這封回信的原因。到文章結束，又照應到開頭，說：「今少卿乃教以推賢進士，無乃與僕之私指謬乎？今雖欲自雕琢，曼辭以自飾，無益，於俗不信，祇取辱耳。要之死日，然後是非乃定。」這樣既緊扣了來信和回信的中心議題，又把自己的心志表白得清清楚楚了。不只是通篇，即使是一個段落，也很注意前後緊密呼應的。如說到漢武帝晚年的酷法時，先是說「傳曰：『刑不上大夫』」，而後在段末又說：「古人所以重施刑於大夫者，殆為此也。」由於通篇前後呼應，一段之間又前後呼應，使得全文顯得異常緊湊。

其次，從語言手法上來說，文章重鋪排誇張，以酣暢淋漓取勝，同時發揮自己博覽群書的優勢，使用了大量史料，運用了比喻手法，構成一種難以折服的氣勢。司馬遷為了加強文章的邏輯性，為了製造文章的氣勢，有時甚至故意使用虛構性的誇張。如：「古者富貴而名摩滅，不可勝記，唯俶儻非常之人稱焉。蓋西伯拘而演《周易》；仲尼厄而作《春秋》；……大抵聖賢發憤之所為作也。」這裡對呂不韋、韓非以及關於《詩經》的說法，顯然都與事實有出入。並不是司馬遷不懂歷史，而是為了行文的需要，為了抒情說

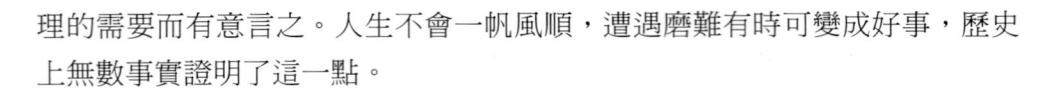

理的需要而有意言之。人生不會一帆風順,遭遇磨難有時可變成好事,歷史上無數事實證明了這一點。

最後,此文特色在於抒情,文章飽含真情,具有強烈的感染力。文章有義正詞嚴,有羞辱,有感慨,有激憤,有無奈,又表現了不達目的絕不罷休的積極向上的艱苦奮鬥之志,同時還表現出對即將完成的事業的欣慰,這一切讓人油然而生同情之感,給人以強烈的心靈震撼,又給人以深深的情感感染。

三、《報任安書》所體現出來的人生觀和價值觀

世間一個最樸素的最簡單的真理就是,一個人活著總要幹點事情,要幹就要幹好,幹好呢,還真不容易,所以就要用心努力才是,就要長期堅持才是。道理簡單,但現實生活中卻少有人能夠貫徹下去。司馬遷認識到了這個真理,他認為人應該有所追求,有所努力,最終做出應有的貢獻。世間的萬事萬物都有存在的價值,作為一個人來說他存在的人生價值不該只是為了自己而活著,司馬遷認為人生價值的最直接體現就是「要留清名在人間」。他在文章中說:「立名者,行之極也。」君子「鄙沒世而文采不表於後世也」。他有感於時代的要求和父親的諄諄教導,立志要繼孔子後寫出第二部《春秋》式的著作。

司馬遷還認為人生在世一定會遇到困難,一定會有挫折。一個人成熟與否,關鍵看他在遇到困難、挫折時如何處理、如何應對。如果把每一次的困難與挫折都看成是上天對你的一種考驗,看成是對自己的一種難得的鍛鍊機會。如果我們不這樣做,整天怨天尤人,我們的生活就只能臉布愁雲,滿腹惆悵。痛苦是一天,快樂是一天,我們為什麼不快快樂樂呢?如果我們能夠化愁怨、憤慨、悲痛為力量,經過世間諸事的歷練,就一定會到達成功的彼岸。孟子說得好:

「故天將降大任於是人也,必先苦其心志,勞其筋骨,餓其體膚,空乏其身,行拂亂其所為,所以動心忍性,曾益其所不能。人恆過,然後能改。困於心,衡於慮,而後作。征於色,發於聲,而後喻。入則無法家拂士,出則無敵國外患者,國恆亡。然後知生於憂患而死於安樂也。」其意為:上天

第三章　司馬遷著作簡介及《史記》的創作宗旨
第一節　《史記》及其他著作簡介

之所以將要把重要任務落到某人身上,一定先要困苦他的心意,勞累他的筋骨,饑餓他的軀體,窮乏他的身家,使他的每一行為總是不能如意,這樣,便可以激動他的心志,堅韌他的性情,增加他的能力。一個人,錯誤常常發生,才能改正;心意困辱,思慮阻塞,才能有所奮發進而創造;表現在面色上,發表在言語中,才能被人瞭解。一個國家,如果國內沒有守法度的大臣和輔弼的賢士,國外沒有相與抗衡的鄰國和外來的憂患,常常容易被滅亡。這樣就可以知道,憂患的環境足以使人生存,安樂的環境足以使人死亡的道理了。

一般人遇到困難、挫折、打擊,一般的反應就是痛苦、難過、傷悲,甚至一蹶不振,甚或自暴自棄,以極端的方式離開這個世界。而如果用心研讀司馬遷的實例,就不難明白其中的道理,我們應該從司馬遷那裡汲取活下去的勇氣和力量。俗話說:「沒有比腳更長的路,沒有比人更高的山。」命運就掌握在你的手中,只要肯想,只要肯做,世上就沒有過不去的火焰山。我們在遇到困難時不要難過,更不要氣餒,把它看成是上天對你的「恩賜」,古話說得好,「失敗是成功之母」,從容分析困難、挫折產生的原因,從中汲取這一次失敗的教訓,這樣做也是下一次努力進取獲得成功的寶貴的營養。

司馬遷遭受了極大的或者說人生最大的困難、挫折,這樣的困難和挫折不知比一般人遇到的大多少、深多少、重多少。內存耿耿忠心,然而卻遭到了人生最大的痛苦和最極端的侮辱,他的內心該有著怎樣的痛苦和傷悲啊。「且負下未易居,下流多謗議。僕以口語遇遭此禍,重為鄉黨戮笑,汙辱先人,亦何面目復上父母之丘墓乎?雖累百世,垢彌甚耳!是以腸一日而九回,居則忽忽若有所亡,出則不知所如往。每念斯恥,汗未嘗不發背沾衣也。」許多人在遇到困難挫折後經常會說「連死的心都有」,而如果司馬遷式的刑罰降臨到一般人身上,早不知道死了多少個死了,許多自願不自願接受宮刑者有不少成為了精神變態的社會毒瘤,如東漢、盛唐時的宦官干政,明、清時的太監亂政。

大師就是大師,偉人自是偉人。他從歷代前賢那裡找尋活下去的勇氣和理由。「古者富貴而名摩滅,不可勝記,唯俶儻非常之人稱焉。蓋文王拘而演《周易》;仲尼厄而作《春秋》;屈原放逐,乃賦《離騷》;左丘失明,厥有《國語》;孫子臏腳,《兵法》修列;不韋遷蜀,世傳《呂覽》;韓非

87

囚秦,《說難》、《孤憤》;《詩》三百篇,大抵聖賢發憤之所為作也。此人皆意有所鬱結,不得通其意,故述往事,思來者。」古時候雖富貴而名聲卻泯滅不傳的人,是無法都記載下來的,只有卓越不凡的特殊人物能夠名揚後世。周文王被拘禁後推演出《周易》的六十四卦;孔子受困回來後開始作《春秋》;屈原被放逐後,才創作了《離騷》;左丘明失明後,才有《國語》的寫作;孫子被砍斷雙腳,編撰出《兵法》著作;呂不韋貶官遷徙到蜀地,世上傳出了《呂氏春秋》;韓非被秦國囚禁,寫出了《說難》、《孤憤》等文章;《詩經》的三百篇詩,大都是聖賢為抒發憂憤而創作出來的。這些人都是心中憂鬱苦悶,不能實現他的理想,所以才記述以往的史事,想讓後來的人看到並瞭解自己的心意。自古至今,成就大事業者,尤其是留下著述的偉人往往都是經過磨難,「發憤」後的產物。

　　從許多與自己有相似經歷的前代賢人那裡獲得了著作《史記》的強大動力,當然不可否認,更重要的還是父親的臨終遺願的作用。在《報任安書》中,司馬遷把「發憤著書」的情緒推廣到極致,認為成就偉大事業者必然經歷過不尋常的困惑、困難和困境。司馬遷在這裡表現的情緒有些偏激,但這種思想對後世的影響卻是積極的。人不可能一輩子都會是順境,在遇到逆境時要自強不息,從而才有可能使壞事變成好事。

　　對於死亡的問題,只要任何一個活著的人都會不經意地想起,隨著時間的推移,年齡的增大,閱歷的增多,死亡問題會更多地一次一次地浮現於人的腦海。總是不經意地想起,如果我不在了,我的親友會多麼傷悲,我的朋友會如何難過,世界離了我會否變了樣子等等。但是一個人死後,一切的一切對他而言都將毫無意義。一旦想到這個問題,死亡後一切對自己都不再擁有意義時,死亡的恐懼就會從每一個正常人的心中油然升起。人的生命是寶貴的,人的生命只有一次。所以人在生死關頭要慎於選擇,要死得重於泰山,萬不可死如鴻毛之輕。人既不能無原則地苟且求生,更不能糊塗一時自暴自棄、隨便輕生。

　　《史記》中有大量的在生死關頭及重大凌辱面前如何抉擇的事跡。如陳勝起義前的「等死,死國可乎」,起義時的「壯士不死即已,死即舉大名耳」的誓言,今天聽來還擲地有聲;被稱為「春秋第一相」的管仲沒有像同僚召

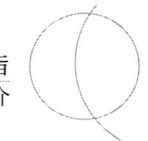

第三章 司馬遷著作簡介及《史記》的創作宗旨
第一節 《史記》及其他著作簡介

忽一樣追隨主子死去,「不羞小節而恥功名不顯於天下」,最終幽囚受辱建立大功;伍子胥兄弟一人隨父就死而成全了君臣之義,一人忍辱負重活下來報仇雪恨,成就偉名;藺相如敢於將生死置之度外極力叱責秦王,卻不願意與廉頗發生衝突危害國家利益;韓信為了宏圖大志甘願忍受胯下之辱等等事跡。所有這些活生生的事例都引起了司馬遷的深深的思考。由於司馬遷本人對這類生死抉擇及場面有切身的體會,所以當這些事跡從他筆下流出時,就宛如發生在眼前,讀來令人熱血騰湧,精神振奮,欲大有所為。

在《季布欒布列傳》的「太史公曰」中,司馬遷對生死問題做了較詳細深入的說明:「以項羽之氣,而季布以勇顯於楚,身履軍搴旗者數矣,可謂壯士。然至被刑戮,為人奴而不死,何其下也!彼必自負其材,故受辱而不羞,欲有所用其未足也,故終為漢名將。賢者誠重其死。夫婢妾賤人感慨而自殺者,非能勇也,其計畫無復之耳。欒布哭彭越,趣湯如歸者,彼誠知所處,不自重其死。雖往古烈士,何以加哉!」正如司馬遷所言,死亡並不可怕,死亡並不困難,關鍵是怎樣對待死,怎樣死才有意義,才更有價值?這才是司馬遷所關注之處。在孔子看來,人應該看重名聲和大的節義,在《論語·憲問》中,孔子在評價管仲時說:「管仲相桓公,霸諸侯,一匡天下,民到於今受其賜。微管仲,吾其被髮左衽矣!豈若匹夫匹婦之為諒也,自經於溝瀆而莫之知也!」管仲輔助齊桓公,稱霸諸侯,匡正天下,百姓到今天還享受著他的福澤。如果沒有管仲,我們大概仍然是披頭散髮衣襟開在左邊的落後民族吧。難道非得讓管仲像一般男女百姓那樣,為了守小節,在小山溝裡上吊自殺,而不被人知道嗎?司馬遷的觀點與孔子何其相似,為了小節小義隨便輕生並不可取!季布遭受刑罰,給人做奴僕,顯得多麼卑下啊!這應該是很大的恥辱了。但他並不甘心徒然死去,他還非常自負,認為自己很有才能,相信一定能夠做出驕人的成就的。在生活中,很多時候進一步萬丈深淵,而退一步海闊天空,忍一時風平浪靜。在當時往往山窮水盡,似乎走投無路,可如果調整好心態,忍忍就能柳暗花明,大路通衢。有很多事情在當時看似比天還大,比山還重,比海還深,但過後回憶起卻不值一提,只是生活中的匆匆一瞬而已。季布甘為人奴,最後季布終於成了漢朝的名將。一般像奴婢、姬妾這些低賤的人因為感憤而自殺的,在司馬遷看來算不得勇敢甚至還深為

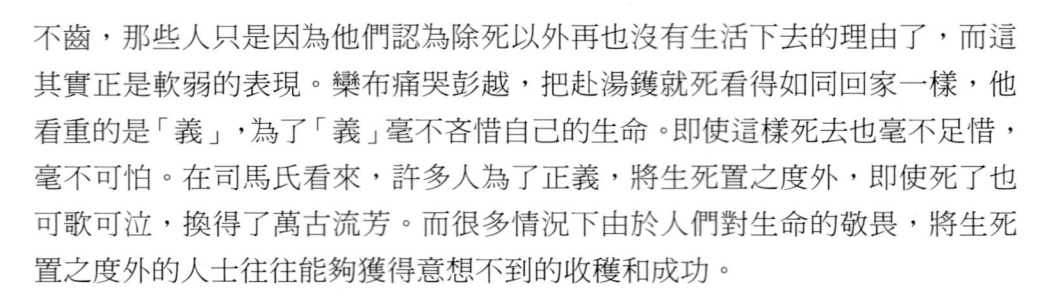

不齒，那些人只是因為他們認為除死以外再也沒有生活下去的理由了，而這其實正是軟弱的表現。欒布痛哭彭越，把赴湯鑊就死看得如同回家一樣，他看重的是「義」，為了「義」毫不吝惜自己的生命。即使這樣死去也毫不足惜，毫不可怕。在司馬氏看來，許多人為了正義，將生死置之度外，即使死了也可歌可泣，換得了萬古流芳。而很多情況下由於人們對生命的敬畏，將生死置之度外的人士往往能夠獲得意想不到的收穫和成功。

在《廉頗藺相如列傳》中司馬遷說：「知死必勇，非死者難也，處死者難。方藺相如引璧睨柱，及叱秦王左右，勢不過誅，然士或怯懦而不敢發。相如一奮其氣，威信敵國，退而讓頗，名重太山，其處智勇，可謂兼之矣！」司馬遷已經透過他筆下的許多人物，向我們揭示了這方面的人生哲理。同時也有不少歷經磨難終成大器的例子：伍子胥經受窮愁困辱，韓信忍胯下之辱，句踐臥薪嘗膽等都是如司馬遷般的典型例子。而自己的忍受了莫大的恥辱而存活下來創作出了偉大著作的實例更是傑出而輝煌。他因觸怒漢武帝，被以「沮貳師」與「誣上」的罪名判處死刑時，他寧可被普天下的人所誤解、所鄙視，而義無反顧地援引當時死刑犯人可以申請改變宮刑的條例，忍辱含憤地請求改判它刑，目的就是為了留下命來以圖完成正在寫作中的《史記》。前面已提及，司馬遷模仿孔子《春秋》而著作《史記》，在生死觀和價值觀問題上，深受孔子的影響。孔子曾經說：「君子疾沒世而名不稱焉。」司馬遷說：「勇者不必死節，怯夫慕義，何處不勉焉。」「所以隱忍苟活，幽於糞土之中而不辭者，恨私心有所不盡，鄙沒世而文采不表於後世也」。司馬遷的「忍辱奮鬥」的哲學是催人奮進的號角，清晰嘹亮，發人深省，從古至今不知影響了多少才俊！

所以說，人生在世，誰還能遇到比司馬遷更大的痛苦和挫折呢？人生在世，生命不息，慾望無止。慾望可以說是永恆存在的，慾望也是多方面的。比如愛和被愛的慾望，對於名譽的慾望，對物質財富的慾望等等。而在所有的慾望當中，性的慾望無論如何來說都是非常重要的。俗語云：男人是透過征服世界來征服女人的，而女人往往是透過征服男人來征服世界的。還有這樣的說法，男人失去愛情還有事業，女人失去了愛情就失去了一切。對於司馬遷而言，這方面的慾望已經不復存在。遭受了這樣的刑罰對司馬遷而言是

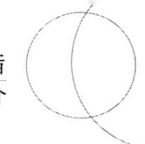

奇恥大辱，這使得他的心理發生了一定程度的「變態」。而變態的心理往往需要發洩。通常的發洩也是變態的，比如明清時期的不少太監都妻妾成群，聚斂財富，擅權弄權等等，這樣的發洩往往會對江山社稷、國家社會造成很大危害。司馬遷的「變態」心理也促使他要發洩，然而他發洩的方式又是與眾不同的，他是把一腔熱血都傾注到了偉大的創作中去了。這在中國乃至在世界史上都是一個極為特殊的例子。司馬遷晚景淒涼，是否與完成了這個宏願找不到活下去的理由而自殺的呢？

人生在世，活著是幸福的，或者說是偉大的。人的生命是寶貴的，千萬不可以輕言死亡。在遇到困難挫折時，無論是事業、愛情，還是病痛，都應當改變思路，化劣勢為優勢，發奮圖強，奮起直追，生命不息，奮鬥不止，讓短短的而又平常的人生歷程煥發出耀眼的光輝。

關於司馬遷的卒年，現在無明確的史料。但是在歷史上，自《報任安書》後，再也找不到有關司馬遷的蛛絲馬跡。所以，有學者認為《報任安書》就是司馬遷的絕命辭，司馬遷在寫完這封書信後不久就離開了人世。原因無非有二，一是完成了偉大的著作，完成了父親的遺願，沒有了活下去的精神支柱，死而無憾，了無牽掛，以堅強的自殺方式與當世統治者做了最後的抗爭。更可能的似乎應是「不虛美，不隱惡」的著史法真實刻畫了漢朝歷代統治者尤其是漢武帝的真實面目，從而激怒了漢武帝而被處死。

四、《悲士不遇賦》

自古以來文人得志者少，不得志者多，因之，文學史就有了「士不遇」的主題。在司馬遷生活時代，其師董仲舒就曾寫過《士不遇賦》。司馬遷的《悲士不遇賦》可能受到董仲舒的影響。「士不遇」主題多抒發懷才不遇、生不逢時的感慨。司馬遷這篇賦雖然很短，但表達的主旨很清楚，一是嘆「士生之不辰」，二是不甘於「沒世無聞」。前者與其他同類作品一樣，反映了當時文人的普遍情緒；後者則是司馬遷本人特有的心曲，與《報任安書》流露出的思想是一脈相通的。因此，可以斷定本篇也應為受刑後所作。見於唐歐陽詢等編的《藝文類聚》中。文章全文附下：

悲夫！士生之不辰，愧顧影而獨存。恆克己而復禮，懼志行而無聞。諒才韙而世戾，將逮死而長勤。雖有形而不彰，徒有能而不陳。何窮達之易惑，信美惡之難分。時悠悠而蕩蕩，將遂屈而不伸。

使公於公者，彼我同兮；私於私者，自相悲兮。天道微哉，吁嗟闊兮；人理顯然，相傾奪兮。好生惡死，才之鄙也；好貴夷賤，哲之亂也。昭昭洞達，胸中豁也；昏昏罔覺，內生毒也。

我之心矣，哲已能忖；我之言矣，哲已能選。沒世無聞，古人唯恥；朝聞夕死，孰云其否！逆順還周，乍沒乍起。理不可據，智不可恃。無造福先，無觸禍始。委之自然，終歸一矣！

賦作表現出了司馬遷深深的激憤和感慨，自己克己復禮，廉潔自律，才能特異，期望能有所建樹，但在所謂的漢武盛世時期，卻美惡難分，黨同伐異，拉幫結派，蠅營狗苟，投機鑽營，唯利是圖，在這樣的社會環境條件下自己前途渺茫，屈而不伸就成為一種必然。在本文中，作者對當時的社會作了真實揭露，實則將矛頭指向了最高統治者。

舉世皆濁，我卻不能隨波逐流。既然生了一回，在這個世界上走了一遭，那就得留下點什麼，「沒世無聞」連古人都感到恥辱，何況是自己呢？世界在變化中，如何變化是自己無法掌控的，世界上也許還有真理，但擁有真理又如何，既然無從改變，那就只有「委之自然」，與自然大化合而為一了。看似非常豁達，實則流露出來的卻是深深的無奈和悲憤。

第二節　《史記》的創作宗旨

關於《史記》的創作宗旨，司馬遷在《太史公自序》和《報任安書》中有清楚的敘述：

罔羅天下放失舊聞，王跡所興，原始察終，見盛觀衰，論考之行事……凡百三十篇，五十二萬六千五百字，為《太史公書》。序略，以拾遺補藝，成一家之言，厥協《六經》異傳，整齊百家雜語，藏之名山，副在京師，俟後世聖人君子（《太史公自序》）。

第三章　司馬遷著作簡介及《史記》的創作宗旨
第二節　《史記》的創作宗旨

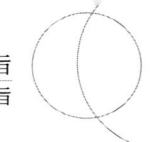

網羅天下放失舊聞，考之行事，稽其成敗興壞之理，凡百三十篇，亦欲以究天人之際，通古今之變，成一家之言（《漢書‧司馬遷傳‧報任安書》）。

司馬遷作史的目的很明確，敘史以「原始察終，見盛觀衰」，「稽其成敗興壞之理」，探尋歷史成敗興衰變化的原因和內在規律。《史記》透過本紀十二篇、十表、書八章、世家三十篇、列傳七十篇，共計一百三十篇，來探究天道與人事的關係，貫通從古到今的歷史發展變化，完成有獨特見解、自成體系的著作。

簡單點說，其創作《史記》的宗旨就是「究天人之際，通古今之變，成一家之言」。

「究天人之際」，「際」，《說文解字》：「際，壁會也。」段玉裁注為：「兩牆相合之縫也。」後引申為分界、邊際；交會、會合等義。「究天人之際」，也就是要探求天道自然與人類社會之間的會合點，使之相溝通；即探究天與人之間存在著什麼樣的關係。董仲舒對此的看法是天人感應，人神交通；在二者關係上，上天處於絕對的主宰的統治地位。董仲舒《春秋繁露》卷一：「《春秋》之法：以人隨君，以君隨天。」在《春秋繁露》第十三卷《人副天數》將人體天體化：「觀人之體一，何高物之甚，而類於天也。……是故人之身，首扮而員（圓），象天容也；發，象星辰也；耳目戾戾，象日月也；鼻口呼吸，像風氣也；胸中達知，象神明也；腹胞實虛，象百物也。百物者最近地，故要（腰）以下，地也。天地之象，以要為帶。頭以上者，精神尊嚴，明天類之狀也。頸而下者，豐厚卑辱，土壤之比也。足布而方，地形之象也。」

董仲舒的觀念是天人合一，人體等同於天體。所以普通人受命於君，君權神授，普通人被君主所領導、所控制就成了自然而然的了。

由於時代和職業的原因，司馬遷不可能完全拋棄天人感應說，但是他卻從人物傳記的縝密分析中表現出了大膽的懷疑。他強調天人相分，認為天道與人事是並不相感應的。好人不一定有好報；壞人也不一定會有惡報。他在《伯夷列傳》中對現實社會這種好人遭殃、壞人享福的不公平世道提出了憤怒的責問：

「或曰：『天道無親，常與善人。』若伯夷、叔齊，可謂善人者非邪？積仁潔行如此而餓死！且七十子之徒，仲尼獨薦顏淵為好學。然回也屢空，糟糠不厭，而卒蚤夭。天之報施善人，其何如哉？盜蹠日殺不辜，肝人之肉，暴戾恣睢，聚黨數千人橫行天下，竟以壽終。是遵何德哉？此其尤大彰明較著者也……余甚惑焉，儻所謂天道，是邪非邪？」

到了漢代近世，那些「操行不軌，專犯忌諱」的人卻能夠「終身逸樂，富厚累世不絕」；反之，正直公正奮發的人「而遇禍災者，不可勝數也」。所以，司馬遷發出了感慨，「余甚惑焉，倘所謂天道，是邪非邪？」司馬遷對天道如此激憤、懷疑，不僅僅是因伯夷叔齊之遭遇而生發，更重要的還是借他人之酒杯澆自己內心之塊壘，其實正是自己的遭遇使然。在踏入政壇之初，司馬遷認為自己應該做個奉公守法的、鞠躬盡瘁、竭盡忠誠的臣子楷模的，「僕以為戴盆何以望天，故絕賓客之知，忘室家之業，日夜思竭其不肖之材力，務一心營職，以求親媚於主上。」（《報任安書》）可是，就是因為他為李陵說了幾句公道話，竟然遭受腐刑，蒙莫大恥辱。這種遭遇加深了他對天道的懷疑，因此就有了《伯夷列傳》中的感慨。另如，他對項羽英雄一世但從不自察，臨死之前還一再說「此天之亡我，非戰之罪也」是持嚴肅批判的態度的，司馬遷批評是「豈不謬哉」，而且還對漢武帝大肆揮霍搞封禪祭祀、祈求神仙的活動，予以深刻的揭露，認為這種活動毒害了社會風氣，「然其效可睹矣」，透過冷峻客觀的敘述表達了強烈的諷刺和批評。

司馬遷在寫到人的活動時，更重視人的作用，刻意寫出人事在歷史發展中的重要作用。他在《太史公自序》裡說，三十世家，是要寫出「輔拂股肱之臣」的「忠信行道，以奉主上」；七十列傳，是要寫出那些「扶義俶儻，不令己失時，立功名於天下」的人們的活動。這在中國史學發展上，第一次把人的活動放到如此重要的歷史位置上來看待。他還把人的活動、人才的境遇與國家興亡聯繫起來，認為：「君子用而小人退」，這是「國之將興」的徵兆；而「賢人隱，亂臣貴」則是「國之將亡」的跡象。他進而指出：「甚矣，『安危在出令，存亡在所任』，誠哉是言哉！」（《楚元王世家》後論）他還寓意很深地指出：要使國家強盛太平，「唯在擇任將相哉！唯在擇任將

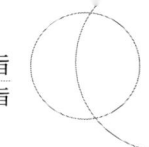

相哉！」（《匈奴列傳》後論）兩次重複告訴人們人才，尤其是高級職位的人才的極端重要性。

當然，司馬遷有時也相信這種感應說，比如在《六國年表》中也有這種天道觀的反應，「蓋若天所助焉」。這也可以分為兩種情況：一天象吉，人事也吉；二天象凶，人事也凶。本來，在現實生活中，的確有「天人感應」的存在，當然，準確地說應該是天人之間具有一定的因果關係，比如地震、山洪、乾旱對人的影響；反之，人的過度活動往往要招致自然界的報復，這報復從某種意義上來說，也是天人感應的一種表現。所以，在當時科學不很發達的情況下，司馬遷相信感應說也是可以理解的。

在具有感應關係的情況下，司馬遷認為天道是公正的、公平的，天命是可信的；而在非感應關係的情況下，則認為天道是不公正的、不公平的，天命是不可信的。這兩者在《史記》中同時並存著，因而可以說司馬遷的內心世界是天命論與反天命論的矛盾統一。

「通古今之變」，「通」，通俗地說有「打通，搞明白」的意思。「通古今之變」意思是研究古今歷史發展變化和歷史人物命運轉折的內在規律，這一句簡單的話包含了司馬遷歷史哲學的豐富內容。

首先，表達了對歷史發展變化的看法。他對歷史發展演進的過程提出了比較完整的認識。這從《太史公自序》中的《五帝本紀》至《高祖本紀》的序目、《三代世表》至《秦楚之際月表》的序目中可略見其大概。五帝、三代因歷史過於久遠，無法「論次其年月」。《三代世表》至《十二諸侯年表》，年代是「自共和迄孔子」，是「諸侯專政」、「五霸更盛衰」。接下去是《六國年表》，起周元王（前475），迄秦二世（前207），當時歷史特點是「陪臣執政」，「海內爭於戰功」，「務在強兵並敵，謀詐用而縱橫短長之說起」。《秦楚之際月表》起秦二世元年（前209）七月，至高祖五年（前202）九月，首尾八年。對這段歷史，司馬遷作了這樣的總結：「初作難，發於陳涉；虐戾滅秦，自項氏；撥亂誅暴，平定海內，卒踐帝祚，成於漢家」。這四表不僅首尾相銜，貫穿古今，且勾勒出了各個歷史時代的特點，反映出司馬遷對於歷史進程的卓越見解。白壽彝在《史記新論》中說：「在『通古今之變』的問題上，十表是最大限度地集中體現這一要求的。司馬遷每寫一個表，就

是要寫這個歷史時期的特點，寫它在『古今之變』的長河中變了些什麼。把這十個表總起來看，確又是要寫宗周晚年以來悠久的歷史時期內所經歷的巨大變化——由封侯建國走到郡縣制度，由地方分權走到皇權專制。」從時勢變化來「通古今之變」，是從宏觀上把握了歷史發展變化的特點和規律的。

其次，研究朝代國家的盛衰、興亡的變化，這也是司馬遷「通古今之變」的重點。《史記》詳細記載了夏、商、周和秦、漢的興亡，並揭示了各王朝興亡變化的原因。「桀、紂失其道而湯武作，周失其道而《春秋》作。秦失其政，而陳涉發跡，諸侯作難，風起雲蒸，卒亡秦族。天下之端，自涉發難。」（《太史公自序》）桀、紂、周「失其道」的「道」有治國之術的意思，但指的更多的應是道義、仁義，是統治天下、治理天下的指導思想和意識形態。秦「失其政」的「政」大概指的是具體意義上的政治權柄。

《陳涉世家》寫陳勝稱王後，「陳勝王凡六月。已為王，王陳。其故人嘗與庸耕者聞之，之陳，扣宮門曰：『吾欲見涉。』宮門令欲縛之。自辯數，乃置，不肯為通。陳王出，遮道而呼涉。陳王聞之，乃召見，載與俱歸。入宮，見殿屋帷帳，客曰：夥頤！涉之為王沉沉者！」楚人謂多為夥，故天下傳之，夥涉為王，由陳涉始。客出入愈益發舒，言陳王故情。或說陳王曰：『客愚無知，顓妄言，輕威。』陳王斬之。諸陳王故人皆自引去，由是無親陳王者。司馬遷對於陳勝最終失敗的原因在此處作了一定的探討。這個故事首先告訴我們陳勝的生活是奢侈腐化的，是脫離百姓大眾的，「涉之為王沉沉者」，遠離了百姓的生活，失去了人民的支持，希望獲得最後的勝利無異於癡人說夢。還有竟然對與自己庸耕的朋友大開殺戒，這是忘本之徒，食言之人，這也大大影響了陳王的威信，而在接下去的記載中，還告訴我們陳勝失敗的另一個主要原因——用人不當。「陳王以朱房為中正，胡武為司過，主司群臣。諸將徇地，至，令之不是者，繫而罪之，以苛察為忠。其所不善者，弗下吏，輒自治之。陳王信用之。」陳勝竟然信任這樣的人，所以司馬遷最後下了如此斷語：「諸將以其故不親附，此其所以敗也。」「得道多助，失道寡助」，脫離群眾，失去了民心的支持，必將走向失敗。

在《酈生陸賈列傳》中，陸賈時時在劉邦面前稱說詩書，高帝罵之曰：「乃公居馬上而得之，安事詩書！」陸生曰：「居馬上得之，寧可以馬上治之乎？

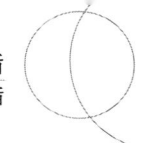

且湯武逆取而以順守之,文武並用,長久之術也。昔者吳王夫差、智伯極武而亡;秦任刑法不變,卒滅趙氏。鄉使秦已並天下,行仁義,法先聖,陛下安得而有之?」

劉邦對自己的臣子竟然稱「乃公」,翻譯過來,意為「你老子我」、「你爹」,此稱呼暴露出劉邦素質之低下。而陸賈據理力爭,終於說服了劉邦。這告訴我們:形勢發生變化了,相應的管理治理策略也要發生變化。天下靠武力奪取,但是要守住自己的江山,卻要靠仁義,靠文武並用,靠符合人民利益的政策措施,如果沒有採取相應的變化了的策略措施,得之易,失之也易。依此道理繼續推論下去,如果漢不順從民意,用不了多久,也會重蹈秦短命的覆轍。這實際上也是發展觀點的具體運用。

與「興亡之變」相聯繫,「通古今之變」還包含有「成敗之變」的含義。司馬遷提出了「物盛則衰,時極而轉」的歷史命題。《太史公自序》在講到著作「本紀」的目的時,提出對於歷代帝王業績要「原始察終,見盛觀衰」,即推究其何以始,詳察其何以終,這樣才可能得出科學的結論;還有,看問題時要透過表象看本質,萬不可被表象迷惑了眼睛;一個王朝看似強大,透過歷史學家的敏銳智慧的眼睛,在其極盛時就能看到它日漸衰落的跡象徵兆。在司馬遷的歷史哲學中,歷史總在變化:要麼由盛變衰,要麼由衰轉盛。他就是用這樣的歷史哲學去觀察歷史,「考之行事,稽其成敗興壞之理」,以期找出歷史發展變化的內在規律。透過分析,司馬遷發現,成敗變化的重要因素在於用人的得當與否,用人的得失往往能夠決定歷史發展的或成或敗。

歷史最終是由人組成的,如果沒有了人的活動,歷史就失去了意義,所以「通古今之變」還有人的「窮達」變化的含義。陳涉,「王侯將相,寧有種乎?」最後,傭耕者成了王(《陳涉世家》)。蘇秦當初窮困潦倒,以至於父母不子,妻子不以其為夫,嫂子不以其為叔,最後卻能做到六國之相,「於是六國從合而併力焉。蘇秦為從約長,並相六國。」(《蘇秦列傳》)。「藺相如者,趙人也,為趙宦者令繆賢舍人」,區區一個門客,沒有什麼社會地位可言,但在危急關頭,能夠完璧歸趙,「趙王以為賢大夫使不辱於諸侯,拜相如為上大夫」,澠池之會中不辱使命,使弱趙與強秦能夠平起平坐,「既

罷歸國，以相如功大，拜為上卿，位在廉頗之右。」（《廉頗藺相如列傳》）在范雎身上更是集中體現了一個人「窮達」的戲劇性變化。

范雎由常人到「罪人」，由岌岌可危到死裡逃生，輾轉千里而入秦，最初沒有得到秦王的青睞，「使舍食草具，待命歲餘」。但范雎一直堅持不懈，矢志不渝，最終贏得了秦昭王的歡心。然後慢慢清除了前進道路上的一切障礙，獲得了極大成功，達到了事業的巔峰。這一由窮到達的戲劇性變化幾乎都是憑藉三寸不爛之舌獲得的，因而《范雎列傳》的主體就是辯士的語言，司馬遷集中筆墨實錄了決定范雎窮達命運變化的大段言論，這在《史記》中應該是很特殊的一篇。文章語言犀利，邏輯性強，充滿著不可抑制的氣勢，同時又包含著普遍性的哲理。更具戲劇性的是當范雎處於事業巔峰的時候，又經不起另一位辯士的遊說，竟然急流勇退，自願放棄了所擁有的一切，這頗耐人尋味（《范雎蔡澤列傳》）。

在漢代人物身上更是體現了人生戲劇性的窮達之變。劉邦本為泗水亭長，後來卻成了開國之君（《高祖本紀》）。早年吃了上頓沒下頓四處蹭飯吃的韓信卻成了大將軍（《淮陰侯列傳》）。漢初開國的顯赫人物在起初幾乎都曾從事過微賤的工作。樊噲屠狗，灌嬰賣繒，蕭何、曹參做過獄吏，周勃編織蠶箔為生，還當過送葬樂隊的吹鼓手，周昌為小吏，夏侯嬰本為是高祖戲耍的玩伴，盧綰和高祖同日生。但是這些普通之人最後卻通通被封為侯。樊噲封為舞陽侯，灌嬰封為穎陰侯，蕭何、曹參和周勃都做到相國，周昌做到御史大夫，夏侯嬰封為汝陰侯。司馬相如「家貧，無以自業」，贏得文君的芳心私奔後「自著犢鼻褌，與保庸雜作，滌器於市中」，後來《子虛》賦不脛而走，傳到漢武帝那裡去了，上讀子虛賦而善之，曰：「朕獨不得與此人同時哉！」恰好在漢武帝身旁任狗監的同鄉楊得意及時向漢武帝推薦了司馬相如，「賦奏，天子以為郎。」

司馬遷在敘寫這些歷史人物的窮達之變時，首先強調了時代際遇的重要性。每個人都是時代的人，人無法選擇時代，時代環境往往決定了個人的成功難易程度。在比較穩定的社會環境中，人們往往墨守成規，循規蹈矩，難以有大的發展變化，真所謂幾十年如一日。而在激烈動盪的風雲變化中，社會的評價標準就會隨外界條件的變化而發生變化，人的各種潛能就有可能得

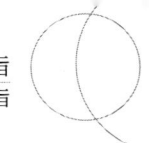

到更充分地發揮和表現。這樣自然就極易發生戲劇性的窮達變化。《史記》中絕大多數人物都集中在春秋、戰國和秦、漢之際，春秋時多諸侯爭霸，戰國時有縱橫捭闔，秦漢戰爭更是戰火紛飛，硝煙瀰漫。在這樣激烈鬥爭的年代，各大政治集團互相角逐，在盛衰的變幻中提供著永恆的機會，真可謂時勢造就了千古英雄。人無法選擇時代，但並非一味地遷就時代，人的才能和努力在某種程度上可以改變環境，也可以決定人物的窮達變化。在正常穩定的社會環境中，社會太平、人民生活安居樂業，人們很難產生冒險變革的想法。而在亂世中，不公平、不正常的社會促使人們要改變自己的命運，或者說贏得活下去的機會，不得不闖一闖，於是就有了要變的動力。天道酬勤，窮則思變，奮發向上，努力進取，而勇於進取的人往往能大有收穫。

「成一家之言」，是建立在前二者的基礎之上論說的，也可以說這是目的的目的。就是指司馬遷要學習、繼承諸子文化，像先秦諸子那樣自我立說，闡述、宣傳自己對自然、社會、政治、經濟、歷史、文化乃至人生的看法和主張，最終建立自己的思想體系。諸子文化，指的是中國歷史上春秋戰國之交出現的一批知識分子、一批思想家；他們基於各自的階層、代表的集團利益、受教育情況、社會經歷等，對於社會發展、政策走向、統治措施等方面提出了各種各樣的學說和思想，闡述他們自己的看法，表達他們的人生和社會理想。司馬遷以先秦諸子為效仿的榜樣，但又與他們不一樣。梁啟超先生在《要籍解題及其讀法》中分析說：「遷著書最大目的，乃在發表司馬氏一家之言，與荀況著《荀子》，董生著《春秋繁露》性質正同，不過其一家之言乃借史的形式以發表耳。故僅以近世史的觀念讀《史記》，非能知《史記》者也。」諸子直接表達思想，司馬遷透過寫史，透過歷史事件、歷史人物來表達自己對社會、歷史、人生的看法和主張。諸子的文章雖然有一定的文學性，但都是哲學理論文章。拿《史記》與諸子做個比較，就會發現《史記》與諸子著作有一致的地方，又有自己獨特的一面。司馬遷的著作首先是一部史書，司馬遷的思想是透過一個個活生生的歷史人物表現出來的，是透過一個個具體的歷史事件的記敘、剖析表達出來的。

司馬遷在創作《史記》時以諸子時代的子文化的開山祖師孔子的後繼者自居，並以此自勉。他著作《史記》的學術宗旨，不僅僅是寫一部反映客觀

歷史的信史，而是要透過「史」的形式，言明自己的「一家之言」。透過史來論道說理，用史來論政，藉史來抒發自己的理想抱負，表達自己對於政治、社會、歷史、人生等的獨特看法。

從創作結構上說，《史記》也受到諸子著作的明顯影響。上古典籍從《莊子》等著作開始，許多著作開始非常重視全書的結構層次，《莊子》分內篇、外篇、雜篇三部分，構成一個完整的體系。這種做法對司馬遷的創作有很深的影響。司馬遷開始對史書進行了一番系統的改造，他的著作學習子書依據其功能來劃分成塊狀結構，但各部分又組成了有機的不可分的整體；因而《史記》具有了諸子著作的體大思精的特點。《太史公自序》就深受《莊子‧天下篇》的影響，又借鑑了《淮南子‧要略》的寫法，「要略」，高誘注「作鴻烈之書二十篇，略數其要，明其所指，序其微妙，論其大體，故曰要略。」這與《太史公自序》的功用非常相近。

從敘述模式上來說，因司馬遷本身就是史官，所以《史記》首先應該是史。然而由於當時文史並沒有明確分家，司馬遷對於著史又有自己的獨特想法和追求，這樣使得《史記》帶有了鮮明的個性，於是《史記》又趨向於子書，具備了子書的特點。《史記》是敘述歷史史實的，然而在敘述歷史的同時又不忘闡述哲理，探索歷史發展和歷史人物命運發展的規律，給人以深刻的認識，發人深省。

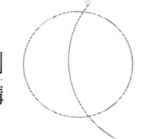

第四章 《史記》的體制

如前所述，從系統論的角度來看《史記》的體制，本紀、表、書、世家、列傳五種體例互相配合，相輔相成，構成了一個嚴謹的密不可分的整體系統。本章圍繞體制，對於《史記》的五體結構、體例、篇數、標題，「互見法」的運用和「太史公曰」進行了較深入地探討。

第一節 五體結構

《史記》有本紀十二、列傳七十、世家三十，此外還有表十、書八，共一百三十篇，五十二萬六千五百字，記載了從黃帝至漢武帝約三千年間史事。《史記》五體，為司馬遷的獨創，當然以前有所本。比如《春秋》、《呂覽》二書，除此外，應該還有他書。劉勰在《文心雕龍·史傳》中認為，每一種體式都有淵源，但更重要的還是創新。「比堯稱『典』，則位雜中賢；法孔題『經』，則文非元聖。故取式《呂覽》，通號曰『紀』。紀綱之號，亦宏稱也。故『本紀』以述皇王，『列傳』以總侯伯，『八書』以鋪政體，『十表』以譜年爵；雖殊古式，而得事序焉。」想比之《堯典》而稱為「典」，其中所寫的又不全是聖主賢君；想要學孔子而題名為「經」，文筆上又不能和《春秋》筆法相比。因此採取《呂氏春秋》的方式，都叫做「紀」。從「紀綱」的意義來命名，也是一種宏大的稱謂了。所以，用「本紀」來敘述帝王，用「世家」來記述諸侯，用「列傳」來記敘各種重要人物，用「八書」陳述政治體制，用「十表」記錄各種大事的年月和爵位；這些方式雖然和古史不同，卻把眾多的事件處理得很有條理。

總體上講，《史記》五體，各有自己創作的體例要求，分開來各有不同的側重點；合起來，又是一個非常嚴密的彼此間相互交融的整體性著作，自成一家之言。正由於它體例完備，所以才能容納豐富的歷史資料，在有限的篇幅中能夠包括天文地理等方方面面的內容。晉人張輔說：「遷之著述，辭約而事舉，敘三千年事，唯五十萬言。」清代的趙翼稱其為「全史」，並說：「自此例一定，歷代作者遂不能出其範圍。」

在五種體例中，居於中心地位的還是本紀、世家和列傳。這種敘述歷史的史書編寫體例叫紀傳體。紀傳體的主要特點還是以人物為中心來寫史。什麼叫紀傳體呢？《史記》的本紀、列傳、世家、表、書五體例互相補充配合，構成了《史記》全書的整體，其中本紀、世家、列傳三部分，都是以寫人為主，「以人繫事」。這種主要用為人物作傳來反映歷史內容的史書編寫方法是司馬遷首創的，後人稱這種編寫體例為「紀傳體」。這種編寫體例為後世大多史家所沿襲。

在紀傳體確立之前早有編年體和國別體的寫法，而這兩種體例都有其優點，也有其缺點。國別體史書用的還是編年體的體例；而編年體史書的缺點是顯而易見的。梁啟超評價說：

「編年體以年為經，以事為緯，使讀者能瞭然於史蹟之時際的關係，此其所長也。然史蹟固有連續性，一事或亙數年或亙百數十年。編年體之紀述，無論若何巧妙，其本質總不能離帳簿式。讀本年所紀之事，其原因在若干年前者或已忘其來歷，其結果在若干年後者，苦不能得其究竟。非直翻檢為勞，抑亦寡味矣。」

在此，梁啟超鮮明地指出了編年體史書「以年為經，以事為緯」的寫作方式及其「帳簿式」的敘述特點，而這都容易造成審美的索然「寡味」。

關於史書的「帳簿」性質，明代陳繼儒首先大力倡言並作了最為詳細的闡發，其《狂夫之言》卷二有一長篇大論，現摘錄如下：

「天地間有一大帳簿，古史，舊帳簿也；今史，新帳簿也。……余嘗語子弟，無論《綱目》、《二十一史》，即一部《通鑑》，乃是萬卷書之關津，若未曾過得此關，則他書必無別路可入。或讀之而不能解，解之而不能竟，竟之而不能徹首徹尾者，皆坐史不熟也。此舊帳簿不可無也。……若謂館局儲養異才，不煩以語言文字，則未免以光陰志氣，擲於交際詩酒之間，即有意講求故典者，恐同儕猜異，只得隨行逐隊，而不敢周咨天下之務，及至團局修史，亦不過掇拾完書，無暇聚頭磕膝，仔細討論，宰相須用讀書人，竟成虛語，此新帳簿不可無也。……今史官不編史，子弟不讀史，新帳簿、舊帳簿皆置之高閣，豈不可嘆！夫未出仕是算帳簿的人，既出仕是管帳簿的人，

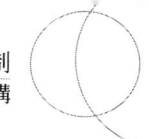

史官是寫帳簿的人。寫得明白，算得明白，管得明白，而天下國家事瞭若指掌矣。故曰：史者，天地間一大帳簿也。」

在陳繼儒看來，以《資治通鑑綱目》、「二十一史」為代表的中國古代史書的記事大略如同記帳；而作為「帳簿」的史書是其他書繞不過的「關津」（水陸要道的關卡，比喻學說的精髓），故讀其他書應當從讀史書讀起；讀書人要修身治國平天下，應當扮演「帳簿人」角色，做到寫得明白，算得明白，管得明白，才算是合格的史官。

編年體的體例因為自身存在的缺點不足，故而沒能成為中國史書的權威和傳統。但編年體和國別體自有其自身的優點和長處。即便在紀傳體確立之後，編年體和國別體也沒能退出歷史舞臺。《史記》採用了紀傳體，但在本紀、世家和列傳中的敘寫中仍然有編年體的存在，而世家其實又是不折不扣的國別體。紀傳體作為建立在編年和國別基礎上的新體例，作為一種新生事物出現並在中國歷史上長久存在，產生了強大的深遠的生命力，正是因為它吸收了眾家之長的結果。

關於五種體例的問題，宋代的鄭樵做過簡單而準確的論述：「《本紀》紀年，《世家》傳代，《表》以正歷，《書》以類事，《傳》以著人。使百代而下，史官不能易其法，學者不能捨其書。」這應該是抓住了《史記》五種體例的根本特徵的。

一、五體常例

1.本紀

關於「本紀」的含義，張守節《正義》如此解釋：「本者，繫其本系，故曰本；紀者，理也，統理眾事，繫之年月，名之曰紀。」劉知幾說：「蓋紀者，綱紀庶品，網羅萬物，論篇目之大者，其莫過於此乎！」又說：「蓋紀之為體者，猶春秋之經系日月以成歲時，書君上以顯國統。」

這樣看來，「本紀」的意義如下：法則、綱要，因為它「綱紀庶品」，綱紀，治理、管理，庶品，眾官、百官。綱紀庶品，是統治管理百官之意，即以天子帝王為中心記載國家大事，所以能成最尊貴之名稱。本紀為記載天

子國君之言事所專用之體。本紀是網羅萬物的,即國家大事無所不載,不應看作人物傳記。本紀用編年之法,記正朔,象徵天命所歸。編年之法創自春秋,其優點是社會發展的時序性非常明顯。本紀有十二篇,實則效仿《春秋》十二公,故為十二篇。《太史公自序》云:「著十二本紀。」劉知幾在《史通》中評價「本紀」:「至太史公著《史記》,始以天子為本紀,考其宗旨,如法《春秋》。自是為國史者,皆用斯法。」

「本紀」的含義簡單歸納如下,本紀是全書的總綱,以編年為體,記載歷代帝王的世系,年代久遠的以朝代為主,年代稍近的以帝王或實際當權者為主。「本紀」實質上是全國編年大事記,起提綱挈領的作用。本紀的編寫體例是紀傳,但又雜糅了編年和國別的體例。

2. 世家

司馬貞《索隱》:「系家者,記諸侯本系也,言其下及子孫常有國。故孟子曰『陳仲子,齊之系家』。又董仲舒曰『王者封諸侯,非官之也,得以代為家也』。」(《吳太伯世家》司馬貞索隱)劉知幾說:「自有王者,便置諸侯,列以五等,疏為萬國。當周之東遷,王室大壞,於是禮樂征伐自諸侯出。迄乎秦世,分為七雄。司馬遷之記諸國也,其編次之體,與本紀不殊。蓋欲抑彼諸侯,異乎天子,故假以他稱,名為世家。」又說:「世家之為義也,豈不以開國承家,世代相續?」

這樣看來,世家有這樣幾層意義:一世家專記諸侯國事;二記載傳代家世;三世家與本紀實則同體,均用編年法紀事,因有別於天子而另名「世家」,「抑彼諸侯,異乎天子,故假以他稱,名為世家。」

正因如此,所以劉知幾對司馬遷的一些做法非常不理解,「至如陳勝起自群盜,稱王六月而死,子孫不嗣,社稷靡聞,無世可傳,無家可宅,而以世家為稱,豈當然乎?夫史之篇目,皆遷所創,豈以自我作故,而名實無準。且諸侯、大夫,家國本別。三晉之與田氏,自未為君而前,齒列陪臣,屈身藩後,而前後一統,俱歸世家。使君臣相雜,升降失序。」其實,在《史記》中,司馬遷制定了規範,但這規範又不是死的,在有些時候能作靈活處理,

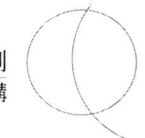

對陳勝的寫入世家,其實是肯定在反秦鬥爭中首揭義旗的特殊貢獻罷了。劉氏之說顯得過於拘泥,犯了以今律古的錯誤。

世家與本紀一樣,亦以編年為體,記述王侯封國、開國功臣和有特殊地位、特殊影響的人物;有的其事不一定牽涉全國,然於某一封國或全國社會生活的某一方面有巨大影響。多數可視為「國別史」,諸如「晉世家」、「楚世家」、「趙世家」、「魏世家」等皆屬王侯封國類,「孔子世家」、「陳涉世家」、「外戚世家」、「留侯世家」等屬在歷史上作出特殊貢獻、具有特殊影響的人物。世家與本紀一樣,就編寫體例的本質而言是紀傳,但本身是國別體,在敘寫上又採用了編年的體例。

3. 列傳

司馬貞的索隱說:「列傳者,謂敘列人臣事跡,令可傳於後世,故曰列傳。」張守節的正義說:「其人行跡可序列,故云列傳。」(《伯夷列傳》索隱、正義)

趙翼對傳體有較詳細的闡述:「古書凡記事立論及解經者,皆謂之傳,非專記一人事跡也。其專記一人為一傳者,則自遷始。又於傳之中分公卿將相為列傳,其《儒林》、《循吏》、《酷吏》、《刺客》、《遊俠》、《佞幸》、《滑稽》、《日者》、《龜策》、《貨殖》等又別立名目,以類相從。自後作史者,各就一朝所有人物傳之,固不必盡拘遷《史》舊名也。如《漢書》少《刺客》、《滑稽》、《日者》、《龜策》四傳,而增《西域傳》,蓋無其人不妨缺,有其事不妨增。至《外夷傳》則又隨各朝之交兵、通貢者而載之,更不能盡同也。惟《貨殖》一款本可不立傳,而《漢書》所載貨殖又多周、秦時人,與漢無涉,殊亦贅設。」先說傳之本義,與人物並無關涉。劉知幾在《史通》中說:「昔《詩》、《書》既成,而毛、孔立《傳》。《傳》之時義,以訓詁為主,亦猶《春秋》之傳,配經而行也。降及中古,始名傳曰注。蓋傳者,轉也,轉授於無窮;注者流也,流通而靡絕。惟此二名,其歸一揆。」殊不知,劉知幾之說是化用了劉勰的論點的。劉勰在《文心雕龍》中說:「昔者夫子閔王道之缺,傷斯文之墜,靜居以嘆鳳,臨衢而泣麟,於是就太師以正《雅》、《頌》,因魯史以修《春秋》。舉得失以表黜陟,征存亡以標勸戒;褒見一字,貴逾軒冕;貶在片言,誅深斧鉞。然睿旨存亡,經文婉約,丘明

同時，實得微言。乃原始要終，創為傳體。傳者，轉也；轉受經旨，以授於後，實聖文之羽翮，記籍之冠冕也。」本來，傳是解經的，是依附於經而存在的。而用傳來寫人，是司馬遷的首創，《史記》中有一人一傳者，有以類相從者，後世一直沿用此體，「無其人不妨缺，有其事不妨增。」

　　關於列傳，章學誠講得更概括：「史遷創列傳之體。列之為言，排列諸人為首尾，所以標異編年之傳也。」列有序列、排列二義。列傳就是將眾多人物按一定位次排列起來。這樣看來，傳本來是藉記事立論以及解釋經書的體式。司馬遷用其來傳人，用來論載功臣賢人的言行。這樣做的目的主要還是為本紀中的皇帝服務的，表示人臣拱衛主上。所以，在《太史公自序》中說：「扶義俶儻，不令己失時，立功名於天下，作七十列傳。」

　　「列傳」在《史記》中所占篇幅最多，可分兩大類：

　　一類是人物傳記，所記人物範圍極廣，涉及社會各個階層。有一人一傳的專傳，有兩人或數人的合傳，有按人物性質排列立傳的類傳。專傳，例如：《伍子胥列傳》，《淮陰侯列傳》等。合傳，具有某種關係的兩個或兩個以上的人物的傳記，例如：《廉頗藺相如列傳》，《樊酈滕灌列傳》等。類傳「以類相從」，把同類人物編纂到一起，例如：《伯夷列傳》（隱士：伯夷、叔齊），《孫子吳起列傳》（軍事家：孫武、孫臏、吳起），《刺客列傳》（刺客：曹沫、專諸、豫讓、聶政、荊軻），《酷吏列傳》（以嚴酷著稱之官員：侯封、郅都、寧成、趙禹、張湯、義縱、王溫舒、楊僕、減宣、杜周），《儒林列傳》（儒學人物）等。其實部分合傳和類傳有交叉，難以明確區分。

　　另一類是對外國或國內少數民族的記載，涉及中外關係史和國內民族關係史。這一類有「匈奴列傳」、「南越列傳」、「西南夷列傳」、「朝鮮列傳」等。「列傳」對「本紀」起了充實和具體化的作用，在《史記》中，思想性和藝術性強的代表性作品大都出自列傳。

4. 表

　　司馬貞的索隱引應劭語云：「表者，錄其事而見之。」案：「禮有表記，而鄭玄云『表，明也』。謂事微而不著，須表明也，故言表也。」張守節的正義說：「言代者，以五帝久古，傳記少見，夏殷以來，乃有尚書略有年月，

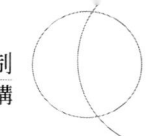

比於五帝事跡易明，故舉三代為首表。表者，明也。明言事儀。」（《三代世表》索隱、正義）趙翼說：「《史記》作十表，昉於周之譜牒，與紀、傳相為出入。凡列侯、將相、三公、九卿功名表著者，既為立傳，此外大臣無功無過者，傳之不勝傳，而又不容盡沒，則於表載之。作史體裁，莫大於是。故《漢書》因之，亦作七表。」「十表以繫時事」。

表的作用主要有如下方面：

一、表記不著之細微之事。「大臣無功無過者，傳之不勝傳，而又不容盡沒，則於表載之。」

二、表列於本紀之後，是對本紀的簡單概括和補充，同時又與其後的世家和列傳密切聯繫起來。它的優點是顯而易見的，運用表格的形式來標註錯綜複雜變化的歷史，讓人便於把握歷史發展變化的脈絡和線索。

表以譜陳列帝王、諸侯、貴族、將相大臣的世系、爵位和簡要政績，以距離年代的遠近、歷史文獻材料的繁簡而分為世表、年表、月表。我們也可以把表分為大事表和人物表兩類，諸如「三代世表」、「十二諸侯年表」，「高祖功臣侯者年表」、「漢興以來將相名臣年表」等。「表」的作用是形象、直觀，便於觀覽，可補「本紀」、「世家」、「列傳」之不足，又可省去不少文字，使記載免於繁冗。

5. 書

司馬貞索隱：「書者，五經六籍總名也。此之八書，記國家大體。班氏謂之志，志，記也。」趙翼在《廿二史箚記》中說：「八書以詳制度。……八書乃史遷所創，以紀朝章國典。」司馬遷作八書，班固作十志。「《漢書》因之作十志，《律曆志》則本於《律書》、《曆書》也，《禮樂志》則本於《禮書》、《樂書》也，《食貨志》則本於《平準書》也，《郊祀志》則本於《封禪書》也，《天文志》則本於《天官書》也，《溝洫志》則本於《河渠書》也，此外又增《刑法》、《五行》、《地理》、《藝文》四志。其後《律曆》、《禮樂》、《天文》、《地理》、《刑法》歷代史皆不能無。」由書變志，只是改了稱呼，司馬遷的開創之功不可忽視，如果沒有《史記》的八書，就沒有《漢書》的十志。

書，用我們今天的話說，就是分門別類的文化發展史和典章制度史。主要記述歷代曆法、禮樂、封禪、水利、經濟等典章制度，反映了社會生活的各個方面，是《史記》很重要的部分。書中的「禮書」、「樂書」、「曆書」、「河渠書」、「平準書」等都深刻而全面地反映了某個方面的現象和本質，其中尤以「平準書」最為精彩，該篇記社會經濟狀況，特別是漢朝經濟政策的演變，開後代正史「食貨志」之先河。「八書」中的禮、樂、律、天官四篇是學術專論，係司馬遷雜取時論而為之。其餘四篇旨在指責漢代，特別是漢武帝時代的政事，如《封禪書》專論武帝之淫祀；《河渠書》譏武帝屢信淺陋之言，工程勞而無功；《平準書》責武帝無故興兵開邊，財用不給，於是刻民侵商，致國困民貧。惟武帝太初改曆為一代盛事，《曆書》於太初曆法又缺而不書，這本身就是一種態度的表示。

歷來人們稱《史記》是紀傳體史書，強調本紀和列傳的重要性。其實，作為全書的組成部分，表、書、世家都有紀、傳不能代替的獨立的價值，嚴格地說，它應是紀傳志書體，是一種綜合體史書。

二、五體破例

前面我們說了五體的常例，讓我們瞭解了五體的一般要求和標準。司馬遷是個有獨立思想的史學家，在具體的操作中對某些人某些事能夠靈活處理，往往會出現突破常例的做法。

如本紀的破例，按照前面的論述，「本紀」的含義簡單歸納如下，本紀是全書的總綱，以編年為體，記載歷代帝王的世系，其實質上是全國編年大事記，起提綱挈領的作用。

按照這樣的理解，夏、殷、周三本紀應該只記統一天下之後的歷史，以前的屬國時期不應寫入本紀，但夏、殷、周的本紀卻包括了三代的先公先王，而《秦本紀》則是諸侯的身分入了本紀。這是為什麼？呂后只是太后，漢惠帝才是當朝皇帝，而《史記》卻立了《呂太后本紀》，不立《惠帝紀》。這樣做的原因是什麼呢？項羽稱西楚霸王，但未能統一天下。《史記》卻立了《項羽本紀》，但又未採用西楚紀年，而是用漢之紀年。其中原委值得思考。

第四章 《史記》的體制

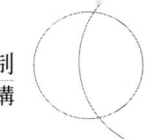

第一節 五體結構

　　世家一體，專記能傳代的諸侯國國事。其與本紀實則同體，均用編年法紀事，因有別於天子而另名「世家」。但在實際的操作中，卻又多有不合「規範」處。項梁在起事之初立楚王熊心作號召，熊心也曾統兵遣將，號令一方。但既不入本紀，也不入世家。漢初諸侯王吳王劉濞，淮南王劉長、劉安，衡山王劉賜等因叛逆被降為列傳。而西周諸侯管叔也曾叛逆，卻立入《管蔡世家》。漢初諸功臣蕭何、曹參、張良、陳平、周勃等，爵祿不過封侯而立入世家。但其他侯國不立世家。有的諸侯王即使能夠傳數代也沒能入世家。比如趙王張耳、長沙王吳芮等。再有三十世家中有孔子、陳涉、外戚三世家。孔子為布衣，陳涉稱王不終，漢帝后妃無世可傳，但都能入世家。司馬遷這樣做的考慮是什麼呢？

　　正因為上面的破例的大量存在，所以劉知幾在《史通》等書中大肆批判司馬遷的此類做法。他說：「至如陳勝起自群盜，稱王六月而死，子孫不嗣，社稷靡聞，無世可傳，無家可宅，而以世家為稱，豈當然乎？夫史之篇目，皆遷所創，豈以自我作故，而名實無準。且諸侯、大夫，家國本別。三晉之與田氏，自未為君而前，齒列陪臣，屈身藩後，而前後一統，俱歸世家。使君臣相雜，升降失序。」劉知幾是依據建立在《史記》基礎上經過後世諸多史家實踐後確立的標準對司馬遷進行批評的，代表了封建官方正統的立場。而劉知幾這種以今律古的做法是很愚蠢的，正如清代學者張照在闡釋項羽、呂后入本紀問題時所言：「馬遷之意並非以本紀非天子不可用也，特以天下之權之所在，則其人繫天下之本，即謂之本紀。若《秦本紀》，言秦未得天下之先，天下之勢已在秦也；《呂后本紀》，呂后固亦未若武氏之篡也，而天下之勢固在呂后，則亦曰本紀也。後世史官以君為本紀，臣為列傳，固亦無議者，但是宗馬遷之史法而小變之，固不得轉據後以議前也。」司馬遷受到其父的有益影響，生活的時代還算開明，而且又遭遇了李陵之禍，這一切玉成了具有獨立見解和思維的偉大思想家。司馬遷處理歷史人物的原則是實事求是，在敘事上講究首尾完整，以便於讀者能夠「原始察終」，同時還暗寓有對歷史事件和歷史人物的褒貶態度。

　　夏、殷、周的本紀卻包括了三代的先公先王，而《秦本紀》則是諸侯的身分入了本紀。原因是為了有始有終，便於總體把握，以便於能「原始察終，

見盛觀衰」。項羽是秦漢之際主宰天下的人物，呂后是惠帝朝的發號施令者，他們雖然沒有天子稱號，實同帝王，因此被列入本紀。清人徐時棟說：「天下號令在某人，則某人為本紀，此史公史例也。……此後無人能具此識力，亦無人敢循此史例矣。」熊心名為楚王，統兵遣將，號令一方，但只是幌子，並無實權。孔子沒有侯爵，陳勝是自立為王，二人都列入世家，因為他們的歷史地位堪與王侯相比。這反映出來的是實事求是的精神，名實相副，在二者發生矛盾時尊重實際。

　　漢初諸侯王劉濞、劉長、劉安、劉賜等因叛逆被降為列傳。而西周諸侯管叔、蔡叔叛逆卻立入《管蔡世家》，其原因也很簡單。周武王死後，成王年幼即位，周公旦攝政，引起了管叔、蔡叔的懷疑不滿。他們利用自己封地內殷族餘民的力量叛周，後被武力平息，管叔被殺死，蔡叔被流放。司馬遷從維護統一的立場出發，批評了管蔡的分裂行為，同時又委婉指出二人叛國的真實根源：「疑周公之為不利於成王。」「人非聖賢，孰能無過」，蔡叔流放後死去。其子胡一改其父舊行，尊德向善。周公聽後舉薦他做了魯國的卿士，魯國大治。周公向成王建議，又把胡封在蔡地，以行蔡叔的歲時祭祀之禮，這就是蔡仲。司馬遷看重的是蔡仲的「過而能改，善莫大焉」的優秀品質，因為「嘉仲悔過」（《太史公自序》），所以作《管蔡世家》。給人一個機會，肯定人的改過自新。至於蕭何、曹參、張良、陳平、周勃等人被立入世家，則是基於其對輔佐劉邦建立帝王之業的褒揚讚美。

三、五體篇數及其內涵

　　五體結構是個非常謹嚴的系統。《史記》為什麼是「五」體呢？「五」有什麼特殊的含義嗎？其實，「五」在中國傳統文化裡是個神祕的數字，手有五指，頭有五官，人體有五臟，天地有五行，金木水火土，五行運動而成天道。《史記》的五體是否受到了此影響呢？也許五體之「五」並沒有深刻內涵，但不可否認的是，五體各部分是相互聯繫、密不可分而構成為一個系統工程的。五體分別由十二本紀，十表，八書，三十世家，七十列傳構成，凡百三十篇，各體例的篇數有沒有蘊含特殊的含義呢？

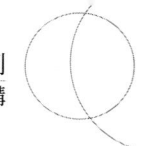

第四章 《史記》的體制
第一節 五體結構

　　司馬遷在《太史公自序》和《報任安書》中都提到了這些數字，但並沒有告訴我們其中的微言大義。以後的學者們對此紛紛提出了自己的見解。司馬貞在《補史記序》中說：「《本紀》十二象歲星之周；八《書》有八篇，法天時之八節；十《表》放剛柔十日；三十《世家》比月有三旬；七十《列傳》取懸車之暮齒；百三十篇象閏而成歲。」歲星即木星。古人認識到木星約十二年運行一周天，其軌道與黃道相近，因將周天分為十二分，稱十二次。故本紀之「十二」暗含木星十二年一周天之意。「八」隱喻天時之立春、春分、立夏、夏至、立秋、秋分、立冬、冬至之八種節氣。「十」，蓋指天干。古人用天干地支相配紀日。《禮記·曲禮上》疏：「剛，奇日也。十日有五奇五偶，甲丙戊庚壬五奇為剛也，乙丁己辛癸五偶為柔也。」《淮南子·天文訓》：「凡日，甲剛乙柔，丙剛丁柔，以至於壬癸。」「三十」好比每月三旬，三個「十」。「懸車」，因古人一般至七十歲辭官家居，廢車不用。故而「懸車」意為「七十」。班固《白虎通·致仕》：「臣年七十懸車致仕者，臣以執事趨走為職，七十陽道極，耳目不聰明，跂踦之屬，是以退老去避賢者……懸車，示不用也。」暮齒指晚年。懸車暮齒連起來的意思是「七十」晚年。「百三十」是在一年十二月的基礎上加閏月而成十三，百三十又是十三的倍數。

　　張守節在《論史例》中說：「太史公作史記，起黃帝、高陽、高辛、唐堯、虞舜、夏、殷、周、秦，訖於漢武帝天漢四年，合二千四百一十三年。作本紀十二，象歲十二月也。作表十，象天之剛柔十日，以記封建世代終始也。作書八，像一歲八節，以記天地日月山川禮樂也。作世家三十，像一月三十日，三十輻共一轂，以記世祿之家輔弼股肱之臣忠孝得失也。作列傳七十，像一行七十二日，言七十者舉全數也，餘二日象閏餘也，以記王侯將相英賢略立功名於天下，可序列也。合百三十篇，像一歲十二月及閏餘也。而太史公作此五品，廢一不可，以統理天地，勸獎箴誡，為後之楷模也。」張守節之解釋與司馬貞大致相同，小有出入。認為「十二」為一歲之十二月，又借用司馬遷的「輻」、「轂」比喻給「三十」賦予了新的意義，對「七十」也給出了深入的解釋，其餘與司馬貞解釋相同。

范文瀾認為《史記》「十二」之數,「實效法《春秋》十二公而作」。張守節對「三十」的解釋來源於司馬遷,「二十八宿環北辰,三十輻共一轂,運行無窮,輔拂股肱之臣配焉,忠信行道,以奉主上,作三十世家。」司馬遷以眾星環繞北辰和諸輻歸於車轂比喻人臣拱衛主上。而「一行七十二日」,就是一年三百六十日,以木、火、土、金、水五行等分,各主宰七十二日。在西漢,這種說法非常流行。「五帝,東方木,色蒼,七十二日;南方火,色赤七十二日;中央土,色黃,七十二日,西方金,色白,七十二日;北方水,色黑,七十二日。」由此可見,張守節的解釋也是符合當時的實際的。

　　看來,《史記》五體的篇數及總篇數都有一定的內涵,當然,對於《史記》的結構,我們不要過於去追求其中的微言大義,但不可否認司馬遷對五體結構是頗動了一番腦筋,頗花費了一番心思的。我們需要把握住一點,五體結構與歲時密切聯繫,象徵著歷史的循環往復的運行。司馬遷用五行理論來結構全書,反映著司馬遷對歷史的相生相剋的運動發展變化的認識,體現出司馬遷發展變化的歷史觀。

　　五體理論是司馬遷的獨創,這五種結構是一個彼此依託,相輔相成的系統工程。五體結構的編排是吸收了前代歷史學家的有益嘗試和經驗而創造出來的。大體而言是按照時間順序,就是以前的編年體的體例,按照時間的先後順序來結構各部分的;同時又遵從著以類相從的編寫原則。唐代的史學大家劉知幾在《史通·二體》中云:「《史記》者,紀以包舉大端,傳以委曲細事,表以譜列年爵,志以總括遺漏。逮於天文、地理、國典、朝庫,顯隱必該,洪纖靡失。此其所以為長也。」王伯祥先生認為:「綜觀史記的各體,『紀』是年代的標準,『傳』是人物的動態,『世家』是紀傳合體的國別史,『表』和『書』是貫穿事跡演化的總線索。它們之間互相關合著,並不是彼此對立的,而『紀』和『傳』更是構成全書的經緯線。正因為經緯關合,所以能夠分別安排組織。」五體結構中的每一體都有自己的明確職責,同時又相互補充,共同構成一個不可分割的系統工程。

　　由於司馬遷的創造,五體結構把當時社會上幾乎所有的內容都囊括進來,憑藉個人之力完成了空前的一項宏大工程,因而才成為中國歷史上的一部鴻篇巨制。正因此,清代大學者梁啟超把《史記》與前代的幾部歷史著作作了

對比後對《史記》作出了很高的評價。「從前的史，或屬於一件事的關係文書——如《尚書》，或屬於各地方的記載——如《國語》、《戰國策》，或屬於一時代的記載——如《春秋》及《左傳》。《史記》則舉其對所及知之人類全體自有文化以來數千年之總活動冶為一爐。自此始認識歷史為整個渾一的，為永久相續的。非至秦漢統一後，且文化發展至相當程度，則此觀念不能發生。而太史公實應運而生。《史記》實為中國通史之創始者。」

第二節 《史記》標題與主題

　　《史記》之前，歷史著作還從未出現過完整的標題，司馬遷為《史記》創制的一百三十個標題，可以說第一次彌補了史著無明確標題的空白。

　　如前所述，司馬遷在創作每一篇時都有「主意」，或稱主題、主旨、中心思想。在《太史公自序》中，對每一篇的寫作緣由、寫作主題或寫作目的，司馬遷都有縝密的考慮。我們在閱讀《史記》時，要注意把握每篇的創作主旨，這對我們準確把握作品會有很大的幫助。就敘述特點而言，每篇幾乎全為嚴格的四言詩，與《詩經》「頌」詩和「大雅」中的部分詩歌有相似之處，說明司馬遷深受《詩經》的影響。在整齊的形式中對每篇內容做了高度的概括，概括中注意褒貶，有讚美有批評。《史記》一百三十篇的各篇篇目此處省略之。本書對各篇主旨擇其要羅列如下，並附譯文，以利於讀者查檢。

十二本紀

　　維昔黃帝，法天則地，四聖遵序，各成法度；唐堯遜位，虞舜不臺；厥美帝功，萬世載之。作五帝本紀第一。（從前黃帝以天為法，以地為則，顓頊、帝嚳、堯、舜四位聖明帝王先後相繼，各建成一定法度；唐堯讓位於虞舜，虞舜因覺自己不能勝任而不悅；這些帝王的美德豐功，萬世流傳。作《五帝本紀》第一。）

　　維禹之功，九州攸同，光唐虞際，德流苗裔；夏桀淫驕，乃放鳴條。作夏本紀第二。（大禹治水之功，九州共享其成，光耀唐虞之際，恩德流傳後世；夏桀荒淫驕橫，於是被放逐鳴條。作《夏本紀》第二。）

113

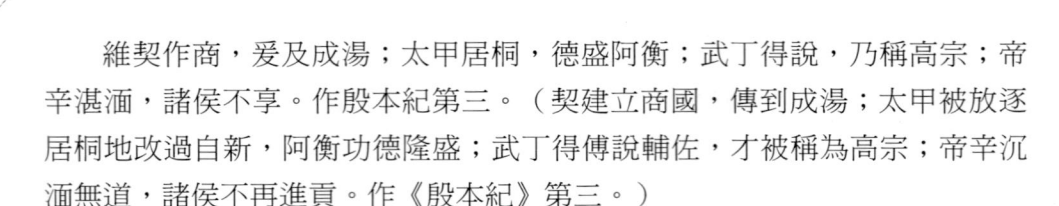

維契作商，爰及成湯；太甲居桐，德盛阿衡；武丁得說，乃稱高宗；帝辛湛湎，諸侯不享。作殷本紀第三。（契建立商國，傳到成湯；太甲被放逐居桐地改過自新，阿衡功德隆盛；武丁得傅說輔佐，才被稱為高宗；帝辛沉湎無道，諸侯不再進貢。作《殷本紀》第三。）

維棄作稷，德盛西伯；武王牧野，實撫天下；幽厲昏亂，既喪酆鎬；陵遲至赧，洛邑不祀。作周本紀第四。（棄開創了種植業，西伯姬昌時功德隆盛；武王在牧野伐紂，安撫天下百姓；幽王、厲王昏暴淫亂，喪失了酆、鎬二京；王室衰敗直至赧王，洛邑斷絕了周室宗廟的祭祀。作《周本紀》第四。）

維秦之先，伯翳佐禹；穆公思義，悼豪（崤）之旅；以人為殉，詩歌黃鳥；昭襄業帝。作秦本紀第五。（秦的祖先伯翳，曾經輔佐大禹；秦穆公思及君義，祭悼秦國在殽戰死的將士；穆公死後以活人殉葬，有《黃鳥》一詩控訴；昭襄王開創了帝業。作《秦本紀》第五。）

始皇既立，並兼六國，銷鋒鑄鐻，維偃干革，尊號稱帝，矜武任力；二世受運，子嬰降虜。作始皇本紀第六。（秦始皇即位，兼併了六國，銷毀兵器，鑄為鐘鐻，希望止息干戈，尊號稱為皇帝，耀武揚威，專憑暴力，秦二世承受國運，子嬰投降做了俘虜。作《始皇本紀》第六。）

秦失其道，豪桀並擾；項梁業之，子羽接之；殺慶救趙，諸侯立之；誅嬰背懷，天下非之。作項羽本紀第七。（秦朝喪失王道，豪傑蜂起造反；項梁開創反秦大業，項羽接續；項羽殺了慶子冠軍宋義，解救了趙國，諸侯擁立他為霸王；可他誅殺子嬰，背棄義帝懷王，天下都責難他。作《項羽本紀》第七。）

子羽暴虐，漢行功德；憤發蜀漢，還定三秦；誅籍業帝，天下惟寧，改制易俗。作高祖本紀第八。（項羽殘酷暴虐，漢王建功施德；發憤於蜀、漢，率軍北還平定三秦；誅滅項羽建立帝業，天下安定，又改革制度，更易風俗。作《高祖本紀》第八。）

惠之早霣（隕），諸呂不臺；崇彊祿、產，諸侯謀之；殺隱幽友，大臣洞疑，遂及宗禍。作呂太后本紀第九。（惠帝早逝，諸呂之心不悅；呂后提高呂祿、呂產的地位，並加強他們的權力，諸侯圖謀剪除他們；呂后殺害趙隱王，又

囚殺趙幽王劉友，朝中大臣疑懼，終於導致呂氏宗族覆滅之禍。作《呂太后本紀》第九。）漢既初興，繼嗣不明，迎王踐祚，天下歸心；蠲除肉刑，開通關梁，廣恩博施，厥稱太宗。作孝文本紀第十。（漢朝初建，惠帝死後帝位繼承人不明，眾臣迎立代王劉恆即位，天下心服；文帝廢除肉刑，開通水陸要道，博施恩惠，死後被稱為太宗。作《孝文本紀》第十。）

諸侯驕恣，吳首為亂，京師行誅，七國伏辜，天下翕然，大安殷富。作孝景本紀第十一。（諸侯王驕橫放肆，吳王率先叛亂，朝廷派兵討伐，叛亂七國先後伏罪，天下安定，太平富裕。作《孝景本紀》第十一。）

漢興五世，隆在建元，外攘夷狄，內脩法度，封禪，改正朔，易服色。作今上本紀第十二。（漢朝興建五世，興隆盛世在建元年間，天子外攘夷狄，內修法度，舉行封禪，修訂曆法，改變服色。作《今上本紀》第十二。）

十表

維三代尚矣，年紀不可考，蓋取之譜牒舊聞，本於茲，於是略推，作三代世表第一。（夏、商、周三代太久遠了，具體年代已不可考，大致取之於傳世的譜牒舊聞，以此為據，進而大略地推斷，作《三代世表》第一。）

幽厲之後，周室衰微，諸侯專政，春秋有所不紀；而譜牒經略，五霸更盛衰，欲睹周世相先後之意，作十二諸侯年表第二。（幽王、厲王之後，周朝王室衰落，諸侯各自為政，《春秋》有些未作記載；而譜牒只記概要，五霸又交替盛衰，為考察周朝各諸侯國的先後關係，作《十二諸侯年表》第二。）

春秋之後，陪臣秉政，彊國相王；以至於秦，卒並諸夏，滅封地，擅其號。作六國年表第三。（春秋以後，陪臣執政，強國之君競相稱王，及至秦王嬴政，終於吞併各國，剷除封地，獨享尊號。作《六國年表》第三。）

秦既暴虐，楚人發難，項氏遂亂，漢乃扶義征伐；八年之間，天下三嬗，事繁變眾，故詳著秦楚之際月表第四。（秦帝暴虐，楚人陳勝發難，項氏又自亂反秦陣營，漢王於是仗義征伐。八年之間，天下三易其主，事變繁多，所以詳著《秦楚之際月表》第四。）

維高祖元功，輔臣股肱，剖符而爵，澤流苗裔，忘其昭穆，或殺身隕國。作高祖功臣侯者年表第六。（高祖始取天下，輔佐他創業的功臣，都被剖符封爵，恩澤傳給他們的子孫後代，有的忘其親疏遠近，分不出輩分，也有的竟至殺身亡國。作《高祖功臣侯者年表》第六。）

北討彊胡，南誅勁越，征伐夷蠻，武功爰列。作建元以來侯者年表第八。（北面攻打強悍的匈奴，南面誅討強勁的越人，征伐四方蠻夷，不少人以武功封侯。作《建元以來侯者年表》第八。）

國有賢相良將，民之師表也。維見漢興以來將相名臣年表，賢者記其治，不賢者彰其事。作漢興以來將相名臣年表第十。（國家的賢相良將，是民眾的表率。曾看到漢興以來將相名臣年表，對賢者則記其治績，對不賢者則明其劣跡。作《漢興以來將相名臣年表》第十。）

八書

維三代之禮，所損益各殊務，然要以近性情，通王道，故禮因人質為之，節文，略協古今之變。作禮書第一。（夏、商、周三代之禮，各有所增減而不同，但總的來看，其要領都在於使禮切近人的情性，通於王道，所以禮根據人的質樸本性而製成，減掉了那些繁文縟節，大體順應了古今之變。作《禮書》第一。）

受命而王，封禪之符罕用，用則萬靈罔不禋祀。追本諸神名山大川禮，作封禪書第六。（承受天命做了帝王，封禪這樣的符瑞之事不可輕易舉行，如果舉行，那一切神靈沒有不受祭祀的。追溯祭祀名山大川諸神之禮，作《封禪書》第六。）

維幣之行，以通農商；其極則玩巧，並兼茲殖，爭於機利，去本趨末。作平準書以觀事變，第八。（錢幣的流通，是為溝通農商；其弊端竟發展到玩弄智巧，兼併發財，爭相投機牟利，捨本逐末，去農經商。作《平準書》來考察事情的變化發展，這是第八。）

三十世家

太伯避歷，江蠻是適；文武攸興，古公王跡。闔廬弒僚，賓服荊楚；夫差克齊，子胥鴟夷；信嚭親越，吳國既滅。嘉伯之讓，作吳世家第一。（太伯為讓季歷繼位，避居江南蠻夷之地，文王、武王才得以振興周邦，發展了古公亶父的王業。闔閭殺了吳王僚，奪取王位，降服楚國；夫差戰勝齊國，逼殺伍子胥以革囊盛其屍；聽信伯嚭的話親善越國，最終被越國所滅。為讚許太伯讓位的美德，作《吳世家》第一。）

申、呂肖矣，尚父側微，卒歸西伯，文武是師；功冠群公，繆權於幽；番番黃髮，爰饗營丘。不背柯盟，桓公以昌，九合諸侯，霸功顯彰。田闞爭寵，姜姓解亡。嘉父之謀，作齊太公世家第二。（申、呂兩國衰弱，尚父微賤坎坷，終於投歸西伯，為文王、武王之師；他的功勞為群臣之首，長於暗中設計權謀；頭髮斑白，受封於齊，建都營丘，成為齊國始祖。齊桓公不背棄與魯國在柯地所訂盟約，事業由此昌盛，多次會合諸侯，霸功顯赫。田恆與闞止爭寵，姜姓齊國於是瓦解滅亡。為讚美尚父的宏謀，作《齊太公世家》第二。）

依之違之，周公綏之；憤發文德，天下和之；輔翼成王，諸侯宗周。隱桓之際，是獨何哉？三桓爭彊，魯乃不昌。嘉旦金縢，作周公世家第三。（諸侯和部屬對周無論是依順的，還是違抗的，周公都安撫他們；他努力宣揚文德，天下都響應隨和；輔佐保護成王，諸侯以周天子為天下宗主。隱公、桓公之際卻屢屢發生悖德非禮之事，這是為什麼呢？只因三桓爭強，魯國國運不昌。讚美周公旦的《金縢》策文，作《周公世家》第三。）

武王既崩，叔虞邑唐。君子譏名，卒滅武公。驪姬之愛，亂者五世；重耳不得意，乃能成霸。六卿專權，晉國以秏。嘉文公錫珪鬯，作晉世家第九。（武王去世後，叔虞封邑於唐。君子譏諷晉穆公為兒子取名之事，武公終於滅而代之。獻公寵愛驪姬，造成五世之亂；重耳不得志，卻能威霸諸侯。六卿專權，晉國衰亡。讚美文公因功得天子珪鬯，作《晉世家》第九。）

少康之子，實賓南海，文身斷髮，黿與處，既守封禺，奉禹之祀。句踐困彼，乃用種、蠡。嘉句踐夷蠻能脩其德，滅彊吳以尊周室，作越王句踐世家第十一。（少康之子遠棄南海，紋身斷髮，與黿相處，守在封山禺

山，事奉大禹的祭祀。句踐受到夫差的困辱，於是信用文種、范蠡。讚美句踐身在夷蠻能修其德，消滅強大吳國以尊奉周室，作《越王句踐世家》第十一。）

周室既衰，諸侯恣行。仲尼悼禮廢樂崩，追修經術，以達王道，匡亂世反之於正，見其文辭，為天下制儀法，垂六藝之統紀於後世。作孔子世家第十七。（周王室已經衰落，諸侯恣意而行。孔子傷感禮樂崩廢，因而追研經術，以重建王道，匡正亂世，使之返於正道，觀其著述，為天下制定禮儀法度。留下《六藝》綱紀於後世。作《孔子世家》第十七。）

桀、紂失其道而湯、武作，周失其道而春秋作。秦失其政，而陳涉發跡，諸侯作難，風起雲蒸，卒亡秦族。天下之端，自涉發難。作陳涉世家第十八。（桀、紂喪失王道而湯、武興起，周失其王道而《春秋》問世。秦失其為政之道，陳涉發起反秦義舉，諸侯相繼造反，風起雲湧，終於滅掉秦國。天下亡秦之端，始於陳涉發難。作《陳涉世家》第十八。）

運籌帷幄之中，制勝於無形，子房計謀其事，無知名，無勇功，圖難於易，為大於細。作留侯世家第二十五。（運籌策劃於帷幄之中，無形之中克敵制勝，子房謀劃克敵制勝之事，沒有智巧之名，沒有勇武之功，從易處著手解決難題，從小處著手成就大事。作《留侯世家》第二十五。）

諸呂為從，謀弱京師，而勃反經合於權；吳楚之兵，亞夫駐於昌邑，以厄齊趙，而出委以梁。作絳侯世家第二十七。（諸呂勾結，陰謀削弱皇室，周勃在清除諸呂的問題上，背離常規而合於權變之道；吳楚七國起兵叛亂，周亞夫駐軍於昌邑，以扼制齊趙之軍，放棄了求救的梁王。作《絳侯世家》第二十七。）

七十列傳

末世爭利，維彼奔義；讓國餓死，天下稱之。作伯夷列傳第一。（末世爭權奪利，而伯夷、叔齊兄弟卻趨向仁義，為讓君位，雙雙餓死，天下稱讚他們的美德。作《伯夷列傳》第一。）

晏子儉矣，夷吾則奢；齊桓以霸，景公以治。作管晏列傳第二。（晏子節儉，管仲則奢侈：齊桓公因得管仲輔佐而稱霸，齊景公因得晏子輔佐而國治。作《管晏列傳》第二。）

能以富貴下貧賤，賢能詘於不肖，唯信陵君為能行之。作魏公子列傳第十七。（身為富貴而能尊重貧賤者，自身賢能而能屈就不肖，只有信陵君能夠如此做到。作《魏公子列傳》第十七。）

能忍 於魏齊，而信威於彊秦，推賢讓位，二子有之。作范睢蔡澤列傳第十九。（能忍辱於魏齊，卻揚威於強秦，推舉賢能讓出相位，范睢、蔡澤都有這樣的美德。作《范睢蔡澤列傳》第十九。）

能信意彊秦，而屈體廉子，用徇其君，俱重於諸侯。作廉頗藺相如列傳第二十一。（能在強秦朝廷上陳述己意，又能對廉頗忍讓謙恭，以盡忠其君，將相二人名重於諸侯。作《廉頗藺相如列傳》第二十一。）

曹子匕首，魯獲其田，齊明其信；豫讓義不為二心。作刺客列傳第二十六。（曹沫憑藉匕首使魯國重獲失去的土地，也使齊君昭信於諸侯；豫讓守義，忠於其君而無二心。作《刺客列傳》第二十六。）

能明其畫，因時推秦，遂得意於海內，斯為謀首。作李斯列傳第二十七。（能夠闡明自己的謀略，順應時勢推尊秦國，終於使秦得志於海內，李斯實為謀首。作《李斯列傳》第二十七。）

楚人迫我京索，而信拔魏趙，定燕齊，使漢三分天下有其二，以滅項籍。作淮陰侯列傳第三十二。（楚軍困迫漢軍於京、索，韓信攻克魏、趙，平定燕、齊，使三分天下漢得其二，奠定了消滅項羽的基礎。作《淮陰侯列傳》第三十二。）

敢犯顏色以達主義，不顧其身，為國家樹長畫。作袁盎晁錯列傳第四十一。（敢於犯顏強諫，使主上言行合於道義，不顧自身安危，為國家建立長遠方案。作《袁盎晁錯列傳》第四十一。）

守法不失大理，言古賢人，增主之明。作張釋之馮唐列傳第四十二。（維護法律合乎大理，言稱古代賢人，增長君主之明。作《張釋之馮唐列傳》第四十二。）

勇於當敵，仁愛士卒，號令不煩，師徒鄉之。作李將軍列傳第四十九。（勇於抗敵，仁愛士卒，號令簡明不煩，將士歸心於他。作《李將軍列傳》第四十九。）

奉法循理之吏，不伐功矜能，百姓無稱，亦無過行。作循吏列傳第五十九。（遵奉法律、按照情理辦事的官吏，不自誇其功勞賢能，百姓對其無所稱讚，也沒有什麼過失行為。作《循吏列傳》第五十九。）

民倍本多巧，奸軌弄法，善人不能化，唯一切嚴削為能齊之。作酷吏列傳第六十二。（人們背棄本業而多巧詐，作奸犯科，玩弄法律，善人也不能感化他們，只有完全依靠嚴酷的刑罰才能使他們整齊劃一。作《酷吏列傳》第六十二。）

救人於戹，振人不贍，仁者有乎；不既信，不倍言，義者有取焉。作遊俠列傳第六十四。（救人於難，濟人於貧，仁者有此美德吧；不失信用，不背諾言，義者有可取之處。作《遊俠列傳》第六十四。）

布衣匹夫之人，不害於政，不妨百姓，取與以時而息財富，智者有采焉。作貨殖列傳第六十九。（布衣匹夫這種普普通通的人，不妨害政令，也不妨害百姓，據時買賣增殖財富，智者在他們那裡可取得借鑑。作《貨殖列傳》第六十九。）

《史記》的標題自由靈活又有一定的規律，有側重數量的，如三代世表、十二諸侯年表；有側重朝代的，如夏本紀、殷本紀、周本紀、秦本紀；有的側重其國別，如魯周公世家、燕召公世家、衛康叔世家、宋微子世家、晉世家、楚世家；有側重其官爵的，如留侯世家、陳丞相世家、李將軍列傳等；大量的是直記名姓的，如張儀、蘇秦、范雎、蔡澤、廉頗、藺相如、李斯、司馬相如等等，此類命名在《史記》中有二十多篇；有的只稱姓氏，如管晏列傳、樊酈滕灌列傳等；有的稱其名號，如秦始皇為自號，漢高祖為廟號，呂太后

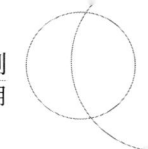

為尊號，孝文、孝景為諡號等等；有的稱其歸類，如仲尼弟子、刺客列傳、酷吏列傳、循吏列傳等等。

　　有的傳記標題似乎規律難尋，比如對「戰國四君子」，《史記》為四人作傳，但只稱信陵君為公子，其他三人都以封號標題。對此，近人李景星云：「四君之中，以魏公子為最賢。太史公作四君傳，亦以《魏公子傳》為最出色。標題曰《魏公子列傳》，與自序合，正所以殊於其餘三君也。他本或稱《信陵君列傳》，未免不達史公之旨。」而實際上，信陵君竊符救趙後，因竊矯君命，殺死了魏國大將晉鄙，得罪了魏君，不得不滯留趙國長達十年之久，身居異國他鄉，似只有「公子」之稱呼叫起來更合適。叫得久了，就成了習慣性稱呼。這個稱呼在漢初一直流行。比如《高祖本紀》、《魏公子列傳》中都稱魏公子，「魏公子無忌五家」，「諸侯之客進兵法，公子皆名之，故世俗稱《魏公子兵法》。」《漢書‧古今年表》在提到四公子時，其他仍然為稱號，獨信陵君稱公子，這還是約定俗成的影響。

　　與之相類似，其他如淮陰侯、黥布、滕公、蕭相國、曹相國、陳丞相等稱呼其實都是漢初的通行稱呼，習慣成自然而已，其實稱呼本身並沒有非常深的內涵。以前有許多學者對此往往從微言大義的角度入手分析標題，其實是鑽了牛角尖的。比如對於淮陰侯，李景星認為司馬遷「不曰韓信，而曰淮陰侯，不曰李廣，而曰李將軍，只一標題，已見出無限的愛慕敬仰。」而其實，韓信不曰韓信，是為了區別韓王信。其他都是漢初的習慣稱呼。

第三節　互見法的運用

一、何為互見法

　　「互見法」是司馬遷在《史記》中開創的組織安排材料以反映歷史、表現人物的一種方法。可分為有無互見和詳略互見。對某些人物的某些材料，在本傳中未寫，在他傳中寫了，這是有無互見。對某些史實和某些人物的事跡，在一篇傳中詳寫，在其他傳中略寫，這是詳略互見。透過人物和事件的互見法，使《史記》既能避免不必要的重複，又能表現出歷史人物的主要性格特徵，還能照顧到歷史的真實性。

互見法的發現，有大器晚成之稱的蘇洵功不可沒。在研讀《史記》時，蘇洵有一個有趣的發現：許多人物身上的汙點或陰暗面在本人的傳記中往往找不到，而出現在他人的傳記中。

「遷之傳廉頗也，議救閼與之失不載焉，見之《趙奢傳》；傳酈食其也，謀撓楚權之繆不載焉，見之《留侯傳》。固之傳周勃也，汗出洽背之恥不載焉，見之《王陵傳》；傳董仲舒也，議和親之疏不載焉，見之《匈奴傳》。夫頗、食其、勃、仲舒，皆功十而過一者也。苟列一以疵十，後之庸人必曰：智如廉頗，辯如酈食其，忠如周勃，賢如董仲舒，而十功不能贖一過，則將苦其難而怠矣。是故本傳晦之，而他傳發之。則其與善也，不亦隱而章乎？」

廉頗是富有智謀的名將，酈食其為重要辯士，周勃是忠心耿耿的開國功臣元老，董仲舒為當世鴻儒，但這幾人身上都有一些失誤或言愚蠢之處。而，這些「過」都沒有在本傳中表現出來，而是移到了與之相關的其他人的傳記中了。互見法的主要特徵，用蘇洵的話說就是「本傳晦之，而他傳發之」。清代史學家章學誠明確提到「互見」，「史既成家，文存互見，有如《管晏列傳》，而勳詳於《齊世家》，張耳分題，而事總於《陳餘傳》；非惟命意有殊，抑亦詳略之體所宜然也。」近人李笠在《史記訂補》中將這種做法命名為「互見」，「史臣敘事，有缺於本傳而詳於他傳者，是曰互見。」從功用上來說，互見法能安置材料、處理材料，屬於體制的範疇；互見法還能塑造人物形象，表現人物性格，又屬文章寫法的範疇。有關「互見法」的部分，本書在體制中詳講，在寫人藝術中略去，特此說明。

二、互見法運用的兩種情況

一是直接在書中標明互見。這種情況的互見法一般都有「語在某某事中」或「其語（其）事在某某事中」的明確提示語。如《周本紀》中：「初，管、蔡畔周，周公討之，三年而畢定，故初作《大誥》，次作《微子之命》，次《歸禾》，次《嘉禾》，次《康誥》、《酒誥》、《梓材》，其事在《周公》之篇。」再如《秦本紀》：「三年，衛鞅說孝公變法修刑，內務耕稼，外勸戰死之賞罰，孝公善之。甘龍、杜摯等弗然，相與爭之。卒用鞅法，百姓苦之；居三年，百姓便之。乃拜鞅為左庶長。其事在《商君》語中。」在《秦始皇本紀》中：

「高乃與公子胡亥、丞相斯陰謀破去始皇所封書賜公子扶蘇者,而更詐為丞相斯受始皇遺詔沙丘,立子胡亥為太子。更為書賜公子扶蘇、蒙恬,數以罪,賜死。語具在李斯傳中。」

一是沒有標明互見。大多數情況下都是沒有直接標明互見的。比如對劉邦和項羽的處理,在《項羽本紀》中,司馬遷重點展示項羽在反秦、滅秦戰爭中的功績,其陰暗面多在與其有關的他人的傳記中表現。在《高祖本紀》中,重點展示劉邦的從善如流、轉益多師、靈活變通、成熟老練的一面,而主要的陰暗面、黑暗見不得人的一面也多放到了與之有關的其他人的傳記中去寫。

對於這種情況的互見法,我們尤其要引起特別的重視。在對某一個歷史人物進行評析時,千萬不能只讀其個人本傳就得出想當然的結論,還應該閱讀與其有關的其他人的傳記,唯其如此,才可能有相對比較全面、客觀、準確的認識。比如,要對韓信做一個全面、客觀、準確的分析評價,我們在研讀《淮陰侯列傳》的同時,還要讀《高祖本紀》、《項羽本紀》、《陳丞相世家》等傳記。

三、採用互見法的必要性

首先,是組織材料的需要,為了避免不必要的重複。紀傳體史書是透過為人物紀傳來反映歷史的發展和變化的,而同一事件中參與的歷史人物眾多,限於篇幅,歷史學家不可能也不應該把同一事件重複記錄。其次,塑造人物形象的需要。人不可能只有一面,往往有多張面孔多種性格。古語云,人無完人,金無足赤;人非聖賢,孰能無過。如果把所有材料都寫入本傳中,人物形象勢必模糊,人物性格也不清晰,難以給人留下深刻印象。再次,維護歷史真實性的需要。《史記》首先是史書,史書要求真實、客觀、全面。本傳中捨棄的材料在與本傳傳主有關的其他人的傳記中表現出來,這樣就維護了史書的客觀性、真實性和全面性。最後,全身遠禍的考慮。受到當時主客觀條件的限制,尤其是因李陵事件遭禍後,司馬遷再也不便暢所欲言,但對某些事件、某些人物,特別是對最高統治者的陰暗面、黑暗面,史官秉筆直

書的傳統又使得司馬遷如鯁在喉，不吐不快，直接集中傾訴往往會帶來殺身之禍，於是用這種方法來尋求暫時的安寧。

《史記》的性質，既是文學，又是歷史。文學講究人物形象的個性的鮮明、情節的曲折動人；歷史強調歷史人物和事件的客觀性、真實性。二者從表面上來說是矛盾的，但是司馬遷卻能夠將二者做科學地處理，這在很大程度上得益於「互見法」的運用。正由於此法的運用，才使得《史記》最大程度上表現出了歷史人物形象鮮明的主要性格。同時又能保證了歷史人物的真實性，維護了歷史的嚴肅性。

四、「互見法」的典型用例分析

「互見法」在漢代的幾個帝王身上用得較多，像漢武帝、漢文帝、漢景帝等，尤其是對漢朝開國君主——漢高祖的處理上表現得最為突出。對於漢高祖，司馬遷的感情是複雜的，心理是矛盾的。漢高祖是個複雜的人物，性格多樣，面孔複雜，心思善變，難以思索，並且慣用權謀譎詐手段來處理人際關係。按照史書撰寫的「實錄」精神，司馬遷勢必要表現出他的真實面目。但劉邦又是漢代的開國君主、「今上」——漢武帝的祖先，對於這樣一個特殊歷史人物，司馬遷運用互見法對其進行了恰到好處的處理。既表現出了其能屈能伸、善於駕馭人臣最終成功的一面；同時也淋漓盡致地表現出了他的客觀真實的另一面。

在《高祖本紀》中主要寫劉邦帶有傳奇色彩的發跡史，展示他雄才大略、知人善任的一面，他的優點鮮明。根據韓兆琦先生的歸納，其優點為：智略超人，規模宏遠；能用人，能駕馭人；腦瓜靈活，聰明絕頂，極善於隨機應變。在本傳中當然也提到了劉邦的一些弱點、缺點，但都沒有給予充分展示。作為一部歷史著作，如果僅僅把歷史人物的主要性格表現出來，反映出人物的鮮明的個性，這是遠遠不夠的，肯定不是一部合格的史書。「本傳晦之，他傳發之」，司馬遷在與劉邦本人有關的其他人的傳記中，把劉邦的其他一些弱點、缺點，甚至陰暗面、惡毒的一面活靈活現地揭露了出來。

我們大家所熟知的《項羽本紀》中，司馬遷透過范增之口道出劉邦一貫的貪財好色：

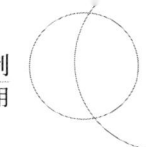

第四章　《史記》的體制
第三節　互見法的運用

「范增說項羽曰：『沛公居山東時，貪於財貨，好美姬。今入關，財物無所取，婦女無所幸，此其志不在小。吾令人望其氣，皆為龍虎，成五采，此天子氣也。急擊勿失。』」

愛美之心，人皆有之，英雄難過美人關；人是利益的動物，「人不為己，天誅地滅」，劉邦也是個愛財好色的普通人。好美姬是劉邦的脾性嗜好；此時不幸婦女，是反常之舉，值得重視和研究。

劉邦和蕭何之間的君臣關係非常微妙，劉邦認為蕭何功勞卓著，但又時刻提防蕭何反叛。漢三年、十一年、十二年，鮑生、召平以及那個不知名的說客，先後為蕭何敲響了警鐘，為蕭何提出了具體的應對措施。《蕭相國世家》中就集中表現了劉邦猜忌功臣的一面。

漢三年，漢王與項羽相距京索之間，上數使使勞苦丞相。鮑生謂丞相曰：「王暴衣露蓋，數使使勞苦君者，有疑君心也。為君計，莫若遣君子孫昆弟能勝兵者悉詣軍所，上必益信君。」於是何從其計，漢王大說。楚漢相爭，漢王多次派遣使者慰勞丞相蕭何。鮑生所言，漢王在前線風餐露宿，卻多次派使者來慰勞，這是因為對蕭何不放心的緣故。蕭何獨留關中，劉邦擔心蕭何造反；而讓自己的子弟親人赴軍打仗，等於是自己的人質，如此一來，就可以讓劉邦放下心來。「於是何從其計，漢王大說」。

漢十一年，陳豨反，高祖自將，至邯鄲。未罷，淮陰侯謀反關中，呂后用蕭何計，誅淮陰侯，語在淮陰事中。上已聞淮陰侯誅，使使拜丞相何為相國，益封五千戶，令卒五百人一都尉為相國衛。諸君皆賀，召平獨弔。……召平謂相國曰：「禍自此始矣。上暴露於外而君守於中，非被矢石之事而益君封置衛者，以今者淮陰侯新反於中，疑君心矣。夫置衛衛君，非以寵君也。願君讓封勿受，悉以傢俬財佐軍，則上心說。」相國從其計，高帝乃大喜。先是陳豨反叛，高祖親自率軍到了邯鄲。平叛尚未結束，淮陰侯韓信又在關中「謀反」，呂后採用蕭何的計策，殺了淮陰侯，這就是「成也蕭何敗蕭何」，君子成人之美，不成人之惡，這無疑是蕭何身上抹不去的政治汙點。高祖聽說淮陰侯被殺，封蕭何為相國，加封，並為其設立了專門衛隊。眾人包括蕭何都以為是好事，獨有召平不以為然。認為蕭何的禍患從此開始了。因為皇上整天日在外風吹日晒，而蕭何留守朝中，未遭戰事之險，反而為其增加封

125

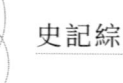

邑並設置衛隊,這是非常擔心蕭何有造反之心。設置衛隊不是為了保護,也不是為了寵信,而是倍加提防之意。蕭何於是讓封不受,將家財捐助軍隊。「相國從其計,高帝乃大喜」。

漢十二年秋,黥布反,上自將擊之,數使使問相國何為。相國為上在軍,乃拊循勉力百姓,悉以所有佐軍,如陳豨時。客有說相國曰:「君滅族不久矣。夫君位為相國,功第一,可復加哉?然君初入關中,得百姓心,十餘年矣,皆附君,常復孳孳得民和。上所為數問君者,畏君傾動關中。今君胡不多買田地,賤貰貸以自汙?上心乃安。」於是相國從其計,上乃大說。黥布反叛,高祖率軍征討,多次派人來詢問蕭相國在做什麼。蕭相國因皇上在軍中,就在後方安撫勉勵百姓,把自己的家財全都捐助軍隊,和討伐陳豨時一樣。由此可見,蕭何不是聰明之輩,不懂得靈活變通。有一門客勸說,如果繼續這樣做下去,離滅族的日子就不遠了。因為蕭何已經位居相國,一人之下,萬人之上,做得再好,已經是人臣之極。蕭何長期留守關中,深得民心,如果繼續大公無私,劉邦深恐其功高震主,權大壓主,如若蕭何動了心思,取而代之,或者被黃袍加身,自己就成了竹籃打水一場空了,那是非常危險的。所以,蕭何應該自賤聲名,劉邦才會安心的。「於是相國從其計,上乃大說。」

人貴在有自知之明,蕭何不自知,蕭何並不高明,這一切的計謀皆別人為計,說明蕭何才能一般。蕭何的成功只是老鄉關係加上自我的老練和善於傾聽。但蕭何在漢帝國的建立過程中,著實發揮了不小作用。司馬遷說:「蕭何填撫山西,推計踵兵,給糧食不絕,使百姓愛漢,不樂為楚。」(《太史公自序》)蕭何高瞻遠矚,深謀遠慮,制定法令,安撫民眾,獲得了民心的支持,建立了穩固的根據地,保障了國家財力穩定,保證了兵員、糧草的及時補給,使劉邦多次轉危為安。因此劉邦將蕭何看做是其奪得天下的不可或缺的三人傑之一。但就是這樣一位勞苦功高的智謀之士,儘管一直是謹小慎微,最後還是差點掉了腦袋。俗話說:「旁觀者清,當局者迷。」蕭何才能並不突出,但正是由於善於傾聽,所以才得以享盡天年。蕭何「從其計,漢王大說」,「相國從其計,高帝乃大喜」,「於是相國從其計,上乃大說」。這給我們一個啟示:一個人不一定有很大的本事,不一定有很強的能力,但只要能夠有一些能夠交心的朋友,有一雙善於傾聽的耳朵,有一顆擇善而從

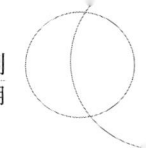

第四章　《史記》的體制
第三節　互見法的運用

的心靈，就是最大的本事和能力，這也是一般人事業成功的很重要的素質。我們應該好好學習這種優秀品質。

蕭何「從其計」，漢王「大說（喜）」的三次重複，有學者將之命名為複筆手法，司馬遷用複筆手法對劉邦進行了不露聲色地揭露和批評。這篇傳記對劉邦的諷刺與《酷吏列傳》對漢武帝的諷刺就手法上來說有相似之處。對於那些殘酷如虎狼的官吏，司馬遷對他們令人髮指的、滅絕人寰的行為進行如實的敘述後，全傳用「天子（上）以為能」來對漢武帝進行諷刺和批評，共有八次之多。其中酷吏的典型代表——張湯還創造出了駭人聽聞的罪狀——「腹誹」。

「初，（顏）異為濟南亭長，以廉直稍遷至九卿。上與張湯既造白鹿皮幣。問異，異曰：『今王侯朝賀以蒼璧，直數千，而其皮薦反四十萬，本末不相稱。』天子不說。張湯又與異有郤，及有人告異以它議。事下張湯治異。異與客語，客語初令下有不便者，異不應，微反唇。湯奏當異九卿見令不便，不入言而腹誹，論死。自是之後，有腹誹之法，而公卿大夫多諂諛取容矣。」（《平準書》）

廉潔正直的顏異秉公言事，反遭小人暗算而被害，罪狀竟然是「腹誹」，在文字獄盛行時的清朝，似乎也找不到這樣的冤獄了，而這樣的咄咄怪事竟然發生在被稱為盛世的漢武時期，這真是匪夷所思了。

無獨有偶，漢武帝當朝的道德楷模——卜式的遭遇也很能說明問題。卜式未能單獨立傳，但其故事在《平準書》中非常完整。

卜式是河南人，以種田畜牧為業。當初，父母去世後，留下他和年少的弟弟。等弟弟長大成人，卜式就與他分了家，自己只要百餘隻羊，其餘田地、房屋等全留給弟弟。從此卜式入山牧羊，十多年後，羊繁育到一千多隻，買了大量田地宅舍。這說明卜式很有經營頭腦，很懂得放牧養殖，成為當地發家致富的模範。而弟弟卻家業破敗，卜式每每再分給他一些。在他身上充分體現了孝悌友愛的品德。此時漢朝廷正數次與匈奴作戰，亟須大量資糧補給。卜式上書願意把一半家產交給官府作為邊境作戰費用。天子派使者問他：「你是想做官嗎？」卜式說自幼放牧，不熟習官場之事，不願做官。使者問：「是

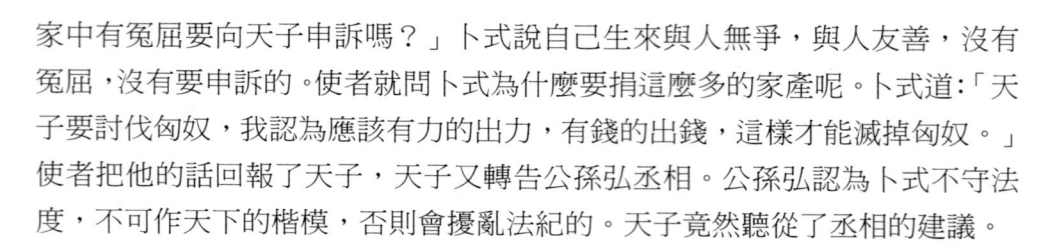

家中有冤屈要向天子申訴嗎？」卜式說自己生來與人無爭，與人友善，沒有冤屈，沒有要申訴的。使者就問卜式為什麼要捐這麼多的家產呢。卜式道：「天子要討伐匈奴，我認為應該有力的出力，有錢的出錢，這樣才能滅掉匈奴。」使者把他的話回報了天子，天子又轉告公孫弘丞相。公孫弘認為卜式不守法度，不可作天下的楷模，否則會擾亂法紀的。天子竟然聽從了丞相的建議。

　　數年後，漢武帝打發卜式離開京城。卜式回家後，依舊種田放牧。幾年之內，因漢軍屢次出征，再加之貧民大遷徙，都靠政府供給，國家花費巨大，倉庫空虛。卜式拿二十萬錢交給河南太守，作為被遷百姓的花費。河南呈上富人資助貧人的籍帳，天子見到上面卜式的名字，說道：「這是前些日子，要獻一半家產助邊的那個人吧。」一個人做一件好事並不難，難得是將做好事當做習慣。這次終於打動了漢武帝，於是賜給卜式免戍邊徭役四百人的權力。卜式又把這特權全都交還給了政府。那時富豪人家為了逃稅爭著隱匿家產，唯有卜式熱衷於輸資幫助官府。天子於是認為卜式的確是位有德長者，給他顯官尊榮，希望樹立一個愛國的富人典型，藉此誘導百姓效仿。

　　可卜式不願做官。天下竟然還有不願做官的人，漢武帝驚詫之。就說不做官，就在上林苑中替我放羊吧。盛情難卻，這下卜式不好推辭，就做了郎官，然而穿的卻是布衣草鞋，活脫脫一個放牛郎的樣子。而漢武帝將之忘到了九霄雲外。一年多後，羊群肥壯且繁殖了很多。恰好天子路過，看到這麼大的羊群，大為驚訝，於是誇獎他一番。卜式道：「非獨羊也，治民亦猶是也。以時起居；惡者輒斥去，毋令敗群。」天子聽了很是驚奇，以為卜式只懂得賺錢，沒想到這富人還有治民的本領呢。到底是真是假呢？那就封他為緱氏令試試他的本領。果然，緱氏百姓非常擁護自己的父母官。於是升任為成皋令，辦理漕運的政績又被評為第一好。天子認為卜式為人樸實忠厚，且有本領，封他做了齊王太傅。

　　南越造反，國家財力更加緊張，身為齊國國相的卜式看在眼裡，急在心裡，上書說：「為臣曾聞說天子有憂慮，是臣子的恥辱。如今南越反叛，臣父子情願與從齊國發來的操船兵卒一起戰死於南越戰場。」天子被深深地打動了，下詔說：「卜式雖然是個耕田放牧人，並不以此求利，每有剩餘就幫助縣官緩解經費的困難。如今天下不幸有危急的事發生，而卜式奮勇請求父

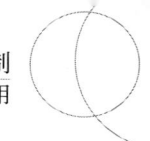

第四章　《史記》的體制
第三節　互見法的運用

子為此獻身，雖沒有參加戰鬥，心中的義念可說是已表現出來了。特賜給他關內侯的爵位，黃金六十斤，農田十頃。」接著，「布告天下」，進行了大規模的宣傳造勢，卻「天下莫應」。諸侯上百名，無一人要求從軍與羌、越作戰。由此可見，漢武帝的不得人心到了怎樣的程度。劉徹懷恨在心，九月諸侯朝見時，按照當時的慣例，諸侯要嘗酎獻酎金。酎，重釀酒，即醇酒。此指漢代嘗酎之禮。顏師古註釋曰：「酎，三重釀淳酒也。」漢武帝命少府檢查酎金成色，列侯由於酎酒質量不好，金子份量不足被削奪侯位的有一百多人。天下找不到比卜式還愛國，替皇上分憂的人，漢武帝感激涕零，於是提拔卜式為御史大夫。

卜式據此重要之職，認識到了鹽鐵官營的諸多壞處，如鐵器質量差，價錢貴，還強買強賣。而船有算賦，以船運貨的商人少，致使商品昂貴。雖然這不在自己的職責範圍之內，他還是透過別人上書反映對這些問題的看法，「上由是不悅卜式」。第二年，卜式就被貶了官。當年小旱，天子派遣官員求雨。卜式詛咒道：「縣官應該以租稅為衣食，如今桑弘羊使官吏坐於列肆中買賣貨物，求取利潤，將桑弘羊下鍋煮了，天才會下雨。」卜式無論何時何地對國家、對皇帝的感情都不會有所改變，絕對稱得上是響噹噹的忠誠臣子、愛國志士了，可以算得上久經考驗的偉大的封建主義戰士了，漢武帝對這樣道德高尚的仁人志士卻是由懷疑，到利用，到最後疏遠，充分反映出「今上」的嘴臉和當時的實際。

此「書」有以「腹誹」被「論死」的大官員，還揉進了卜式的完整故事，這其實都可以看做是互見法的靈活運用，司馬遷醉翁之意不在酒，不是為了諷刺張湯，不是為了褒揚卜式，其真正的目的是諷刺今上漢武帝，透過顏異、卜式的命運遭際給讀者還原了一個真實的劉徹。這都是透過互見法表現出來的。平實的敘述中蘊含著深刻的內涵，此等語在《史記》中，尤其是在漢代人物的傳記中隨處可見，語言簡練，但含蘊深廣，具有微言大義的特點。由於《史記》的私家著書的特點，更由於所遭受的無辜的恥辱的刑罰，激發了司馬遷對最高統治階級的揭露和諷刺，從而也大大加深了《史記》的文學性。

接下來我們繼續探討互見法觀照下的劉邦。在《魏豹彭越列傳》、《酈生陸賈列傳》等傳中揭露劉邦素質低下，待人簡慢無禮，詈罵諸侯臣如奴僕的一面。

「酈生說豹。豹謝曰：『人生一世間，如白駒過隙耳。今漢王慢而侮人，罵詈諸侯群臣如罵奴耳，非有上下禮節也，吾不忍復見也。』」（《魏豹彭越列傳》）這裡對劉邦的素質低下做了簡單概括。

後聞沛公將兵略地陳留郊，沛公麾下騎士適酈生裡中子也，沛公時時問邑中賢士豪俊。騎士歸，酈生見謂之曰：「吾聞沛公慢而易人（看不起人），多大略，此真吾所願從游，莫為我先。若見沛公，謂曰『臣裡中有酈生，年六十餘，長八尺，人皆謂之狂生，生自謂我非狂生。』」騎士曰：「沛公不好儒，諸客冠儒冠來者，沛公輒解其冠，溲溺其中。與人言，常大罵。未可以儒生說也。」酈生曰：「弟言之。」騎士從容言如酈生所誡者。沛公至高陽傳舍（古時供往來行人居住的旅舍，客舍），使人召酈生。酈生至，入謁，沛公方倨床使兩女子洗足（倨通「踞」，叉開雙腿坐著，以這種姿勢見賓客，是一種不禮貌的態度），而見酈生。酈生入，則長揖不拜，曰：「足下欲助秦攻諸侯乎？且欲率諸侯破秦也？」沛公罵曰：「豎儒！夫天下同苦秦久矣，故諸侯相率而攻秦，何謂助秦攻諸侯乎？」酈生曰：「必聚徒合義兵誅無道秦，不宜倨見長者。」於是沛公輟洗，起攝衣，延酈生上坐，謝之。（《酈生陸賈列傳》）這裡對劉邦的低下素質進行了詳盡的描寫，裡面有細節，「解其冠，溲溺其中」，這種行為讓人大為驚詫，讓人不禁懷疑，這難道真的是漢朝的開國君主的所作所為嗎？

《樊酈滕灌列傳》還披露了這樣一件事實，楚漢相爭時，劉邦戰敗逃跑，為了保全自己的性命，幾次把親生兒女推到車下，後來的惠帝、魯元公主有賴於夏侯嬰的保護才倖免於難。司馬遷對漢高祖劉邦之所以採用旁見側出的寫法，顯然是有所忌諱，不得不如此。

「至彭城，項羽大破漢軍。漢王敗，不利，馳去。見孝惠、魯元，載之。漢王急，馬罷，虜在後，常蹶兩兒欲棄之，嬰常收，竟載之，徐行面雍樹乃馳（雍樹：當時方言，指抱小孩子。意為小孩子抱著大人的脖子，像吊在樹

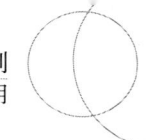

上似的。雍：通「擁」）。漢王怒，行欲斬嬰者十餘，卒得脫，而致孝惠、魯元於豐。」（《樊酈滕灌列傳第三十五》）

當此時，彭越數反梁地，絕楚糧食，項王患之。為高俎，置太公其上，告漢王曰：「今不急下，吾烹太公。」漢王曰：「吾與項羽俱北面受命懷王，曰『約為兄弟』，吾翁即若翁，必欲烹而翁，則幸分我一桮羹。」（《項羽本紀》）

在緊急關頭，劉邦可以置自己的親生兒女於不顧，可以不顧及自己老婆和親生父親的死活，這其實正是劉邦極端自私主義的表現。

劉邦經常做翻臉不認人的事情。對於冒著生命危險說服英布的儒生隨何，等其遊說成功之後竟然認為「何為腐儒，為天下安用腐儒」（《黥布列傳》），這是過河拆橋，忘恩負義之舉。隨何據理力爭，「陛下使何與二十人使淮南，至，如陛下之意，是何之功賢於步卒五萬人、騎五千也。然而陛下謂何腐儒，為天下安用腐儒，何也？」劉邦訕訕地笑笑，厚著臉皮說：「我正考慮您的功勞如何封你呢……」於是就任用隨何為護軍中尉。

無獨有偶，在季布傳記中亦有類似行為，季布母弟丁公，為楚將。丁公為項羽逐窘高祖彭城西，短兵接，高祖急，顧丁公曰：「兩賢豈相戹哉！」於是丁公引兵而還，漢王遂解去。及項王滅，丁公謁見高祖。高祖以丁公徇軍中，曰：「丁公為項王臣不忠，使項王失天下者，乃丁公也。」遂斬丁公，曰：「使後世為人臣者無效丁公！」（《季布欒布列傳》）對於當年放自己一馬，對自己有救命之恩的丁公竟然一殺了之，還堂而皇之地厚著臉皮讓後人不要效仿。丁公當年因為仁慈同情而放掉劉邦，劉邦處死丁公的理由竟然是「丁公為項王臣不忠，使項王失天下」，劉邦連做夢都想幹掉項羽，其斥責丁公的話從表面上來看是「不忠」、是為項羽考慮，實際上正是為了自己，殺雞給猴看，透過這種方式告誡其臣下堅決不要效仿丁公，要對自己忠心耿耿，這正是其極端自私的表現，其用心之險惡讓人為之膽顫，臉皮之厚讓人為之望塵莫及。如此做法讓人匪夷所思啊！為了自我可以不顧一切，這就是後世「寧我負天下人」的活生生的例子啊！其奸詐狠毒之甚讓人為之瞠目結舌，與《三國演義》中的曹操相比簡直是有過之而無不及！

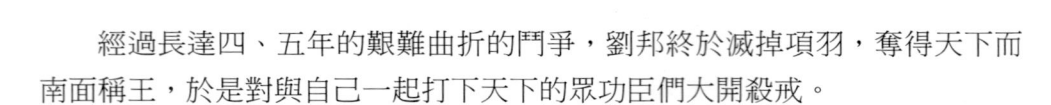

經過長達四、五年的艱難曲折的鬥爭，劉邦終於滅掉項羽，奪得天下而南面稱王，於是對與自己一起打下天下的眾功臣們大開殺戒。

　　至下邑，漢王下馬踞鞍而問曰：「吾欲捐關以東等棄之，誰可與共功者？」良進曰：「九江王黥布，楚梟將，與項王有郤；彭越與齊王田榮反梁地：此兩人可急使。而漢王之將獨韓信可屬大事，當一面。即欲捐之，捐之此三人，則楚可破也。」漢王乃遣隨何說九江王布，而使人連彭越。及魏王豹反，使韓信將兵擊之，因舉燕、代、齊、趙。然卒破楚者，此三人力也。（《留侯世家》）

　　當時劉邦處於被動挨打的局面，劉邦問計。張良根據當時的形勢，針對三人的身分特點和地理條件，提出可以重用英布、彭越和韓信而實現破楚的目的。這實際上是為劉邦提出了一條重要的戰略方針：爭取英布背離項羽，投奔劉邦，以削楚強漢，同時也可以解除漢軍南方所受到的威脅；利用彭越繼續在梁地進行遊擊戰，可以有力地牽制楚軍力量，同時還可以減輕正面戰場的壓力；至於韓信，派之走北路攻魏趙等地，形成第三戰場，解除北路的威脅，這樣對項羽形成多方威脅，實現對楚戰爭的徹底勝利。張良此策與諸葛亮隆中對之縱論天下大勢何其相似。

　　在楚漢相爭的關鍵之役——垓下之戰中，韓信更是顯示出了超凡絕倫的智謀。「五年，高祖與諸侯兵共擊楚軍，與項羽決勝垓下。淮陰侯將三十萬自當之，孔將軍居左，費將軍居右，皇帝在後，絳侯、柴將軍在皇帝后。項羽之卒可十萬。淮陰先合，不利，卻。孔將軍、費將軍縱，楚兵不利，淮陰侯復乘之，大敗垓下。」（《高祖本紀》）對於此次決定劉、項命運結局的重要戰爭，劉氏集團的陣法布置非常高明，淮陰侯先與交戰，假裝戰敗，這樣麻痹對手，讓敵人放鬆警惕，引誘敵人進攻。然後展開左右夾擊，韓信復攻之，三面受敵，敵人處於自己的三面埋伏之中，最終導致項羽垓下大敗。兵不厭詐，示弱是韓大將軍一貫的做法，往往屢試不爽。毫無疑義，此陣法應出自韓信之手。明代楊慎分析道：「僅六十字，而陣法戰法之奇皆具。曰『不利』，用奇也。既卻而左右兵縱，因其不利而乘之，此戰法奇正相生也。」清代郭嵩燾直接認為此為韓信之力，「韓信與項羽始終未交一戰，獨垓下一戰，收楚漢興亡之全局。先為小卻，以待左右兩翼之夾擊，而後回軍三面而

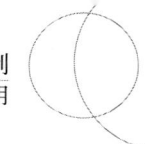

第四章 《史記》的體制
第三節 互見法的運用

麼之,是以項羽十萬之眾一敗無餘。」正是如此神奇的用兵之術,才奠定了劉邦的帝王基業。韓信將兵的確是多多益善,這在中國古代軍事史上應該是濃重的一筆。所以明代的茅坤由衷讚歎道:「古今來,太史公,文仙也;李白,詩仙也;屈原,辭賦仙也;劉阮,酒仙也;而韓信,兵仙也。然哉!」對韓信的讚美可謂到了無以復加的地步。

實際上,最後就是憑藉這三個人的力量,破楚滅掉了項羽。應該說,這三位大將在劉邦建漢的過程中是功勛卓著。但是就是這樣三位功勛卓著的英雄人物,在建漢不久,都相繼死於劉邦之手。公元前196年正月,韓信被以謀反之罪名稀里糊塗的滅了族(《淮陰侯列傳》);當年三月,彭越又被以「謀反」之罪名在洛陽被梟首示眾,夷滅三族,並被碎其肢體分送各諸侯(《魏豹彭越列傳》);接著,在當年七月,英布因恐懼而謀反,最後也被滅族(《黥布列傳》)。這些都記載在有關的人物傳記中,在《漢高祖本紀》中只是說:

春,淮陰侯韓信謀反關中,夷三族。

夏,梁王彭越謀反,廢遷蜀;復欲反,遂夷三族。立子恢為梁王,子友為淮陽王。

秋七月,淮南王黥布反,東並荊王劉賈地,北渡淮,楚王交走入薛。高祖自往擊之。立子長為淮南王。

十二年,十月,高祖已擊布軍會甄,布走,令別將追之……漢將別擊布軍洮水南北,皆大破之,追得斬布鄱陽。(《高祖本紀》)

我們只讀《漢高祖本紀》,就會很自然地得出這些人被殺、被滅族是罪有應得的結論。只有把歷史人物的本傳細細讀過,再參之以有關的其他人的傳記才會得出客觀的全面的認識。如果說韓信謀反、英布謀反有「確鑿」證據的話,那麼彭越的所謂「謀反」絕對是明明白白的污衊誣陷了。

季布欒布曾為項羽部下,楚漢戰爭中替項羽攻打劉邦,各為其主,這在亂世本來是很自然的事情。但在劉邦戰勝項羽後,他們都遭了殃。劉邦出千金懸賞捉拿季布,並下令有膽敢窩藏季布的要夷滅三族,致使季布遭受毀容的恥辱。欒布因對劉邦猜忌功臣不滿,在彭越被殺後毅然為其收屍,卻被捉來要用湯鑊煮死。這裡揭露了劉邦的氣度狹小、陰險狡詐和極其殘忍。這其

實告訴我們封建社會裡一條近似鐵的規律：勝者王侯敗者寇，與最高統治者只能共患難而難以同幸福。司馬遷還透過欒布之口揭示了劉邦的自私無恥。

　　使於齊，未還，漢召彭越，責以謀反，夷三族。已而梟彭越頭於雒陽下，詔曰：「有敢收視者，輒捕之。」布從齊還，奏事彭越頭下，祠而哭之。吏捕布以聞。上召布，罵曰：「若與彭越反邪？吾禁人勿收，若獨祠而哭之，與越反明矣。趣亨之。」方提趣湯，布顧曰：「願一言而死。」上曰：「何言？」布曰：「方上之困於彭城，敗滎陽、成皋間，項王所以不能遂西，徒以彭王居梁地，與漢合從苦楚也。當是之時，彭王一顧，與楚則漢破，與漢而楚破。且垓下之會，微彭王，項氏不亡。天下已定，彭王剖符受封，亦欲傳之萬世。今陛下一徵兵於梁，彭王病不行，而陛下疑以為反，反形未見，以苛小案誅滅之，臣恐功臣人人自危也。今彭王已死，臣生不如死，請就亨。」（《季布欒布列傳》）

　　其實不僅僅是這三位開國元勛，還有一大批異姓王，如趙相國陳豨，燕王臧荼，韓王信等，都被以某種藉口，或者被迫反抗而最終被剪除殆盡。在《高祖本紀》中只簡單交代幾句，「樊噲別將兵定代，斬陳豨當城……二月，使樊噲、周勃將兵擊燕王綰，赦燕吏民與反者。立皇子建為燕王。」（《高祖本紀》）劉邦甚至連自己的女婿——趙王張敖都不放過，找個藉口把其治罪降為侯。

　　這些血淋淋的事實都是透過互見法表現出來的。在《高祖本紀》中只能瞭解其表象，在與之有關的其他人的傳記中，我們才能瞭解事情的原委。當然劉邦這樣做也是一片苦心，為自己的天下所打算，希望自己的劉家天下在劉家人的輔助之下能夠固若金湯，傳之萬年，正如秦始皇所幻想的那樣，「後世以計數，二世三世至於萬世，傳之無窮。」（《秦始皇本紀》）毋庸置疑，這種做法的後果相當嚴重，濫殺無辜，增加內耗，降低國力；再者，這也只是他的一廂情願，當他和他的承繼者把異姓王勢力剪除殆盡而分封了大批同姓王之後，由於各自利益的考慮，時間不長就造成了困擾漢初統治者很久的最為頭疼的問題——諸侯割據。不久以後，同姓王就開始了叛亂，正所謂「亂哄哄你方唱罷我登場，反認他鄉是故鄉。甚荒唐，到頭來都是為他人作嫁衣

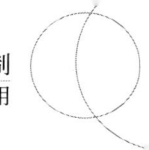

第四章 《史記》的體制
第三節 互見法的運用

裳」，發生了歷史上有名的「七國之亂」。這當然是後話，如果劉邦在天有靈，他不會不後悔這些濫殺無辜、慘無人道的做法的！

因為對互見法的深入解讀，我們會發現歷史就是由活生生的人構成的歷史，歷史是血淚史，歷史是勝敗史，歷史是一部分人得意與一部分人失意的歷史，所謂勝者王侯敗者寇是也；歷史的成敗往往是以無數無辜生命做代價堆積而成的歷史。歷史有時又是人整人、人治人的歷史。歷史還常常是少數人透過絕大多數人實現自我利益的歷史。所以，歷史從根本上說應該是自私的。

有讀者可能會說，司馬遷這樣做，還不是照樣把劉邦的弱點、缺點見不得人的一面給暴露出來了嗎？還不是照樣得罪了統治者。對於這個問題，我認為應該這樣來看：首先，司馬遷生活的時代是一個比較開明的時代，那個時候還沒有後世如清時所多見的針對文人知識分子的嚴刑酷罰。所以可能即使寫了也沒有什麼非常大的危險。其次，在當時的物質條件下，閱讀《史記》只是少數人的專利。當時的書寫材料是竹木簡，閱讀抄寫很不方便，沒有多少人能夠在短時間內能夠讀完全書，難以有全面的認識和把握。這樣不容易引起統治者的注意。第三，更重要的是由於運用了互見法，把人物的弱點、缺點和不足寫在了與本人有關的其他人的傳記中去，就好像把一把鹽撒到一大盆水中，就只是淡淡的鹹味了。正是由於變集中為分散，不容易引起人的注意，因而就減少了其危險性。

互見法不僅僅用在漢高祖劉邦身上，即便是在中國歷史和文學史上一貫口碑很不錯的漢文帝、漢景帝，其身上也不全是光明磊落和坦坦蕩蕩。這同樣是用互見法表現出來的。

「鄧通無伎能」，沒有什麼本事的一個家奴卻能飛黃騰達，富可敵國。原因無他，只是由於皇帝的一個夢而已。

孝文帝夢欲上天，不能，有一黃頭郎從後推之上天，顧見其衣裻帶後穿（裻，衣背中縫。帶：衣帶。穿：打結）。覺而之漸臺，以夢中陰目求推者郎，即見鄧通，其衣後穿，夢中所見也。召問其名姓，姓鄧氏，名通，文帝說焉，尊幸之日異。通亦願謹，不好外交，雖賜洗沐，不欲出。於是文帝賞賜通巨

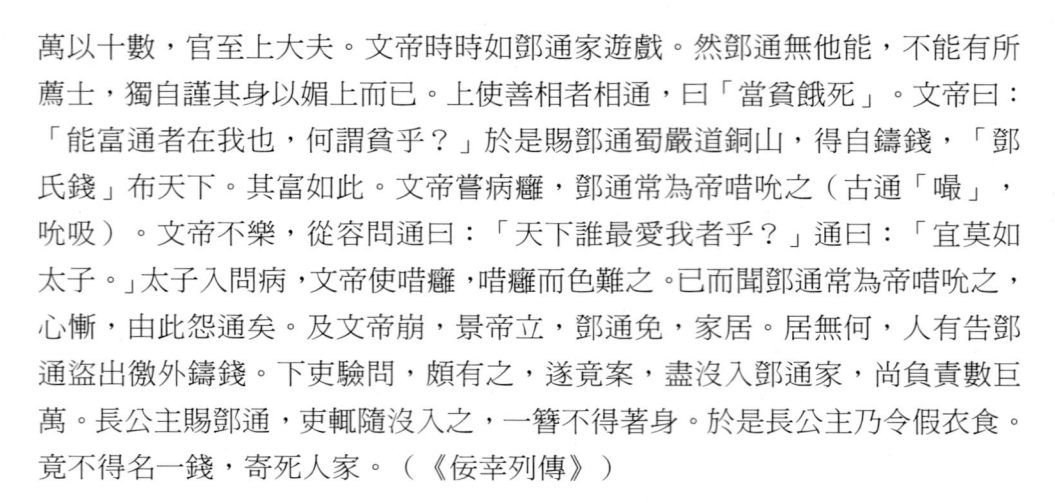

萬以十數，官至上大夫。文帝時時如鄧通家遊戲。然鄧通無他能，不能有所薦士，獨自謹其身以媚上而已。上使善相者相通，曰「當貧餓死」。文帝曰：「能富通者在我也，何謂貧乎？」於是賜鄧通蜀嚴道銅山，得自鑄錢，「鄧氏錢」布天下。其富如此。文帝嘗病癰，鄧通常為帝唶吮之（古通「嗽」，吮吸）。文帝不樂，從容問通曰：「天下誰最愛我者乎？」通曰：「宜莫如太子。」太子入問病，文帝使唶癰，唶癰而色難之。已而聞鄧通常為帝唶吮之，心慚，由此怨通矣。及文帝崩，景帝立，鄧通免，家居。居無何，人有告鄧通盜出徼外鑄錢。下吏驗問，頗有之，遂竟案，盡沒入鄧通家，尚負責數巨萬。長公主賜鄧通，吏輒隨沒入之，一簪不得著身。於是長公主乃令假衣食。竟不得名一錢，寄死人家。（《佞幸列傳》）

漢文帝寵幸鄧通，賜之以銅山，讓其擁有鑄造錢幣的特權，原因很簡單。原來，被後人稱許為賢明君主的漢文帝也祈望長生不老，因為一個長生之夢而做出了極其出格的事，不亦謬乎！漢文帝能夠做出讓一個皇帝家奴富比王侯的荒唐事，就不載於文帝本紀，而在《佞幸列傳》中揭出。這裡不僅揭示了漢文帝的另一面，同時還連帶著批評了漢景帝。景帝小肚雞腸，對自己生身父親的孝順做不到如鄧通一樣，內心慚愧也就罷了，沒想到卻懷恨在心，藉機打擊報復，其父「能富通」，而自己能窮通，最後鄧通還是「貧餓死」，這不變成了活人跟死人鬥氣嗎？說漢景帝很孝順，對竇太后言聽計從，對自己的父親卻大相逕庭了，就此事而言，漢景帝是跟自己的父親對著幹的，所以就與孝順不沾邊了。

張釋之、馮唐都是漢文帝時傑出之士。他們不僅有真知灼見，而且敢於堅持正確意見，批評最高統治者，這些都是令人折服的。一般認為，他們兩人顯示出了自己品格的卓異，是因為他們遇到了「從諫如流」的漢文帝。

太子與梁王共車入朝，不下司馬門，於是釋之追止太子、梁王無得入殿門。遂劾不下公門不敬，奏之。薄太后聞之，文帝免冠謝曰：「教兒子不謹。」薄太后乃使使承詔赦太子、梁王，然後得入。文帝由是奇釋之，拜為中大夫。

頃之，至中郎將。從行至霸陵，居北臨廁。是時慎夫人從，上指示慎夫人新豐道，曰：「此走邯鄲道也。」使慎夫人鼓瑟，上自倚瑟而歌，意慘悽悲懷，顧謂群臣曰：「嗟乎！以北山石為椁，用紵絮斮陳，蕠漆其閒（用北

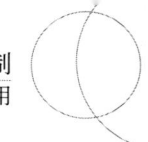

第四章 《史記》的體制
第三節 互見法的運用

山的石頭做椁,用切碎的苧麻絲絮充塞石椁縫隙,再用漆粘塗在上面),豈可動哉!」左右皆曰:「善。」釋之前進曰:「使其中有可欲者,雖錮南山猶有郤;使其中無可欲者,雖無石椁,又何戚焉!」文帝稱善。其後拜釋之為廷尉。

頃之,上行出中渭橋,有一人從橋下走出,乘輿馬驚。於是使騎捕,屬之廷尉。釋之治問。曰:「縣人來,聞蹕,匿橋下。久之,以為行已過,即出,見乘輿車騎,即走耳。」廷尉奏當,一人犯蹕,當罰金。文帝怒曰:「此人親驚吾馬,吾馬賴柔和,令他馬,固不敗傷我乎?而廷尉乃當之罰金!」釋之曰:「法者天子所與天下公共也。今法如此而更重之,是法不信於民也。且方其時,上使立誅之則已。今既下廷尉,廷尉,天下之平也,一傾而天下用法皆為輕重,民安所措其手足?唯陛下察之。」良久,上曰:「廷尉當是也。」

其後有人盜高廟坐前玉環,捕得,文帝怒,下廷尉治。釋之案律盜宗廟服御物者為奏,奏當棄市。上大怒曰:「人之無道,乃盜先帝廟器,吾屬廷尉者,欲致之族,而君以法奏之,非吾所以共承宗廟意也。」釋之免冠頓首謝曰:「法如是足也。且罪等,然以逆順為差。今盜宗廟器而族之,有如萬分之一,假令愚民取長陵一抔土,陛下何以加其法乎?」久之,文帝與太后言之,乃許廷尉當。是時,中尉條侯周亞夫與梁相山都侯王恬開見釋之持議平,乃結為親友。張廷尉由此天下稱之。

漢文帝作為一代有作為之君主,事事以自我為中心,所幸能夠聽從不同意見。張釋之因秉公執法得罪了時為太子的漢景帝,等到漢景帝即位後,由於對張釋之啣恨在心,「猶尚以前過也」,於是找個藉口處理了張,張釋之只能做個徒有其名的淮南王相。而馮唐也被改任做了楚相,最後甚至連這樣的職位都保不住。作者昭示他們的坎坷際遇,其實正是對封建政治的控訴。文末,司馬遷引用《尚書》之語稱讚張、馮是「不偏不黨」,「不黨不偏」。景帝疏遠賢者,不正是亦黨亦偏的表現嗎?不僅僅是這個事件,司馬遷還用互見法進一步展現了漢景帝虛偽自私耍兩面派的真實一面。

周亞夫是平吳楚七國之亂的功臣,當初採取的是以梁委吳的策略。《吳王濞列傳》記載,這是周亞夫至淮陽後採納了鄧都尉的獻策而制定的戰略;

137

而《絳侯周勃世家》周亞夫本傳中卻記載策略是在京師制定，且得到了景帝的批准。從事實上考察，梁王向周亞夫求救，周亞夫守「不肯往」；梁王又向景帝告急，而景帝使使詔告周亞夫救梁，可他仍「不奉詔」。周亞夫的膽子豈不是太大了，連皇帝的命令都敢不聽？事後梁王怨恨周亞夫，在竇太后面前說周的壞話，但景帝卻升任周亞夫為丞相。我們從《梁孝王世家》中可知，梁孝王備受竇太后恩寵，出入服輿「擬於天子」，景帝心中不滿，但礙於母親面子，表面上對梁王慈愛有加，為了討好竇太后，還稱「千秋萬歲後傳梁王」。竇嬰反對，「上何以得擅傳梁王」，景帝心以竇嬰為賢，由此可知漢景帝的真實想法。他應允了以梁委吳的策略，目的在於兩敗俱傷或者借刀殺人，削弱其勢力或除去心頭之患。從表面上看是矛盾的，實際上正是透過這樣的矛盾引人深思，暗示皇親國戚之間的互相傾軋，透過如此策略來誅除景帝之心頭之患。

透過互見法，我們瞭解了漢高祖、漢文帝、漢景帝、漢武帝的真實性的另一面，從而也能夠體會到作者對封建政治的批判之意是極明顯的。「文景之治」是封建時代失意文人士子所神往的時代，漢文帝、漢景帝都尚且如此，其他可想而知。此文在寫作上也能體現司馬遷的風格，在樸實的敘寫中，蘊蓄著作者強烈的愛憎之情。

「互見法」不僅僅用在當代人的傳記中，在先秦時期的歷史人物傳記中，照樣在運用。

信陵君是司馬遷最欣賞的一位人物，在《魏公子列傳》中稱公子者凡147次，寫了他一系列禮賢下士的事跡，塑造出了一個光彩照人的形象。緊接著，在《范雎蔡澤列傳》中，有一段和信陵君相關的故事：秦昭王為范雎報仇，追捕魏齊甚急。魏齊走投無路，和趙相虞卿一道向信陵君求援。「信陵君聞之，畏秦，猶豫未肯見。」魏齊聽到這個消息自剄身亡，等到信陵君聽從侯嬴的勸告決定接納魏齊時，已經為時已晚。司馬遷對信陵君愛之過深，他沒有把這個有損於信陵君光輝形象的事情寫入本傳，而是採用旁見側出法加以處理。

當然對於這個問題，筆者有自己的看法。談到這個問題就不能不提及虞卿，司馬遷對虞卿所做的評價比較客觀。司馬遷認為虞卿為魏齊故而辭去相

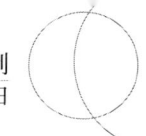

職實不可取。「及不忍魏齊，卒困於大梁，庸夫且知其不可，況賢人乎？」司馬遷的意見明確而清楚，對虞卿的因魏齊辭職並不認同，為虞卿接納魏齊之舉深感遺憾。與趙國的國家利益相比，魏齊不值一提。虞卿在魏齊以前的謀略都是為趙之前途考慮。國家的利益和個人之間的私情根本不能相提並論，虞卿舍大就小，這應該是最早的因個人私情而喪失了大的國家利益的典型事例了。

魏齊何許人也？由當初對待范雎的態度就可以證明這個人絕非聰明之人、賢能之輩。范雎跟隨須賈出使齊國，由於齊國厚待范雎而引起須賈的嫉妒懷疑，然後向魏齊告發。魏齊聽信一面之詞，不分青紅皂白，對范雎嚴加處理，「使舍人笞擊雎，折脅摺齒。雎詳死，即卷以簀，置廁中。賓客飲者醉，更溺雎，故僇辱以懲後，令無妄言者。雎從簀中謂守者曰：『公能出我，我必厚謝公。』守者乃請出棄簀中死人。魏齊醉，曰：『可矣。』范雎得出。」魏齊竟然如此殘忍地對一個無辜之人施以酷刑，這讓人難以理解。范雎受盡種種凌辱，遭受了非人的折磨，然大難不死，最終死裡逃生。所謂「大難不死，必有後福」是也。范雎經過一番周折，終於輾轉遠赴秦國，最終做了秦國位極一時的國相。「君子報仇，十年不晚」，因報仇而攻魏，魏齊是咎由自取。從這個例子來看，魏齊是無德無行的愚蠢小人，偏聽偏信，昏庸殘酷，其最終結局完全是自作自受，完全是理所應當。而虞卿卻要為這樣無情無義的小人而捨棄自己的事業，置國家的利益於不顧，這絕非明智之舉。所以從這個角度來看，不能說拒納魏齊就是魏公子的政治上的汙點。只能說這與魏公子的主導性格不相契合。

不管怎麼說，司馬遷把這種手法運用得已經非常嫻熟。它既成了司馬遷的文學藝術表現手法，又成了表現自己主觀傾向性的很好手段，保證了歷史的真實客觀性，又照顧到人物塑造的個性鮮明性，使得歷史與文學有機地結合起來，達到了完美的統一。

第四節　太史公曰

所謂「太史公曰」，即習慣所稱的序、贊、論，這是司馬遷首創的史論形式，簡稱為「史記論贊」。當時並沒有這樣的稱呼，只稱「太史公曰」。

劉知幾在《史通》卷四《論贊》篇和《序列篇》中論「太史公曰」為序、為贊後，後世遂相沿成習。

「《春秋左氏傳》每有發論，假君子以稱之。二《傳》云公羊子、穀梁子，《史記》云太史公。既而班固曰贊，荀悅曰論，《東觀》曰序，謝承曰詮，陳壽曰評，王隱曰議，何法盛曰述，常璩曰撰，劉昺曰奏，袁宏、裴子野自顯姓名，皇甫謐、葛洪列其所號。史官所撰，通稱史臣。其名萬殊，其義一揆。必取便於時者，則總歸論贊焉。」

劉知幾的這段話透露出幾個訊息，關於這種發表意見和看法的形式，以前著作中就已經出現，但名稱各異，《左傳》中稱「君子曰」，《漢書》中稱「贊」，《三國志》為「評」，沒有統一的稱謂，最後統一在唐代史學批評家劉知幾之手，「其名萬殊，其義一揆。必取便於時者，則總歸論贊焉。」

《史記》原題「太史公書」，意為「太史公所著之書」，故「史記論贊」稱「太史公曰」。「太史公曰」內容非常豐富，涉及到社會生活的方方面面。「太史公曰」多以議論為主，有時有敘述。「太史公曰」的論點鮮明，且發表意見和看法的方式多種多樣。「太史公曰」包含著比較明確的褒貶，主觀傾向性比較明顯。

「太史公曰」成為《史記》中最明確的表達思想、發表議論的形式。這種形式既整齊而靈活，整齊是說體例完備，分為系統的篇前序論，篇後贊論，夾敘夾議為論傳三種形式。篇前序論篇幅宏大，多集中於十表、八書和類傳中。如六國年表的篇前緒論就洋洋灑灑數百言。「穆公修政，東竟至河，則與齊桓晉文中國侯伯侔矣。是後，陪臣執政，大夫世祿六，卿擅晉權，征伐會盟，威重於諸侯。及田常殺簡公而相齊國，諸侯晏然弗討，海內爭於戰功矣。三國終之卒分晉，田和亦滅齊而有之，六國之盛自此始。務在強兵並敵，謀詐用而從衡短長之說起，矯稱蠭出，誓盟不信，雖置質剖符猶不能約束也。……」（《六國年表》本紀、世家、列傳多篇末贊論，因這三部分為人物傳記，贊論的重點就是褒貶人物，具有強烈的感情色彩。靈活，是說形式並不呆板，在整齊中有變通。）

第四章 《史記》的體制
第四節 太史公曰

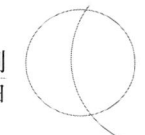

「太史公曰」應該是在先秦史書影響的基礎上創制出來的。《左傳》中有「君子曰」的評價形式，共有134條評論，其中直接引孔子等人的話約50條，「君子曰」、「君子以為」之稱的評論84條。作者自創的「君子曰」已經具備了系統史論的雛形。司馬遷的「太史公曰」就是模仿了這種形式，同時又超越了《左傳》。「君子曰」就事論事，還不是具有理論色彩的史論。其發論方式多引用有德者之言，偶爾表達自己意思。宋人林堯叟說：「《左傳》稱君子曰，多是取當時君子之言，或斷於己意。」而《史記》的「太史公曰」成為了全書有機組成部分，每一序、贊、論都是就具體人事而發，具有濃厚的理論色彩，具有強烈的感情色彩。

「太史公曰：詩有之：『高山仰止，景行行止。』雖不能至，然心鄉往之。餘讀孔氏書，想見其為人。適魯，觀仲尼廟堂車服禮器，諸生以時習禮其家，餘祗回留之不能去云。天下君王至於賢人眾矣，當時則榮，沒則已焉。孔子布衣，傳十餘世，學者宗之。自天子王侯，中國言六藝者折中於夫子，可謂至聖矣！」（《孔子世家》）這是司馬遷在孔子傳記的最後寫的一段話。先引用了《詩經‧小雅》中的成句來表達對孔子的讚美之情，「高山仰止，景行行止」。鄭玄註解說：「古人有高德者則慕仰之，有明行者則而行之。」朱熹註解說：「仰，瞻望也。景行，大道也。高山則可仰，景行則可行。」一個是漢儒，一個是宋儒，兩人說法竟有如此大的差異。上句「高山仰止」，鄭說「高山」比喻崇高的道德，「仰」是仰慕；朱說這是直指人們仰望高山，並無喻義。「景行行止」，分歧更大。依鄭說，「景行」解釋為「明行」，即光明正大的行為；「則而行之」，則是說以此作為行動的準則。依朱說，「景行」是大道，「景行行止」是說大道可供人們行走。「高山仰止，景行行止」，可以縮略為成語「高山景行」，「景仰」一詞也由此產生。我們遵從朱說來理解，「巍峨的高山可以仰望，寬廣的大道可以循著前進。」然後敘述至孔子舊居廟堂後的觀感，司馬遷在那裡徘徊流連，捨不得離開。最後發表議論，直接抒情。天下的君王以及賢人是很多的，當時是光榮的，死後就完了。孔子是一個平民，傳到十幾代，讀書的人都尊崇他。從天子王侯，到全國研究六經的人，都以孔子的學說作為準則，孔子可以說是道德學問最高尚的人！

這裡的「太史公曰」夾敘夾議，有抒情，有讚美，已經成為了司馬遷心聲的真實流露。

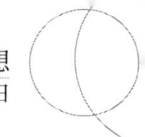

第五章　《史記》的思想

　　司馬遷在《史記》裡不僅記載了大量史實，並且要「考其行事，綜其始終，稽其成敗興壞之理」，來「究天人之際，通古今之變，成一家之言」。他要從錯綜複雜的歷史事實中探索出一些道理，提出自己的看法。因此，他不只是一個史事的簡單編輯整理者，而且是一個偉大的思想家。

　　《史記》作為半官方半私家的著作，因此具有了相對的獨立性，由於著作者特殊的身世經歷，因而保留下了更多自由的獨立的思想，這在中國思想史上有極為重要的地位。但是在許多傳統史家看來，對《史記》中所體現出來的進步的思想價值有著很多非議和責難。比如，同為漢代人的班固對《史記》的鮮明傾向性就很有些看不慣：

　　「故司馬遷據《左氏》、《國語》，采《世本》、《戰國策》，述《楚漢春秋》，接其後事，訖於天漢。其言秦、漢，詳矣。至於采經摭傳，分散數家之事，甚多疏略，或有抵梧。亦其涉獵者廣博，貫穿經傳，馳騁古今，上下數千載間，斯以勤矣。又，其是非頗繆於聖人，論大道而先黃、老而後六經，序遊俠則退處士而進奸雄，述貨殖則崇勢利而羞賤貧，此其所蔽也。然自劉向、揚雄博極群書，皆稱遷有良史之材，服其善序事理，辨而不華，質而不俚，其文直，其事核，不虛美，不隱惡，故謂之實錄。」

　　班固對於司馬遷的才能是佩服的，但對於司馬遷對某些歷史人物和事件的記述和評價是有看法的。實際上正是由於著作的個人性才使得《史記》擁有了特殊的思想價值。其實我們說班固批評《史記》正表明了私家著書和代官方著書的不同，而班固批評的方面又恰恰反映了司馬遷的難能可貴的遠見和膽識。

　　後世不少史家對《史記》也有不少批評性意見。總起來說，主要是針對其真實反映出當時的社會現實、揭露了統治者的真實面目的角度來說的。就這一點來說，我們在前面講互見法的運用時曾經指出，由於注意到了方法以及當時的特殊的時代條件，在短時間內可能並沒有太大的危險。所以清代史學家章學誠說：

「史遷百三十篇，《報任安書》，所謂『究天人之際，通古今之變，成一家之言』。自序以謂『紹名世，正《易傳》，本《詩》、《書》、《禮》、《樂》之際』，其本旨也。所云發憤著書，不過敘述窮愁，而假以為辭耳。後人泥於發憤之說，遂謂百三十篇，皆為怨誹所激發，王允亦斥其言為謗書。於是後世論文，以史遷為譏謗之能事，以微文為史職之大權，或從羨慕而仿效為之；是直以亂臣賊子之居心，而妄附《春秋》之筆削，不亦悖乎！今觀遷所著書，如《封禪》之惑於鬼神，《平準》之算及商販，孝武之秕政也。後世觀於相如之文，桓寬之論，何嘗待史遷而後著哉？《遊俠》、《貨殖》諸篇，不能無所感慨，賢者好奇，亦洵有之。餘皆經緯古今，折衷六藝，何嘗敢於訕上哉？朱子嘗言，《離騷》不甚怨君，後人附會有過。吾則以謂史遷未敢謗主，讀者之心自不平耳。夫以一身坎坷，怨誹及於君父，且欲以是邀千古之名，此乃愚不安分，名教中之罪人，天理所誅，又何著述之可傳乎？夫《騷》與《史》，千古之至文也。其文之所以至者，皆抗懷於三代之英，而經緯乎天人之際者也。所遇皆窮，固不能無感慨。而不學無識者流，且謂誹君謗主，不妨尊為文辭之宗焉，大義何由得明，心術何由得正乎？」

這段話，章學誠表明了對發憤著書的態度和評價，他認為《史記》非謗書，《史記》為信史。《史記》有抒發窮愁的成分，但還是在規矩範圍之內的。即便是含有抒發自我感慨的成分，也還是客觀述史。《史記》為「千古至文」，能經緯古今天地。實事求是地講，《史記》是一部抒情之作，抒情來源於不幸的身世遭遇，在或直接或委婉地抒發感慨、激憤的同時，暴露出最高統治者的本來面目，將所謂的高人一等的聖人賢君拉下了神壇，「怨誹」、「謗書」等說法不準確，因為這恰恰是客觀的實錄，這正是司馬遷的偉大貢獻。

《史記》所蘊含的思想極其豐富，價值巨大，真正實現了司馬遷「成一家之言」的創作宗旨。《史記》中所體現出來的思想主要有政治、歷史、文學、哲學、經濟等層面，本書擇其要從四個方面做簡要分析：

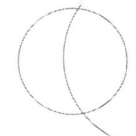

第一節 「不虛美」、「不隱惡」,「實錄」精神述史

《史記》以「不虛美」、「不隱惡」的科學態度,堅持「實錄」精神,真實記錄了歷史上不同時期的不同歷史人物,反映出了歷史的變化與發展。

「不虛美」說的是不片面美化;「不隱惡」說的是不隱藏歷史人物的醜惡面、陰暗面。「實錄」,實實在在的真實記錄。這裡包含著認真對待歷史實際的方法態度問題。

對於秦漢以前的古代歷史,「實錄」就是蒐集、考訂,自由地選取、運用歷史資料。比如對《齊太公世家》中對於齊襄公兄妹荒淫之行的真實揭露:

「襄公元年,始為太子時,嘗與無知鬥,及立,絀無知秩服,無知怨。四年,魯桓公與夫人如齊。齊襄公故嘗私通魯夫人。魯夫人者,襄公女弟也,自釐公時嫁為魯桓公婦,及桓公來而襄公復通焉。魯桓公知之,怒夫人,夫人以告齊襄公。齊襄公與魯公飲,醉之,使力士彭生抱上魯君車,因拉殺魯桓公,桓公下車則死矣。魯人以為讓,而齊襄公殺彭生以謝魯。」

親兄妹之間通姦亂倫的行為本為人所不齒,然而齊襄公不以為恥,反以為榮,甚至把自己的妹夫——魯襄公「拉殺」之,拉殺,折斷肋骨而死,活活地將人壓殺而死。天底下,得理不饒人的事情我們見過,但無理還這麼無賴、無恥的事情好像還不多見。這實在是匪夷所思的曠古奇聞了。

四十三年。初,齊桓公之夫人三:曰王姬、徐姬、蔡姬,皆無子。桓公好內,多內寵,如夫人者六人,長衛姬,生無詭;少衛姬,生惠公元;鄭姬,生孝公昭;葛嬴,生昭公潘;密姬,生懿公商人;宋華子,生公子雍。桓公與管仲屬孝公於宋襄公,以為太子。雍巫有寵於衛共姬,因宦者豎刀以厚獻於桓公,亦有寵,桓公許之立無詭。管仲卒,五公子皆求立。冬十月乙亥,齊桓公卒。易牙入,與豎刀因內寵殺群吏,而立公子無詭為君。太子昭奔宋。桓公病,五公子各樹黨爭立。及桓公卒,遂相攻,以故宮中空,莫敢棺。桓公屍在床上六十七日,屍蟲出於戶。十二月乙亥,無詭立,乃棺赴。辛巳夜,斂殯。

齊桓公生前榮耀，身後悽慘，讓人不禁唏噓感嘆人生之無常、世事之縹緲，到底什麼才是人生最重要的，也許，一輩子都說不清楚，許多問題的答案活著時候並不容易知道。當然，司馬遷真實記載下這樣的事跡並不算難事，真正困難的事情是對於秦漢以來特別是漢朝當代史的記載了。

而面對秦漢以來百年間的歷史，特別是針對漢朝當代歷史，就不僅僅是簡單的材料地蒐集、整理、選用的問題，而是要面對現實的人物和事件的自我審核、自我評價、自我取捨，這樣就難免遇到忌諱問題。

在以前、當時以及以後的相當長的歷史時期，自《春秋》以來所奠定的「為尊者諱」、「為賢者諱」、「為長者諱」的避諱三原則幾乎成了束縛中國人的幾不可更易的信條。司馬遷非常尊崇孔子，非常看重《春秋》，並且以孔子的繼承者而自居，把自己的著述看成是又一部《春秋》。雖然如此，對於當代複雜的歷史，「盡信書則不如無書」，司馬遷還是做出了自己的選擇。他真實地寫出了當時統治者以及各色人等的真實面目。

比如對於漢武帝、漢文帝的刻畫：

文章一開頭就給我們一個概括性的定論：「孝武皇帝初即位，尤敬鬼神之祀。」接下去用了大量篇幅來敘述漢武帝的追求長生不老的史實，最後總結說「今上封禪，其後十二歲而還，遍於五嶽、四瀆矣。而方士之候祠神人，入海求蓬萊，終無有驗。而公孫卿之候神者，猶以大人跡為解，無其效。天子益怠厭方士之怪迂語矣，然終羈縻弗絕，冀遇其真。自此之後，方士言祠神者彌眾，然其效可睹矣。」（《孝武本紀》）「終無有驗」，「無其效」，「然其效可睹」，屢屢失敗而屢屢追求，一息尚存，長生不老之追求就不改變。可見漢武帝求長生的慾望有多麼強烈。漢武帝好大喜功，熱衷於封禪，顯示自己的權威。《封禪書》敘至漢武帝處一開始就說：「今天子初即位，尤敬鬼神之祀。」除稱呼外，與《孝武本紀》開頭相同。語言簡單，但諷刺味十足。通篇用冷峻的敘述揭露漢武帝一次次地被方士所愚弄，越陷越深，封禪越來越荒唐，失去了神化自己、鞏固統治的本來意義。最後的「太史公曰」，司馬遷發表了如下看法：「余從巡祭天地諸神名山川而封禪焉。入壽宮侍祠神語，究觀方士祠官之意，於是退而論次自古以來用事於鬼神者，具見其表裡。後有君子，得以覽焉。」「表裡」，漢武帝表面上信神尊神，內裡則以封禪

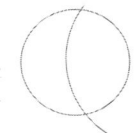

第五章 《史記》的思想
第一節 「不虛美」、「不隱惡」,「實錄」精神述史

神化自己,並希冀長生不老,永享幸福。這是追求長生不老的漢武帝,漢文帝與之形成了鮮明對比。

　　前已敘及,漢文帝因長生之夢而寵幸鄧通,但最後可能還是幡然醒悟了。人生一世,不可能長生。在即將離開這個世界時,漢文帝遺詔曰:「朕聞蓋天下萬物之萌生,靡不有死。死者天地之理,物之自然者,奚可甚哀。當今之時,世咸嘉生而惡死,厚葬以破業,重服以傷生,吾甚不取。且朕既不德,無以佐百姓;今崩,又使重服久臨,以離寒暑之數,哀人之父子,傷長幼之志,損其飲食,絕鬼神之祭祀,以重吾不德也,謂天下何!朕獲保宗廟,以眇眇之身託於天下君王之上,二十有餘年矣。賴天地之靈,社稷之福,方內安寧,靡有兵革。朕既不敏,常畏過行,以羞先帝之遺德;維年之久長,懼於不終。今乃幸以天年,得復供養於高廟。朕之不明與嘉之,其奚哀悲之有!」詔令全國官吏和百姓,詔令到達後,哭弔三日就除去喪服。不能禁止娶妻、嫁女、祭祀、飲酒、吃肉。應當參加喪事、服喪哭祭的人,都不要赤腳。文帝之仁愛可謂感人肺腑,甚至連服喪的麻帶寬度都不允許超過三寸,喪事不能大操大辦,不要動員民間男女到宮殿來哭祭。即便是宮中應當哭祭的人,都在早上和晚上各哭十五聲,行禮完畢就停止。不是早上和晚上哭祭的時間,不准擅自哭泣。下葬以後,按喪服制度應服喪九個月的大功只服十五日,應服喪五個月的小功只服十四日,應服喪三個月的緦麻只服七日,期滿就脫去喪服。這些詔令細心細緻細膩,真讓人感激涕零。還要求墳墓周圍的霸陵山水要保留其原來的樣子,不要有所改變。甚至要求後宮夫人以下直至少使,全都讓他們回娘家(《孝文本紀》)。貴為皇帝,卻能換位思考,具有平民情懷,在兩千多年前就已經體現出了民主之風範,實在難能可貴。這種和善寬厚仁慈的愛是嚴酷冰冷的封建社會裡的一股暖暖的風。

　　人就是萬物之一種,有生就有一死,難過而不悲哀,因為這是自然而然的事情,這是誰也無法左右得了的鐵定規律。既然如此,就沒必要厚葬重服而破業傷生,「今崩,又使重服久臨,以離寒暑之數,哀人之父子,傷長幼之志,損其飲食,絕鬼神之祭祀,以重吾不德也,謂天下何!」人之將死,其言也善,漢文帝的臨終遺詔樸實而飽含真情,非常感人。

第二節　學術思想清醒獨立，遊俠刺客貨殖入傳

前面我們曾提到「其是非頗繆於聖人，論大道而先黃、老而後六經，序遊俠則退處士而進奸雄，述貨殖則崇勢利而羞賤貧」。這是班彪、班固父子非議《史記》的言論，反映出因時代的變化而導致的變化了的觀點。同時也說明了私家著書和代官家著書的不同。這些批評的言論所指的內容，具體地說，就是司馬遷為遊俠、刺客、優伶、貨殖以及醫、卜、星、相等作了傳。用我們今天的觀點來看，這恰恰表明了《史記》的創造之處，反映出了司馬遷的遠見卓識。

「是非頗繆於聖人」，就是說聖人認為對的不一定對；聖人認為錯的不一定錯，其對錯與否是透過自己的思考、依據自己的原則標準來作出的。

《管晏列傳》「太史公曰」：

管仲，世所謂賢臣，然孔子小之。豈以為周道衰微，桓公既賢，而不勉之至王，乃稱霸哉？語曰「將順其美，匡救其惡，故上下能相親也」。豈管仲之謂乎？

方晏子伏莊公屍哭之，成禮然後去，豈所謂「見義不為無勇」者邪？至其諫說，犯君之顏，此所謂「進思盡忠，退思補過」者哉！假令晏子而在，余雖為之執鞭，所忻慕焉。

管仲相齊，憑藉臨海的有利條件，發展經濟，聚集財物，使國富兵強，與百姓同好惡。管仲善於「因禍而為福，轉敗而為功。貴輕重，慎權衡」，使齊國的內政、外交都極為成功。他輔佐桓公，一匡天下，使桓公成為春秋時期第一個霸主。孔子不喜歡或看不起管仲，據司馬遷的解釋，一是因為用霸道而非王道；二是因為作為臣子的管仲與作為國君的齊桓公之間的關係過於親密，沒有注意到名分和等級的差別。透過這樣的評價司馬遷委婉地表達了自己的對管子的不同於孔子的肯定和欽羨之情。

晏嬰事齊三世，節儉力行，嚴於律己，三世顯名於諸侯。在《本傳》中，司馬遷極力讚美識賢、尊賢的鮑叔和晏子，實則正慨嘆自己未遇「解驂贖罪」的知己之君。司馬遷說：「假令晏子而在，余雖為之執鞭，所忻慕焉。」司

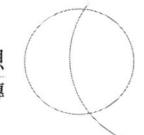

第五章 《史記》的思想
第二節 學術思想清醒獨立，遊俠刺客貨殖入傳

馬遷感激涕零地說，假使晏子還活著，即使替他揮鞭趕車，也是我非常高興和十分嚮往的啊！這才是本傳之真正意義。由於聖人孔子沒有表達對晏子的看法，因此，司馬遷就傾瀉出自己的真情實感，也委婉表達了對政治的看法。

「不與聖人同是非」，表現之一，「論大道而先黃、老而後六經」，尊崇黃老之術，非議其他各家學說。有關內容見「史官世家」部分。茲不贅述。

表現之二，「序遊俠則退處士而進奸雄」，是針對著遊俠、刺客入史而言的。「馬遷傳《遊俠》已屬破格。」王伯祥認為：「尤其是遊俠、貨殖兩類的人物，似乎都不被人家器重的，司馬遷獨能看出他們在社會發展上的地位，特地寫成《遊俠列傳》和《貨殖列傳》。有人稱讚他這樣做是千古卓識，實在不是過情之譽。」遊俠，漫遊於江湖又游離於正統的統治秩序以外的正義之士。這些人的行為不容於封建統治制度和秩序，但是老百姓對其又情有獨鍾。對於遊俠，司馬遷欽佩的是他們身上所擁有的重然諾的德行。「今遊俠，其行雖不軌於正義，然其言必信，其行必果，已諾必誠，不愛其軀，赴士之阨困，既已存亡死生矣，而不矜其能，羞伐其德，蓋亦有足多者焉。」「其私義廉潔退讓，有足稱者。名不虛立，士不虛附。」（《遊俠列傳》）遊俠的行為雖與正統的道義觀念準則不相符合，但他們「救人於厄，振人不贍，仁者有乎；不既信，不倍言，義者有取焉」（《太史公自序》），符合了百姓的利益，故而得到了人民百姓的支持擁護。他們既重名又重義，在官府不作為，百姓難又希望的時候能夠挺身而出，扶危救困，他們幾乎成了民間的道德行為的審判主宰，代表了下層百姓的利益。

與遊俠非常相似的一類人物還有刺客。《刺客列傳》依時間先後順序記載了春秋戰國時代曹沫、專諸、豫讓、聶政和荊軻等五位刺客的事跡。此傳主旨，《太史公自序》僅評價了曹沫和豫讓，云：「曹子匕首，魯獲其田，齊明其信；豫讓不為二心。」專諸、聶政、荊軻之事不提，似乎有難言之隱。認真閱讀全傳，不難找到其身上的共同點，他們都有一種扶弱拯危、不畏強暴、為達到行刺或行劫的目的而置生死於度外的剛烈精神。而這種精神的實質就是「士為知己者死」。太史公在本傳的贊語中說：「此其義或成或不成，然其立意較然，不欺其志，名垂後世，豈妄也哉！」這應該是太史公對本傳傳旨的一種集中概括了。當時刺客之所作所為難以說對還是錯，甚至可以說

無所謂是非之分。大多是統治集團內部或統治者之間的爾虞我詐的權力鬥爭。一般人對於報答的認識，就是要傾其所能，就要有所付出，滴水之恩當湧泉相報，報答就意味著神聖的責任，既然報答就要恪盡職守，負責到底，甚至不惜付出自己的生命作為代價。這也應該說是政治鬥爭中的正義精神的一種顯現。

在刺客的身上也有司馬遷對社會人生的體認。比如《刺客列傳》中的聶政，聶政起初不願意為嚴仲子效勞，原因不是別的，只是孝順之故。等到其母去世，姐姐出嫁之後，才要報答嚴仲子的知遇之恩，「政將為知己者用」，而這種報答不是一般的隨便的報答，是拿寶貴的生命作代價的。以大丈夫視死如歸的毅然決然來作出的，聶政以一種不可思議的方式殺死韓相俠累，然後「皮面，決眼，自屠出腸，遂以死」。聶政的姐姐聞訊趕赴韓地，在認出是其弟聶政後，無所畏懼，滿懷傷感地說道：「然政所以蒙汙辱自棄於市販之間者，為老母幸無恙，妾未嫁也。親既以天年下世，妾已嫁夫，嚴仲子乃可察舉吾弟困汙之中而交之，澤厚矣，可奈何？士固為知己者死，今乃以妾尚在之故，重自刑以絕從，妾其奈何畏歿身之誅，終滅賢弟之名？」「大驚韓市人。大呼天者三，卒於邑悲哀而死政之旁。」為了給弟弟留下清名，竟然不惜付出自己的生命，可見，揚名後世是當時許多人們的共同追求。

司馬遷為什麼對這些人物抱有如此深厚的感情呢？原因可能有三：一，可能在司馬遷身上也有著對於自己身陷囹圄無人施救的悲哀的一種體現，所以對於現實生活中這樣的知恩圖報的俠義之士就抱有非常熱愛的感情吧。二，從留名的角度看，可以推測出來，當時有關刺客的故事在民間廣泛流傳，故事生動曲折，引人入勝。不可否認裡面有不少虛構誇張的成分，這些虛構和誇張也不一定是司馬遷之所為。很可能是當時民間百姓願望的一種體現。司馬遷只是扮演了一個記錄者的角色，當然也不可否認加進了不少自己的東西。總之，因為刺客們的所作所為為他們留下了英名，所以故事在民間廣泛傳播。既然文學性強了，相對地歷史性肯定會大大減弱。三，用司馬遷的觀點來看，這些刺客的行為是值得的，因為當時更看重的是「名」。在司馬談的臨終遺言中，在司馬遷的《報任安書》中都反覆強調立身揚名的重要性。在《刺客

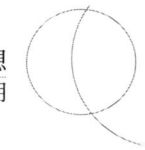

列傳》中司馬遷說：「五人，此其義或成或不成，然其立意較然，不欺其志，名垂後世，其妄也哉！」

表現之三，「述貨殖則崇勢利而羞賤貧」，這是針對《貨殖列傳》而言的。從心底來說，中國古代的知識分子對於「利」並不討厭，但知識分子們卻一向恥談利。道家和儒家是對中國人影響巨大而深遠的兩大思想，道家崇尚無，重視自然質樸，反對人的物質追求；儒家對於利也非常忌諱，「君子喻於義，小人喻於利」，把看重利的人指斥為小人。君子恥談利，在中國，「利」是一個很忌諱的詞。財富人人都去追求，但沒有哪幾個人敢公開談利。「利」似乎成了中國人的一個禁區。

到了司馬遷，卻公開為貨殖作了傳，並且特別肯定了商業經濟存在的極其必要性。古語說得好，「倉廩實而知禮節，衣食足而知榮辱」。「布衣匹夫之人，不害於政，不妨百姓，取以時而息財富，智者有采焉。」（《太史公自序》）貨殖，《索隱》引《尚書》孔傳云：「殖，生也，生資貨財利。」商人們據時買賣增殖財富，這是值得肯定的行為。求利是人固有的天性或本性，物質生活既是人類生存的基礎，又是永無止境的追求目的，義利關係是以利為基礎的，義附屬於物質生活。沒有利就絕對不會有義，不能解決起碼的溫飽問題又何談義理。孟子他老人家說得就很犀利：「今也制民之產，仰不足以事父母，俯不足以畜妻子；樂歲終身苦，凶年不免於死亡。此惟救死而恐不贍，奚暇治禮義哉？」

第三節　經世致用，政治開明

司馬遷在《史記》中重點表達了崇尚德治、反對暴政、重視民心向背的思想。對於有殘暴行為的歷史人物，司馬遷往往是持批評、厭惡甚至憎恨態度的，而肯定讚美那些推行仁德政治的歷史人物，希望後世能夠繼承發揚光大。作者對周文王、武王、周公等以人為本的政治制度是非常神往的，而對夏桀、商紂王、周厲王，包括秦始皇、漢武帝等為代表的殘酷政治是持斥責批評態度的。

德治和暴政的根本區別在於對人民的態度。體恤人民、關心百姓疾苦的就會得到人民的支持，反之，就會遭到百姓的抵制甚至厭棄，正應了一句老話，「得民心者得天下」，《史記》中無數史實證明了這一點。夏桀、商紂、項羽的失天下是這樣，周文王、周武王、齊田氏家族、劉邦的得天下也是如此。

　　桀不修德，迷信武力，用軍事手段來壓制百姓，結果被放逐而死。「帝桀之時，自孔甲以來而諸侯多畔夏，桀不務德而武傷百姓，百姓弗堪。乃召湯而囚之夏臺，已而釋之。湯修德，諸侯皆歸湯，湯遂率兵伐夏桀。桀走鳴條，遂放而死。」（《夏本紀》）商紂王是個非常聰明的人，天資聰穎，有口才，行動迅速，接受能力很強，而且氣力過人，能徒手與猛獸格鬥。司馬遷對商紂王的罪惡記得非常詳細：「知足以距諫，言足以飾非。矜人臣以能，高天下以聲，以為皆出己之下。好酒淫樂，嬖於婦人。愛妲己，妲己之言是從。於是使師涓作新淫聲，北里之舞，靡靡之樂。厚賦稅以實鹿臺之錢，而盈鉅橋之粟。益收狗馬奇物，充仞宮室。益廣沙丘苑臺，多取野獸蜚鳥置其中。慢於鬼神。大冣（與「聚」音義皆同，積聚）樂戲於沙丘，以酒為池，縣肉為林，使男女倮（裸）相逐其間，為長夜之飲。」上天要讓誰滅亡，必先要讓誰瘋狂。「天作孽，猶可活，自作孽，不可活。」正是將天下歸於一己，為自己服務，凡事從自我享受的角度出發來考慮，故而自作自受，吞食了自釀的苦酒，終至亡國滅身的結局。

　　武王滅殷後，《周本紀》有這樣一段記載：「武王為殷初定未集，乃使其弟管叔鮮、蔡叔度相祿父治殷。已而命召公釋箕子之囚。命畢公釋百姓之囚，表商容之閭。命南宮括散鹿臺之財，發鉅橋之粟，以振貧弱萌隸。命南宮括、史佚展九鼎保玉。命閎夭封比干之墓。命宗祝享祠於軍。」武王處理問題周到細緻，先安撫殷商舊族，然後發布了一系列迥異於商紂王的政令，好人得行，百姓得存，與商紂王的聚天下之財滿足一人之奢侈揮霍截然相反。其實，這正告訴了我們商紂失去天下、周武得到天下的根本原因。

　　對於秦朝統一中國的歷史意義，司馬遷是持肯定態度的。但對其統一後所採取的嚴酷的政治，司馬遷是持批評態度的。司馬遷在論述秦朝後期的社會狀況時，經常用到與之相類似的一句話，「天下苦秦久矣。」陳勝及其部

第五章 《史記》的思想
第三節 經世致用，政治開明

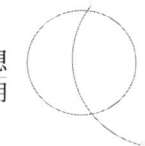

屬武臣說過類似的話，劉邦、項羽也都不約而同地藉此作為反秦的號召。秦朝的暴政讓老百姓深惡痛絕。在《張耳陳餘列傳》中武臣的一段話很有代表性：

「秦為亂政虐刑以殘賊天下，數十年矣。北有長城之役，南有五嶺之戍，外內騷動，百姓罷敝，頭會箕斂（按人頭向官府交納糧食，用簸箕收斂。言賦稅之重），以供軍費，財匱力盡，民不聊生。重之以苛法峻刑，使天下父子不相安。陳王奮臂為天下倡始，王楚之地，方二千里，莫不響應，家自為怒，人自為鬥，各報其怨而攻其讎，縣殺其令丞，郡殺其守尉。今已張大楚，王陳，使吳廣、周文將卒百萬西擊秦。於此時而不成封侯之業者，非人豪也。諸君試相與計之！夫天下同心而苦秦久矣。因天下之力而攻無道之君，報父兄之怨而成割地有土之業，此士之一時也。」

此處明確地指責秦朝所推行的滅絕人倫、不講情理的政策，指出當時的形勢是「外內騷動，百姓罷弊」，「苛法峻刑，使天下父子不相安」等等，尤其是用「夫天下同心而苦秦久矣」這段話表達了人民的憤怒的呼聲。這其實也從根本上告訴了讀者秦朝後期百姓揭竿而起、天下雲從響應的深層次原因；也告訴了我們秦朝短命的原因就是不推仁政而行暴政。

楚漢戰爭，劉勝項敗，無他焉，還是一個民心向背的問題。劉邦從表面上採取了符合人民的政策措施，劉邦「入武關，秋毫無所害，除秦苛法，與秦民約，法三章耳，秦民無不欲得大王王秦者。於諸侯之約，大王當王關中，關中民鹹知之。」「人又益喜，唯恐沛公不為秦王。」而項羽雖然勇猛神威，但殘暴過之，往往濫殺無辜。即便是作為其偉大功績的滅秦創舉，也採取了「虐戾」的措施。在以後的楚漢戰爭中，依然不改變其殘暴的本性，所到處「多所殘滅」，《項羽本紀》中，「殺」字出現頻率極高，坑殺秦二十萬降卒，殺子嬰，殺義帝，殺韓王成，殺漢卒十餘萬，殺紀信⋯⋯如此多殺，故而楊維楨認為項羽「嗜殺如嗜食」，又剛愎自用，不能聽取下屬意見，最終以悲劇而告終。劉邦表面寬厚、項羽殘暴影響了民心，民心的向背決定了二人的最終命運結局。

與此相聯繫，司馬遷秉持其父的一貫追求，主張行無為之政，反對「多欲滋事」（《酷吏列傳》），這其實還是德政理想的具體表現。他認為統治

153

者要「因循為用」，從老百姓的實際需要出發，順民之俗，給人之欲，滿足人民的需求，這才是最大的政治，萬不可把百姓作為漁利的工具，「故善者因之，其次利導之，教誨之，整齊之，最下者與之爭。」（《貨殖列傳》）

司馬遷透過「太史公曰」表達了自己的政治理想，「孔子言『太伯可謂至德矣，三以天下讓，民無得而稱焉』。餘讀《春秋》古文，乃知中國之虞與荊蠻句吳兄弟也。延陵季子之仁心，慕義無窮，見微而知清濁。嗚呼，又時其閎覽博物君子也！」（《吳太伯世家》）太伯、季札皆以禮讓聞名，表達了仁愛德治的政治理想。

司馬遷還認為應該重視法治，以法作為處理案件的準繩。法治不因為對象的不同而有所偏私或敷衍，要維護法律的公平正義，不濫施刑罰，「守法不阿意」。《張釋之馮唐列傳》中借助張釋之表達出了王子犯法與庶民同罪的思想。《商鞅列傳》中同樣對於商鞅的維護法律的公平和正義的行為作了一定的肯定。然而透過張釋之的例子我們可以看出，漢文帝時期的維護法律的行為，卻遭到了漢景帝的打擊。這在當時的那個時代只是某些人的一廂情願。

在統治者的層面，司馬遷歌頌了能夠知錯就改，善於聽取意見的開明君主。比如秦穆公當時不聽蹇叔、百里傒的勸告，一意孤行發動對鄭國的戰爭，最終使得秦軍幾乎全軍覆沒。在女兒的求情下，三主帥終於得以回到國家，「三將至，繆公素服郊迎，向三人哭曰：『孤以不用百里傒、蹇叔言以辱三子，三子何罪乎？子其悉心雪恥，毋怠。』遂復三人官秩如故，愈益厚之。三十六年，繆公復益厚孟明等，使將兵伐晉，渡河焚船，大敗晉人，取王官及鄗，以報殽之役。晉人皆城守不敢出。於是繆公乃自茅津渡河，封殽中屍，為發喪，哭之三日。乃誓於軍曰：『嗟士卒！聽無譁，余誓告汝。古之人謀黃髮番番，則無所過。以申思不用蹇叔、百里傒之謀，故作此誓，令後世以記余過。』君子聞之，皆為垂涕，曰：『嗟乎！秦繆公之與人周也，卒得孟明之慶。』」（《秦本紀》）

漢高祖劉邦也是一個善於改錯的典型。論才能本領，劉邦並不比別人強。但劉邦的最大優點是能取別人之長，補自己之短，善於傾聽別人的意見和建議。呂后的話他聽，張良的話聽，陳平的話也聽，甚至連鰍生的話也聽，在

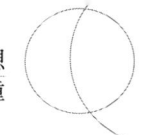

聽錯了後還能馬上改正。人才是事業成敗的根本，劉邦最大的本事是能夠善於傾聽，能識人，用人，能夠捨得賞賜，無論是土地還是財物。高明的政治家往往是高明的商人。劉邦是個高明的商人，商人的目的就是追求財富，一般的商人只看重眼前利益，對蠅頭小利往往斤斤計較，所以這樣的人一輩子就只能是個小商小販而已。高明的商人懂得「將欲取之必先與之」的道理，看重長遠利益、巨大利益，重賞之下必有勇夫，所以一大批本來附屬於項羽的人才紛紛來到劉邦身邊，最終鑄就了劉邦的勝利和成功。等到得到賞賜的將相拚死拚活打下江山，別說封賞出去的物質財富、土地還是自己的，就是別人的小命也掌握在自己手中了，別人只是做了暫時的保管者而已。「文景之治」也是與漢文帝、漢景帝的能夠尊賢、聽取別人意見分不開的。

第四節　主張富國利民，農工商虞並重

司馬遷引用管子之語宣傳自己的政治和經濟思想，「倉廩實而知禮節，衣食足而知榮辱，上服度則六親固。四維（禮義廉恥）不張，國乃滅亡。下令如流水之原，令順民心。」意為倉庫儲備充實了，百姓才懂得禮節；衣食豐足了，百姓才能分辨榮辱；國君的作為合乎法度，「六親」才會得以穩固，不提倡禮義廉恥，國家就會滅亡。國家下達政令就像流水的源頭，順著百姓的心意流下。所以政令符合下情就容易推行。百姓想要得到的，就給他們；百姓所反對的，就替他們廢除。政治，從根本上來說還是經濟問題，可以用一句話來概括，「知與之為取，政之寶也。」（《管晏列傳》）要善於給予，將欲取之必先與之，懂得給予正是為了取得的道理，這正是治理國家的法寶，也是一個人處理人際關係的法寶。

在漢朝建立初期直到司馬遷生活時代，主流的經濟思想都是重農輕商的，但司馬遷卻主張富國的同時也要注意利民，讓百姓得到實惠，農業應該得到充分地重視，但工商牧漁在社會生活中也有各自的意義和作用，而且司馬遷還注意宣傳慾望動力學說，為當時不為人所重的商人立傳，總結了商業經營之術，從而貶抑了當時占據統治地位的「重農抑商」的傳統觀點。

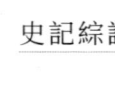

這種思想主要體現在《貨殖列傳》中。《貨殖列傳》為古今三十個商人立傳，「貨殖」是指謀求「滋生資貨財利」以致富而言；即利用貨物的生產與交換，進行商業活動，從中生財求利。

司馬遷所指的貨殖，包括各種手工業，以及農、牧、漁、礦山、冶煉等行業的經營在內。大自然提供各種物產滿足不同的需要，這些物質財富需要不同的人群去生產經營才可能滿足社會的需要。「故待農而食之，虞而出之，工而成之，商而通之。」（《貨殖列傳》）所有這一切的分工都是自然而然、天經地義的。這難道還需要官府發布政令，征發百姓，限期會集嗎？其實都是人們憑自己的才能，竭盡自己的力量，來滿足自己的慾望罷了。

司馬遷還總結了商業存在的必要性，低價的貨物能夠高價出售，高價的貨物能夠低價購進。人們各自努力經營自己的本業，樂於從事自己的工作，就像水從高處流向低處那樣，日日夜夜沒有休止的時候，不用召喚便會自動前來，不用請求便會生產出來。這難道不是符合規律而得以自然發展的證明嗎？翦伯贊高度評價司馬遷「以銳利的眼光，注視著社會經濟方面，而寫成其有名的《貨殖列傳》」。錢鍾書在論及司馬遷這篇《貨殖列傳》時也說：「當世法國史家深非史之為『大事記』體者，專載朝政軍事，而忽諸民生日用；馬遷傳《遊俠》已屬破格，然尚以傳人為主，此篇則全非『大事』、『人物誌』，於新史學不啻乎辟鴻矣。」總之，史學界公認：「歷史思想及於經濟，是書蓋為創舉。」

近代學者李景星評價《平準書》時說：「《傳》曰：『長國家而務財用者，必自小人矣。』又曰：『小人之使為國家，災害並至。』一篇《平準書》，即是發明此意。敘錢法者六，敘賣爵者七，敘鹽鐵者五，敘告緡者四，敘養馬者四，敘酷吏者六，敘勸分者五，正所謂『務財用』也。敘東郭咸陽……，正所謂務財用之小人也。敘上下生計困難……，正所謂小人務財用而災害並至也。」上述錢法、賣爵、鹽鐵、告緡、養馬、酷吏、勸分都是「務財用」的方法，總共 37 種，這些都是漢武帝劉徹為打擊商人勢力、解決財政困難而採取的一項重要政策。告緡是算緡的延伸。緡是指穿錢的繩索。借指成串的銅錢，亦泛指錢和所擁有的財富。算緡是一種財產稅，是漢初採取的抑商政策的一項重要內容。由於內興功利，又連年對周邊少數民族進行戰爭，封

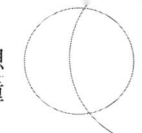

第五章 《史記》的思想
第四節 主張富國利民,農工商虞並重

建國家的財政發生很大困難,商人乘機以高利貸盤剝貧民,促使社會矛盾日趨激化。因此,武帝元光六年(前129)即對商人所擁有的車輛徵稅。至元狩四年(前119)又下詔「初算緡錢」。具體辦法有三:對各類商人徵收財產稅,稅額為每2000錢納稅一算(120錢)。對手工業者徵收財產稅,稅額為商賈的一半。對車、船徵稅,凡不屬於國家官吏、三老、北邊騎士而擁有的軺車,皆令出一算,商賈所有的軺車則為二算。船五丈以上一算。政令發布後,執行情況並不理想,許多商人仍然隱匿財物,不肯協助政府克服財政困難。於是,元鼎三年(前114),武帝又下令「告緡」,由楊可主管其事。「告緡」的意思就是告發那些符合「算緡」而不交稅的商賈,為了激發告發的積極性,令民告緡者以被告者財富的一半作為獎賞。楊可告緡遍天下,商賈中家以上幾乎都被告發。武帝派遣御史和廷尉正、監等分批前往郡國清理處置告緡所沒收的資產,得民財物以億計,奴婢以千萬數,沒收的田地大縣達數百頃,小縣也有百餘頃。商賈中家以上都因此破產,武帝將沒收的緡錢分配給各個部門。告緡直到元封元年(前110)才停止。漢武帝正是透過這樣的方法為其開展的內外功業提供了物質上的保證。此項政令解決了短期的財政危機,但從長期來看,後果是嚴重的。這樣做打擊了工商業者經營的積極性,遏制了商業的發展,從而最終影響了社會經濟的發展,使得漢朝逐漸走上了下坡路。

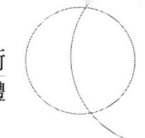

第六章　《史記》的寫人藝術

　　《史記》既是一部歷史著作，又是一部文學著作。《史記》的文學性很強，藝術性很高。關於這一點，金聖嘆把《史記》與以虛構為主的文學名著《水滸》做過比較，「《史記》是以文運事，《水滸》是因文生事。以文運事，是先有事生成如此卻要算計出一篇文字來。雖是史公高才，也畢竟是吃苦事。因文生事即不然，只是順著性去，削高補低都由我。」從這裡可以看出金聖嘆很佩服司馬遷，史書撰寫難度大，司馬遷的創作頗見出其獨有的藝術功力。

　　《史記》的文學性體現在多個方面，本章重點論述《史記》的寫人藝術。

　　《史記》是以人物為中心結撰全書的，一個個活生生的歷史人物串起了具體的歷史的變化和發展。人物傳記的成功首先在於塑造人物形象，塑造人物形象的手段多種多樣，每種手段都各有其獨到之處，諸種手段方法的有意識運用才給我們留下了一個個個性鮮明的歷史人物。

▌第一節　以人物為中心的紀傳體

　　《史記》的成書標誌著以人物為中心的「紀傳體」的確立成熟。梁啟超說：「其最異於前史者一事，曰以人物為本位。」《史記》全書130篇，其中的人物傳記就有112篇之多，占全書的絕大部分。那麼什麼是紀傳體呢？

　　我們在講《史記》的體制的時候，已經把握了紀傳體的基本特徵。紀傳體是司馬遷首創的一種寫作方法，它主要體現在《史記》的本紀、世家、列傳三部分中，因為這三部分都是以寫人為主，「以人繫事」，這種主要用為人物作傳來反映歷史內容的史書編寫方法就是「紀傳體」。

　　《史記》之前的史書的編寫體例主要有這樣兩種：編年體和國別體。編年體的特點就是以時間先後為順序記載歷史大事；國別體的特點是以國別來記載歷史。但二者之間不能截然分開，國別體分國別後還是要按照時間的先後順序來寫。史書的編寫從內容角度來分，又可以分為以記言為主和記事為主的兩大類。前者如《尚書》、《國語》，後者有《春秋》、《左傳》。這樣分只是考慮到哪方面為主，其二者也難以截然分開。像今天所存最早的史

書《尚書》，一般認為是記言體，實際上是並不科學的。清代史學家章學誠說：「古人事見於言，言以為事，未嘗分事言為二物也。」在同書《書教下》又說：「按本末之為體也，因事命篇，不為常格；……斯真《尚書》之遺也。」這兩段話主要有兩個要點：一是史書分為記言和記事兩體不合適；二是《尚書》應該是史書紀事本末體的淵源。

無論記言還是記事，都是以事繫人，人是歷史事件的附庸，即使有的史書已經將一個人的故事集中編排了，但仍然是材料的機械堆積，沒有經過有意識的組織、選擇和加工。從史書的角度看，這是無可厚非的，只要能夠把個人的歷史事件如實記錄出來就算是合格的史書。可是我們在這裡講的是《史記》的文學性，所以我們要著眼於文學成就的形成因素了。

在《太史公自序》中，司馬遷說：「扶義俶儻，不令己失時，立功名於天下。」聯繫到司馬遷的功名意識，《左傳》的「三立」（三不朽）思想，司馬遷著史的意圖就是透過對歷史上的「三立」之人的人物傳記來實現自己揚名後世、光宗耀祖的目的。歷史是活生生的人的歷史，沒有了人的活動，歷史就不會有任何發展。以往的編寫體例，都把人作為事件的附庸，機械地服從事件發展的鐵定法則，人物的出現與否，完全決定於事件的如何發展。而紀傳體體例的出現開始前無古人的重視人的存在，重視人的行為的重要性，它把人物作為史書的中心，事件的選擇是為了展現人物性格的主要或次要方面，從而在歷史人物的一生行止的敘述中，揭示出人物的完整命運。而記載了一個個在歷史上做出一定貢獻或在歷史上占有一定地位的人的歷史，人物與人物傳記的結合，再加上一些內在的其他體式的有機結合，就構成了完整的生動的鮮活的歷史。

但是我們要注意到，在《史記》的紀傳體的史書寫作體例確立後，並不是將國別體和編年體拋到了一邊。《史記》中的本紀和世家毋庸諱言屬紀傳體，但我們進一步分析後就會發現：紀傳體從本質上而言又是國別體，本紀屬以最高君主為中心線索的嚴格的一國史，大多數的世家更是典型的國別體。編年體又體現在《史記》中的三種體例中，本紀是全國的編年大事記，世家本質上與本紀沒有區別，只是名稱不一而已。列傳對於歷史人物的敘寫，雖然有插敘、補敘、倒敘的存在，但從整體上來說，列傳還是基本按照時間的

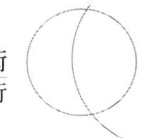

先後順序來記錄傳主的一生行止的。因此可以說，紀傳體很好地糅合了國別體和編年體的兩種體例的長處，前所未有地突出了人的作用，以人物為中心，透過複雜的人物關係反映出了活生生的歷史的變化與發展。

第二節　人以事顯，事因人行

　　章培恆、駱玉明二先生主編的《中國文學史》認為《史記》在人物形象塑造方面，具有數量眾多、類型豐富、個性較鮮明三大特點。這樣的概括應該說比較恰切。

　　《史記》是以人物傳記組合成的一部宏偉壯闊的歷史巨著，人物有幾百個之多，寫得比較成功、個性比較鮮明，能夠給人留下深刻印象的不少，比如孫武、孫臏、屈原、伍子胥、聶政、荊軻、李斯、項羽、劉邦、張良、韓信等等，就有近百個。在傳記人物的選擇上，司馬遷沒有只是一味地向「肉食者」仰視，而是遵循一定的標準和原則做到了一定程度的平視和俯視，選取了社會各個階層的不同歷史人物，這些不同階層的歷史人物從事著不同的活動，有著不同的人生命運。上至帝王，下至平民，有成功者，有失敗者，有讓人感慨讚歎的剛烈英雄，也有令人不齒的無恥小人，此外，還有美女、才子、食客、刺客、遊俠、大將、謀士等等，這些人物的不同經歷和命運共同反映了豐富多彩的社會人生，反映出了歷史的複雜多變的必然性和偶然性。這些人物能夠給人留下深刻印象的原因在於司馬遷表現出了他們各自的鮮明個性。眾多歷史人物有的差別很大，有的在身分和經歷上非常相似，司馬遷都能夠把他們的同和不同、似和不似鮮明地表現出來。像《項羽本紀》中的項羽和劉邦的區別，一個粗，一個細；一個勇猛，一個韌柔；一個殘忍，一個寬厚；一個年輕稚嫩，一個老成持重；一個率直，一個虛偽；一個坦蕩，一個自私；一個光明磊落，一個陰險狡詐；一個獨斷專行，難以容人，一個轉益多師，從善如流……好像在同時代乃至以後的歷史上、文學史上還很難找得出這樣反差如此之大的人物形象來。另外溫柔善思多謀的張良和脾氣暴躁自負的范增，項莊和樊噲等也都有不同的個性。

　　人物形象只有有了鮮明的個性才能讓人更容易記住，而個性的表現卻是需要手段的。對於司馬遷而言，它表現人物個性的最主要的手段就是情節的

故事化，把人物言行化為一個個生動具體的故事（或言事件），人以事顯，用以揭示歷史人物生活的人生概貌，表現出其突出鮮明的人物個性，塑造出清晰的人物形象，而《史記》又是史書，活生生的人物形象透過一個又一個的事件刻畫出來後，事因人行，歷史變得生動真實而傳之久遠。故事的表現形式靈活多樣，具體而言，體現在《史記》中，有大故事、小故事、故事的凝縮和集中——場面以及構成故事的重要因素——細節描寫等。

一、用重大事件塑造人物

在《史記》的人物傳記中，作者往往選擇重大事件、典型事件表現人物的主要性格特徵。重大事件典型事件的優點或長處是顯而易見的，重大事件中往往有戲劇性的場景，充滿著尖銳的矛盾衝突。而正是在尖銳的矛盾衝突的焦點上，各種人物都依據自己的出身、利益立場、處世習慣、智慧和能力、與他人的關係，緊張地活動著，既各顯本色，又彼此對照，個性能夠表現得特別鮮明。

被明代茅坤譽之為「太史公最得意之文」的《項羽本紀》是典型例子。司馬遷對於蓋世英雄項羽的描述正是借助三次重大事件來實現的。「鉅鹿之戰」表現項羽「力拔山兮氣蓋世」的神勇一面。

「項羽乃悉引兵渡河，皆沉船，破釜甑，燒廬舍，持三日糧，以示士卒必死，無一還心。於是至則圍王離，與秦軍遇，九戰，絕其甬道，大破之，殺蘇角、虜王離。涉間不降楚，自燒殺。當是時，楚兵冠諸侯。諸侯軍救鉅鹿下者十餘壁，莫敢縱兵。及楚擊秦，諸將皆從壁上觀。楚戰士無不一以當十，楚兵呼聲動天，諸侯軍無不人人惴恐。於是已破秦軍，項羽召見諸侯將，入轅門，無不膝行而前，莫敢仰視。項羽由是始為諸侯上將軍，諸侯皆屬焉。」俗語云「強將手下無弱兵」，透過項羽手下的勇猛表現項羽的神威，所以，凌約言說，用「四『莫敢』字而羽當時勇猛宛然可想也」。

「鴻門宴」是《項羽本紀》中的重大事件、典型事件。在這一事件中兩大軍事集團的主要人物都在根據各自的立場、個人利益進行著複雜的活動。透過這一個重大事件告訴讀者項羽是如何錯失良機的，是如何一步步走向下坡路的。同時，透過這千古一宴，表現出了項羽以及一干人等的性格特徵。

我們可以清楚地看到劉邦的圓滑柔韌，張良的機智沉著，項羽的坦直粗率，樊噲的忠誠勇猛，項伯的老實迂腐，范增的果斷急躁。

「垓下之圍」的作用在於描述了項羽英雄末路的悲劇命運。這樣透過三件大事將項羽一生真實描繪出來，從而揭示了造成項羽悲劇的原因之所在。

不僅僅是《項羽本紀》，還有不少著名的篇章都是借助重大事件再現人物性格的。如《廉頗藺相如列傳》對藺相如的大智大勇大德的歌頌，就是透過「完璧歸趙」、「澠池之會」、「將相和」三個故事來實現的。《李將軍列傳》對英雄李廣的悲劇命運的揭示，是透過「遭遇戰」、「脫險戰」、「突圍戰」等三次大的戰鬥表現出來的。《魏其武安侯列傳》重點寫了魏其設宴、灌夫罵座和東朝廷辯三件大事。《田單列傳》對即墨之戰做了濃墨重彩的描繪。

二、選取生活瑣事、小故事來表現人物

運用重大事件、典型事件表現人物自有它的長處，同樣，生活瑣事和小故事在塑造人物形象、表現人物性格特徵方面也具有大事件、大故事不具備的優點，它可以活靈活現地展現出人物的內心世界和獨特的精神風貌，幾乎可以給人留下「過目不忘」的深刻印象。由於重大事件涉及的人多、事繁，關係複雜，我們在平時的閱讀時往往對重大事件只有籠統的模糊的印象，而對於一些人事關係簡單卻蘊涵深厚的小故事、生活瑣事卻能讓我們如數家珍，歷久難忘。

生活瑣事或者小故事，這在一般歷史著作中出現得很少，在《史記》中卻相當多，幾乎在每一個重要的歷史人物的傳記中都能找得到。《李斯列傳》一開始就是這樣一段：

（李斯）年少時為郡小吏，見吏舍廁中鼠食不潔，近人犬，數驚恐之。斯入倉，觀倉中鼠食積粟，居大廡之下，不見人犬之憂。於是李斯乃嘆曰：「人之賢不肖，譬如鼠矣，在所自處耳！」乃從荀卿學帝王之術。

如果單純從史學角度來看，這種細瑣小事是毫無價值的。但從文學角度來看，這樣的事件非常具體而深刻地揭示了李斯的性格特徵和人生追求。從故事中我們知道，李斯把追求利祿享受看作了人生最重要的東西。

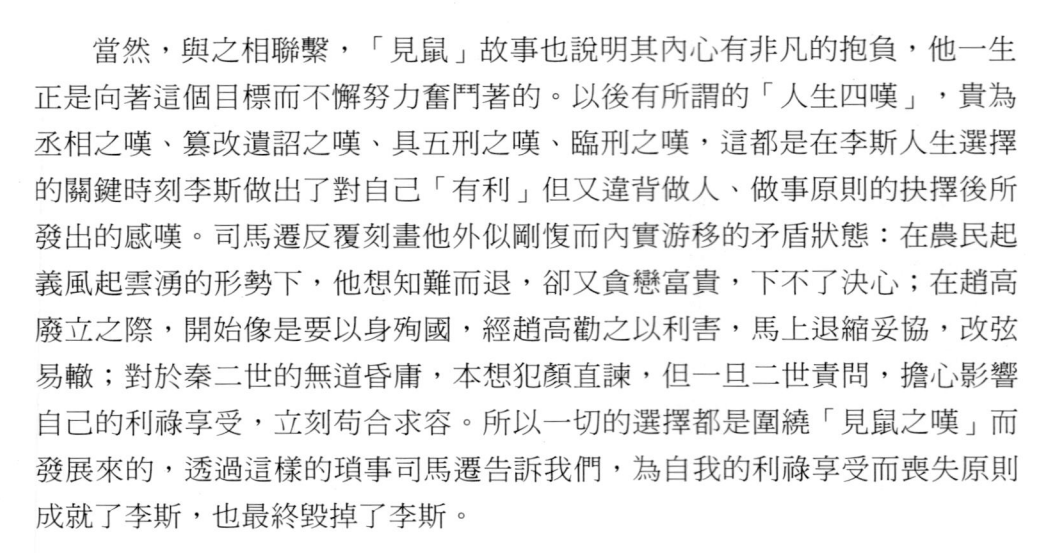

當然，與之相聯繫，「見鼠」故事也說明其內心有非凡的抱負，他一生正是向著這個目標而不懈努力奮鬥著的。以後有所謂的「人生四嘆」，貴為丞相之嘆、篡改遺詔之嘆、具五刑之嘆、臨刑之嘆，這都是在李斯人生選擇的關鍵時刻李斯做出了對自己「有利」但又違背做人、做事原則的抉擇後所發出的感嘆。司馬遷反覆刻畫他外似剛愎而內實游移的矛盾狀態：在農民起義風起雲湧的形勢下，他想知難而退，卻又貪戀富貴，下不了決心；在趙高廢立之際，開始像是要以身殉國，經趙高勸之以利害，馬上退縮妥協，改弦易轍；對於秦二世的無道昏庸，本想犯顏直諫，但一旦二世責問，擔心影響自己的利祿享受，立刻苟合求容。所以一切的選擇都是圍繞「見鼠之嘆」而發展來的，透過這樣的瑣事司馬遷告訴我們，為自我的利祿享受而喪失原則成就了李斯，也最終毀掉了李斯。

再如張良遇老父「圯上納履」的故事：

良嘗閒從容步遊下邳圯上，有一老父，衣褐，至良所，直墮其履圯下，顧謂良曰：「孺子，下取履！」良愕然，欲毆之。為其老，強忍，下取履。父曰：「履我！」良業為取履，因長跪履之。父以足受，笑而去。良殊大驚，隨目之。父去里所，復還，曰：「孺子可教矣。後五日平明，與我會此。」良因怪之，跪曰：「諾。」五日平明，良往。父已先在，怒曰：「與老人期，後，何也？」去，曰：「後五日早會。」五日雞鳴，良往。父又先在，復怒曰：「後，何也？」去，曰：「後五日復早來。」五日，良夜未半往。有頃，父亦來，喜曰：「當如是。」出一編書，曰：「讀此則為王者師矣。後十年興。十三年孺子見我濟北，谷城山下黃石即我矣。」遂去，無他言，不復見。旦日視其書，乃太公兵法也。

我們從《鴻門宴》中知道，張良的性格是溫文爾雅、謙恭有禮、能忍能讓、不急不躁的。正是這樣的優秀品質，才奠定了張良以後輔佐劉邦變劣勢為優勢，轉危為安，最終成就了劉邦的基業。

而以前的張良卻不是我們在「鴻門宴」中所認識的張良，張良本不是一個溫文爾雅的謀士，他原為韓國貴族，由於對韓國的滅亡而對秦耿耿於懷，在博浪沙曾經僱人刺殺秦始皇，他做過刺殺秦始皇的刺客。

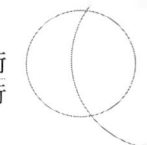

第六章　《史記》的寫人藝術
第二節　人以事顯，事因人行

「二十九年，始皇東遊。至陽武博浪沙中，為盜所驚。求弗得，乃令天下大索十日。」（《秦始皇本紀》）

「韓破，良家僮三百人……悉以家財求客刺秦王，為韓報仇。」「得力士，為鐵椎重二百斤。秦始皇東遊，良與客狙擊秦皇帝博浪沙中，誤中副車。」（《留侯世家》）

從這裡看出張良具有忠誠的突出特點。他沒有做過韓國的官員，但在韓被秦滅亡後，不葬自家兄弟，而是將國恨放在第一位，悉出其家財，招募力士刺殺秦始皇。在從劉邦後，從沒有任何的游移，對劉邦無比忠誠，忠誠沒有任何條件，多的只是方式方法的不同，所以在很多時候，劉邦對其能做到言聽計從；就這一點而言，范增是難以與之比肩的。

一個是敢於將生死置之度外的刺客，一個是溫文爾雅深有城府的謀士，二者差別巨大，但這確確實實又是同樣一個人。而從刺客到謀士的轉變，其間又經歷了怎樣的波折呢？張良見老父的故事告訴了我們其中的端倪。這個故事記載得非常詳細，有敘述，有對話，有呼應，還有極為高妙的心理描寫，不單單是寫張良的心理變化，還注意從黃石老人的角度來落筆。「良從容步游」說明已經忘卻了以往的復仇，日子過得優哉游哉。「良愕然，欲毆之」，與刺殺秦始皇時還沒有多大的變化，如果換作了他人，早已被毆打在地，且被踏上了一隻腳。「良業為取履，因長跪履之」，不情願的動作中隱含內心的複雜心理鬥爭。「良殊大驚」，說明內心的詫異和疑惑。黃石老人的「笑」、「怒」、「喜」都是臺前的表演，幕後則是一位準備對張良予以重託的老人的隱形考驗。蘇軾說得好，「古之所謂豪傑之士者，必有過人之節，人情有所不能忍者。匹夫見辱，拔劍而起，挺身而鬥，此不足為勇也。天下有大勇者，卒然臨之而不驚，無故加之而不怒，此其所挾持者甚大，而其志甚遠也。」「夫老人者，以為子房才有餘，而憂其度量之不足，故深折其少年剛銳之氣，使之忍小忿而就大謀。」所幸，張良通過了所有的考試，他收穫的不只是一本兵書，更重要的是由此養成了溫文爾雅，遇事不急善思的品性，也贏得了安穩無憂的未來，因此在漢建國後的權力紛爭中能置身其外、獨善其身。

從藝術的角度來看，這既是婉曲的引人入勝的故事，又是高明的細節描寫，還有著奇妙的心理描寫，從性格表現的角度來看，以此事為轉折點，張

165

良完成了從勇士到謀士、從貴族公子哥到文質彬彬的文人知識分子的昇華式的轉變。這一切都顯示出司馬遷是一位偉大的文學藝術大師。

　　寶劍鋒從磨礪出，梅花香自苦寒來。一分耕耘，一分收穫。有付出才有收穫，人生在世，考驗無處不在，而又無時不有。有的人對考驗視若無睹，從容應對，遊刃有餘，有的人卻視作麻煩，看做包袱，疲於應付。如何才能順利透過人生大大小小的考驗呢？在青少年時期就要做個有心人，平時注意細節，注意自己的言行，養成讀書、思考和勤於寫作的好習慣，遇事冷靜思考，不急不躁；「老吾老以及人之老，幼吾幼以及人之幼」，凡事多從別人的角度去考慮，不要只顧及自己的利益得失，長此以往，就形成了自覺的意識；在工作、學習、生活中能夠自己做自己的鏡子，注重「日省」，保持「慎獨」的心態，擁有寬廣的胸懷度量，如此一來，無論做什麼，無論在哪裡，都更容易收穫成功，自然也能贏得幸福的人生。

　　對於創建了偉大功績的韓信，司馬遷是關愛備至景仰有加的，對其悲劇命運報以深深地同情。有關韓信的瑣事，在《淮陰侯傳》竟然集中敘述了多則：

　　淮陰侯韓信者，淮陰人也。始為布衣時，貧無行，不得推擇為吏，又不能治生商賈，常從人寄食飲，人多厭之者，常數從其下鄉南昌亭長寄食，數月，亭長妻患之，乃晨炊蓐食。食時信往，不為具食。信亦知其意，怒，竟絕去。

　　信釣於城下，諸母漂，有一母見信饑，飯信，竟漂數十日。信喜，謂漂母曰：「吾必有以重報母。」母怒曰：「大丈夫不能自食，吾哀王孫而進食，豈望報乎！」

　　淮陰屠中少年有侮信者，曰：「若雖長大，好帶刀劍，中情怯耳。」眾辱之曰：「信能死，刺我；不能死，出我　下。」於是信孰視之，俛出　下，蒲伏。一市人皆笑信，以為怯。

　　寄食南昌亭長與從漂母食，說明英雄有得時有不得時，韓信此時不得時，英雄還無用武之地。「俛出　下」說明韓信雖然是武士，但並非一魯莽之士。韓信能夠用心思考，能夠權衡利弊，知曉孰輕孰重。如果選擇與少年鬥氣，要麼兩敗俱傷，要麼一死一逃，要麼身陷囹圄，而這都與韓信的遠大志向相

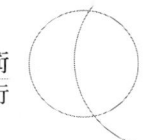

違背，小不忍則亂大謀，這裡體現出的是韓信大丈夫能屈能伸的可貴品質；這裡體現的不是「君子報仇十年不晚」的小肚雞腸式的狹隘，而是高瞻遠矚的遠大理想境界。

司馬遷寫這麼多瑣事，大概是要告訴世人，韓信是仁義之人，能夠知恩圖報，重視然諾。這與高祖劉邦形成鮮明對比（相面老人）：

信至國，召所從食漂母，賜千金。及下鄉南昌亭長，賜百錢，曰：「公，小人也，為德不卒。」召辱己之少年令出胯下者以為楚中尉。告諸將相曰：「此壯士也。方辱我時，我寧不能殺之邪？殺之無名，故忍而就於此。」

透過這樣幾件瑣事，不僅生動地描繪出韓信的形象，而且預示著他未來的成敗，讓讀者對其主要性格有了更深層次的認識。有關韓信的這兩件瑣事，對於他的形象的塑造顯得極為重要，幾乎成為了韓信的「代言」：忍辱胯下，體現出「小不忍，則亂大謀」的中華傳統智慧，而「漂母之恩，報以千金」，更是展現出知恩必報的感人的人性的光輝。

從韓信的瑣事，可以看出其「知恩必報」的仁義、「忍辱負重」的堅韌性格、獨到的長遠眼光。這給我們的啟示是：一個能夠「忍常人所不能忍，報常人所不能報之恩」的青年人，是一定會做出一番驚天動地的偉大事業的。以後的「明修棧道、暗度陳倉」、「背水為營，拔幟易幟」、「四面楚歌，十面埋伏」的經典戰役，在早年的瑣事中就已經顯示出了徵兆。因此，今人在研究韓信的熟諳兵法、用兵如神之際，應重視與其未得志時的瑣事密切聯繫。由此可見，人物瑣事在塑造人物方面有著獨特的作用，給讀者以豐富的啟迪。

陳平丞相傳記中也照樣少不了小故事的出現。

「及平長，可娶妻，富人莫肯與者，貧者平亦恥之……平既娶張氏女，資用益饒，遊道日廣。」

陳平為宰分社肉的故事，僅三十六字，全由對話組成。「里中社，平為宰，分肉食甚均。父老曰：『善，陳孺子之為宰！』平曰：『嗟乎，使平得宰天下，亦如是肉矣！』」（《陳丞相世家》）

我們由陳平娶妻之瑣事可以看出，陳平其實是張氏女的第六任丈夫，前五任都死於非命。放到我們今天，一般人也是不敢接受有剋夫之嫌的寡婦的。但陳平不在乎第五還是第六任，一者說明此人有無神論思想。一者說明他看中的是其家的豐厚的資產。陳平高人一等，胸懷豪邁，志向遠大。在娶妻問題上陳平「嫌貧愛富」的，這好似是道德汙點，但經濟基礎決定上層建築，而這正是陳平為了實現富達理想而做的必要的物質準備。「分社肉」，正面抒寫了陳平的抱負和懷才不遇的慨嘆，對話中父老的讚歎也反映了陳平的為人。對話具有故事性，使讀者如見其人。接下去他一步步穩步上升，最終成了大漢帝國的「丞相」，實現了「宰天下」的偉大目標。陳平一生多用奇謀，用計離間項羽君臣，瓦解了楚軍的凝聚力；採取聲東擊西之策，幫助劉邦滎陽突圍；與張良一道暗勸劉邦封韓信為王；高祖征討匈奴，他又用陰計巧解白城之圍……。他的一生真的可以說是**轟轟**烈烈了。

可見，司馬遷對陳平人物形象的刻畫，對陳平與眾不同的才智的展露，透過以上兩件瑣事便可「見微知著」地概括出來。

《史記》中的人物瑣事具有如下特徵：

一、典型性。人物瑣事往往具有典型性的特徵，能夠概括出該人物最具代表性的一面，也可以表現出人物的主要性格，或者隱喻了歷史人物的最終命運。《田單列傳》先敘田單家世，再敘田單之不被人重視，接著寫道：

及燕使樂毅伐破齊，齊湣王出奔，已而保莒城。燕師長驅平齊，而田單走安平，令其宗人盡斷其車軸末而傅鐵籠。已而燕軍攻安平，城壞，齊人走，爭塗，以折車敗，為燕所虜，唯田單宗人以鐵籠故得脫，東保即墨。燕既盡降齊城，唯獨莒、即墨不下。燕軍聞齊王在莒，並兵攻之。淖齒即殺湣王於莒，因堅守，距燕軍，數年不下。燕引兵東圍即墨，即墨大夫出與戰，敗死。城中相與推田單，曰：「安平之戰，田單宗人以鐵籠得全，習兵。」立以為將軍，以即墨距燕。

狹路相逢勇者勝，置之死地而後生。在逃亡的危急關頭，往往可見出人的聰明才智和非同尋常。田單「令其宗人盡斷其車軸末而傅鐵籠」之策，見出田單富有智謀、超出常人。而此策也使得他在國難之時揚名於世而得以為

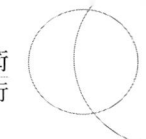

將軍，正是因為此次的牛刀小試，才有了後面奇謀的運用，在即墨之戰中以火牛陣而出奇制勝，最終一舉收復了七十餘座城池，光復了國家，自己也被封為安平君。

李廣的因私心而殺霸陵尉、以射為賭等等瑣事，體現出李廣心胸狹隘的性格，最終導致了李廣難封、引刀自剄的悲劇結局。

二、對比性。瑣事具有對比性，李廣對待霸陵尉和韓安國對待田甲的瑣事就構成了鮮明的對比，透過對比表現出了不同人物的不同性格。有關劉邦和項羽的瑣事也形成了奇妙的對比。「項王見秦宮室皆以燒殘破，又心懷思欲東歸，曰：『富貴不歸故鄉，如衣繡夜行，誰知之者！』說者曰：『人言楚人沐猴而冠耳，果然。』項王聞之，烹說者。」而劉邦一入關就與關中父老「約法三章」，並拒絕接受犒勞慰問，這樣「秦人喜」、「秦人大喜」、「人又益喜，惟恐沛公不為秦王」……透過這樣的對比，我們看到了項羽的剛愎自用、鼠目寸光、政治短視而又草菅人命的本性，這些都為其悲劇的結局埋下了伏筆，也注定了他最終失敗的命運。而劉邦則表現得極為老練，是一位典型的成熟政治家的形象。親民愛民，善於俘獲民心，得民心者得天下，楚漢之爭的結果也就不難知曉了。

在寫人物瑣事時，司馬遷還非常注意前後對照。《史記》中人物瑣事的前後照應，既讓人充分認識到人物形象的發展變化和人物傳記結構的完整，又更好地突出了人物的性格特徵。在《史記》中，同一人物在瑣事中表現出前後對比和照應，這在韓信身上表現得最為突出。韓信早期落魄江湖時忍辱胯下和受漂母之恩是最具代表性的兩件瑣事。隨著時間的推移，司馬遷沒忘記與前相互照應。「信至國，召所從食漂母，賜千金。及下鄉南昌亭長，賜百錢，曰：公，小人也，為德不卒。召辱己之少年令出胯下者以為楚中尉。告諸將相曰：『此壯士也。方辱我時，我寧不能殺之邪？殺之無名，故忍而就於此。』」韓信心胸寬廣，知恩圖報；而且還對忍胯下之辱的行為作了闡釋，告訴讀者當初作此選擇的原因。在韓信功成名就之後不僅不實施報復，而且還予以任用提拔，足以顯示出超出常人的寬廣度量。

三、傳奇性。《史記》中的人物瑣事因多為漫遊時從傳記人物的故鄉蒐集而來，故事往往有一定的現實性，又有了民間的誇張虛構性的加工，再加

之司馬遷本身就好「奇」，所以，《史記》中的歷史人物多帶有明顯的傳奇色彩。

初，田嬰有子四十餘人，其賤妾有子名文，文以五月五日生。嬰告其母曰：「勿舉也。」其母竊舉生之。及長，其母因兄弟而見其子文於田嬰。田嬰怒其母曰：「吾令若去此子，而敢生之，何也？」文頓首，因曰：「君所以不舉五月子者，何故？」嬰曰：「五月子者，長與戶齊，將不利其父母。」文曰：「人生受命於天乎？將受命於戶邪？」嬰默然。文曰：「必受命於天，君何憂焉？必受命於戶，則可高其戶耳，誰能至者！」嬰曰：「子休矣。」（《孟嘗君列傳》）

孟嘗君之父田嬰有子四十多人，而孟嘗君之母身分卑微，又因出生於五月，而被田嬰明確告知禁止養育，就是這樣一個命運多舛的孩子，最後卻被封為太子，實乃傳奇之事。看來，命運之說並不可信，也並不可靠。謀事在人，成事在天，後天的努力才可以決定一個人的成功與否。

《商君列傳》一開頭就寫了這樣的一則小故事：

商君者，衛之諸庶孽公子也，名鞅，姓公孫氏，其祖本姬姓也。鞅少好刑名之學，事魏相公叔座為中庶子。公叔座知其賢，未及進。會座病，魏惠王親往問病，曰：「公叔病有如不可諱，將奈社稷何？」公叔曰：「座之中庶子公孫鞅，年雖少，有奇才，願王舉國而聽之。」王嘿然。王且去，座屏人言曰：「王即不聽用鞅，必殺之，無令出境。」王許諾而去。公叔座召鞅謝曰：「今者王問可以為相者，我言若，王色不許我。我方先君後臣，因謂王即弗用鞅，當殺之。王許我。汝可疾去矣，且見禽。」鞅曰：「彼王不能用君之言任臣，又安能用君之言殺臣乎？」卒不去。惠王既去，而謂左右曰：「公叔病甚，悲乎，欲令寡人以國聽公孫鞅也，豈不悖哉！」

一國之君魏惠王拜訪病中的國相公孫座，此為一奇，由此可以看出其尊賢重賢的一面。君主交談中問及國相之接班人問題，更可看出公孫座的重要性，公孫座有感事情之重要，舉薦名不見經傳的公孫鞅，此又為一奇，俗話說「人之將死，其言也善」，主賢臣忠，國之幸事，魏惠王如若聽從國相之建議，這該多令人欣慰啊！但接下去故事一轉，司馬遷用了「王嘿然」，戳

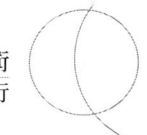

穿了魏惠王尊賢的假象，其不識人、不信人，更不用人，而且表現得也很沒有涵養。此為離奇一轉。繼之，公孫座明知魏惠王不會用鞅，與王悄悄話，勸說魏惠王殺之。這讓讀者一下子為商鞅揪緊了心弦，擔心起了商鞅的命運。而魏惠王離開以後，公孫座又把勸殺一事告訴了商鞅，卻又讓人把心放下來了。公孫座能識人，能薦人，且能愛才；對國君忠心耿耿，坦坦蕩蕩。此又一轉又一奇。而公孫鞅的回答，證明公孫鞅高之遠甚，「彼王不能用君之言任臣，又安能用君之言殺臣乎？」表面看來是為了突顯公孫座，而真實目的還是為了烘托公孫鞅。魏惠王回去之後對左右的感慨又進一步看出了國君的昏庸短視，缺乏政治策謀和遠見。透過這樣層層轉、層層奇的手法，讓讀者透過對比認清了三個人物。這也讓人明白了一個道理，認識一個人不容易，推薦一個人更不容易，而人才獲得重用更是難上加難。《史記》中的故事大多如此，都帶有一定的傳奇性，而傳奇性正是文學性的突出表現。

三、場面描寫，激動人心

　　事件發生的場合、人物表現的舞臺就是場面，現代文藝學上敘事文學作品中的場景與之近似。場面描寫，即對於人物活動場景的描寫，它是人物同人物在一定的時間和環境中相互發生關係而構成的生活畫面的集中描寫。場面是構成情節的基本要素，它截取的往往是生活中進行的橫斷面。場面描寫往往將正常的敘事時間拉慢，作者可以儘可能詳細地集中描寫人物的活動，許多場面描寫往往是情節發展的高潮，較詳細的成功的場景可以充分展現人物的性格、事件的進程或者人物最終命運的發展。只有把人物放在特定的環境場合下，才能展示出人物與環境、人物與人物之間、人物心靈內部的各種聯繫。

　　在《史記》之前的一些史書中也有場面的描寫，但其目的主要在敘事而非寫人。而在《史記》中，場面大量出現，而且許多場面既具有相對的獨立性，又是有連貫性和延續性的，能造成很好地渲染氣氛、發展故事、表達時間發展線索的作用。由於《史記》的紀傳體性質，所以《史記》中的場面重在描摹人物形象，表現人物主要性格，展現人物的內在心靈。

一個好的成功的場面往往矛盾衝突尖銳集中,而矛盾衝突越尖銳、越集中,就往往更能夠表現出人物的性格特徵。《史記》中典型的場面主要有:吳宮教戰、火牛奇陣、鉅鹿之戰、易水餞行、荊軻刺秦、鴻門宴、完璧歸趙、霸王別姬等等。

「易水餞行」:

太子及賓客知其事者,皆白衣冠以送之。至易水之上,既祖,取道,高漸離擊筑,荊軻和而歌,為變徵之聲,士皆垂淚涕泣。又前而為歌曰:「風蕭蕭兮易水寒,壯士一去兮不復還!」復為羽聲慷慨,士皆瞋目,發盡上指冠。於是荊軻就車而去,終已不顧。

暮秋時分,天地澄澈,秋色漸濃,風聲蕭瑟,落葉紛紛,衰草枯黃,易水漠漠。送行者皆白衣冠,皆以為荊軻此去定不復返,所以現場氣氛肅穆寂靜冷清襲人。這裡作者用寥寥幾句摹寫了送行者、前行者以及蕭瑟之秋景,其中重點刻畫了荊軻的坦然、悲壯。這個場面帶有濃濃的悽慘悲涼的氣氛。此時天地間唯荊軻之慷慨悲壯之歌,透過這樣的情景,透過荊軻的慷慨之歌,有力地刻畫出了荊軻的視死如歸、大義凜然的英雄氣概。這個場面描寫為突出荊軻的氣質、性格、乃至整個精神風貌造成了畫龍點睛的作用,同時也為故事高潮的到來做好了必要的鋪墊。

場面感人,感動了今人,也曾感動過古代大詩人陶淵明。陶詩《詠荊軻》云:

燕丹善養士,志在報強嬴。招集百夫良,歲暮得荊卿。君子死知己,提劍出燕京;素驥鳴廣陌,慷慨送我行。雄髮指危冠,猛氣充長纓。飲餞易水上,四座列群英。漸離擊悲筑,宋意唱高聲。蕭蕭哀風逝,淡淡寒波生。商音更流涕,羽奏壯士驚。心知去不歸,且有後世名。

詩歌主旨如題所言歌詠荊軻的豪氣和俠義,肯定了荊軻揚名後世的價值取向。詩歌字裡行間充溢著作者對荊軻的讚美和肯定之情,借荊軻表達了陶淵明自己建功立業、揚名後世的渴望,還流露出生不逢時的遺憾和無奈。此詩即以易水送別場面為描寫重點。

接下去有「荊軻刺秦」事:

第六章　《史記》的寫人藝術
第二節　人以事顯，事因人行

軻既取圖奏之，秦王發圖，圖窮而匕首見。因左手把秦王之袖，而右手持匕首揕之。未至身，秦王驚，自引而起，袖絕。拔劍，劍長，操其室。時惶急，劍堅，故不可立拔。荊軻逐秦王，秦王環柱而走。群臣皆愕，卒起不意，盡失其度。而秦法，群臣侍殿上者不得持尺寸之兵；諸郎中執兵皆陳殿下，非有詔召不得上。方急時，不及召下兵，以故荊軻乃逐秦王。而卒惶急，無以擊軻，而以手共搏之。是時侍醫夏無且以其所奉藥囊提荊軻也。秦王方環柱走，卒惶急，不知所為，左右乃曰：「王負劍！」負劍，遂拔以擊荊軻，斷其左股。荊軻廢，乃引其匕首以擿秦王，不中，中桐柱。秦王復擊軻，軻被八創。軻自知事不就，倚柱而笑，箕踞以罵曰：「事所以不成者，以欲生劫之，必得約契以報太子也。」於是左右既前殺軻，秦王不怡者良久。已而論功，賞群臣及當坐者各有差，而賜夏無且黃金二百溢，曰：

「無且愛我，乃以藥囊提荊軻也。」

荊軻取過地圖獻上，圖窮而匕首現。荊軻左手抓住秦王衣袖，右手拿匕首直刺。荊軻手持當時天下第一匕首品牌——徐夫人匕首，該匕首為太子丹花重金買到。這把匕首在鍛造時被放於劇毒的藥水中多次淬火！因此，毒性已滲入匕首，只要用它劃破秦王嬴政的一丁點兒皮膚，即可將其置於死地。見荊軻將匕首刺來，秦王抽身跳起，衣袖掙斷。秦王慌忙抽劍，劍長，只是抓住劍鞘。一時驚慌急迫，劍又套得很緊，所以不能立刻拔出。荊軻追趕秦王，秦王繞柱奔跑。大臣們呆若木雞。而秦法規定，殿上侍從大臣不允許攜帶任何兵器；各位侍衛武官也只能拿著武器都依序守衛在殿外，皇帝忙亂中，忘記發布命令。嬴政是驚慌失措，只能赤手空拳與荊軻搏擊。多虧侍醫夏無且用藥袋投擊荊軻，為嬴政贏得了寶貴的時間。侍從們的「王負劍」的提醒也造成了關鍵的作用。秦王把劍推到背後，拔出寶劍。一長劍，一短匕，利弊顯然。嬴政砍斷荊軻左腿。荊軻殘廢，就舉起他的匕首直接投刺秦王，沒有擊中，卻擊中了銅柱。秦王接連攻擊荊軻，荊軻多處受傷，自知大事不能成功，就倚在柱子上大笑，箕踞而坐，這在古代是一種極不禮貌的姿勢。

古人席地而坐。坐時，膝蓋著地，臀部坐在後腳跟上，雙手放於膝前。如果臀部坐在席上，雙膝在身前屈起，足底著地，雙手後撐；或者，雙膝平放，兩腿前伸分開，形如簸箕。這種姿態，古時，人們稱為箕踞、箕倨、箕股，

173

簡稱箕或踞。這種坐姿在古代日常生活中，是極不雅、最失禮、對人大不敬的坐相。《史記》記劉邦自己踞床（榻）接見酈食其。酈生見了不拜，僅作長揖，還直言批評劉邦。劉邦自覺有愧，趕忙站起，整理好衣裳，請酈生上坐。荊軻箕踞而坐，其實就是對秦王的一種侮辱。荊軻「倚柱而笑，箕踞以罵」，被秦王左右殺死。

荊軻行刺未能成功，原因是多方面的：一是欲活捉秦王，得約契報太子，在行動上有所顧慮因而錯失機會；二是劍術不精，一把淬過毒藥的匕首，只要能刺破一點就可以成功，但多次機會都喪失掉了；三是最重要的，就是沒有等到得力助手的到來，而貌似勇士的秦舞陽徒有其名，外強中乾，關鍵時刻掉了鏈子，引起了秦王的警覺，本來由兩人聯手完成的大事要單靠荊軻自己完成，這應該是荊軻最終沒能成功的主要原因。正因此，千年後的唐代大詩人李白在《結客少年場行》中說：「羞道易水寒，從令日貫虹。燕丹事不立，虛沒秦帝宮。舞陽死灰人，安可與成功。」號稱勇士的秦舞陽見了秦王竟然嚇得面如土灰，戰戰兢兢，在荊軻與秦王緊張周旋的生死時刻，如果秦武陽能夠出手，結果就一定會是另外一種樣子了。此時的秦武陽在哪裡，在幹啥？這值得我們深思。想與這樣的人合夥幹驚天之大事，怎麼能成功呢？

《史記》中的場面很多，而該場面可算得上《史記》中最有代表性的一個了。讀來扣人心弦，驚心動魄，激動人心，讓讀者與傳中人物同呼吸，共命運，心連心。透過「舞陽色變振恐」、「顧笑舞陽」的對比突出了荊軻的將生死置之度外的從容灑脫，藉「倚柱而笑，箕踞而罵」、「秦王環柱而走」的細節，把荊軻臨危不懼、鎮定自若、大義凜然、視死如歸的形象質感化地突現出來。我們應該歸功於《戰國策》，因《戰國策》有關的敘寫非常成功，司馬遷幾乎照搬過來。而「霸王別姬」的場面則是司馬遷的原創。

項王軍壁垓下，兵少食盡，漢軍及諸侯兵圍之數重。夜聞漢軍四面皆楚歌，項王乃大驚曰：「漢皆已得楚乎？是何楚人之多也！」項王則夜起，飲帳中。有美人名虞，常幸從；駿馬名騅，常騎之。於是項王乃悲歌慷慨，自為詩曰：「力拔山兮氣蓋世，時不利兮騅不逝。騅不逝兮可奈何，虞兮虞兮奈若何！」歌數闋，美人和之。項王泣數行下，左右皆泣，莫能仰視。

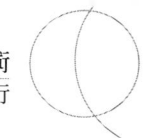

項羽英雄一世，劍指八方，烏騅馳騁，風雲叱吒，最後卻走到了窮途末路的境地。這個場面活靈活現地表現出了蓋世英雄的複雜矛盾心理。英雄有萬語千言，卻脈脈此情誰訴，其間有對往日的功成名就的感懷，對兒女情長的眷戀，更有對眼下以及不遠的未來的惆悵。在歌中，除了壯士偏提當年勇的唏噓慨嘆外，更多的是對於自己的「私有財產」——駿馬和美人難以處置的矛盾和難言的痛苦，駿馬屬自己的愛物，美女是自己的愛人，在當時條件下，不管是物還是人，但都被看做是男人的私有財產，霸業已經不復存在，失敗在所難免，死亡並不可怕，大概可怕的是對於身後之事的深深擔憂和顧慮吧。

如果死後，為己所有的駿馬和愛人被敵人所占有、所享用，如若在天有靈，這綠帽子戴起來也必定不會舒服，一旦想起這些，項羽就將會痛不欲生、死不瞑目。正因此，所以以後有關「霸王別姬」的素材，無論是在戲劇、電影、電視，還是歌曲中，都是以虞姬自殺而告終，看來虞姬讀懂了這首歌，以後的創作者讀懂了這首歌，我們今天的研究者也明白了項羽蘊含其中的自私而又真實的想法。如此複雜的感情和心理透過一個場面真實而深刻地表現了出來，在感慨項羽「風雲氣短，兒女情長」的同時，也不能不佩服司馬先生的高超文學造詣了。

四、細節描寫，見微知著

章學誠曾經說：「陳平佐漢，志見社肉；李斯亡秦，兆端廁鼠。推微知著固相士之玄機；搜間傳神，亦文家之妙用也。」陳平輔佐漢朝的偉大志向，從分社肉中可以看出來；李斯因私利而滅亡秦朝，從見廁中老鼠生嘆就已有徵兆。由隱微之事可以推知未來本來是相士的神機，由細節瑣事見出人物的個性風神也是文史學家的神妙手筆的應用。這裡引的例子可以看做是故事，也可看做是細節。章氏所敘即可理解為細節描寫的作用。

細節描寫指的是敘事文學作品對於人物的語言、動作、服飾以及內心的微妙活動或有關事物的細微之處進行的具體細緻的描寫。在敘事文學中，細節的有無往往成為評判文學作品成功與否的標誌。細節描寫是構成故事的重

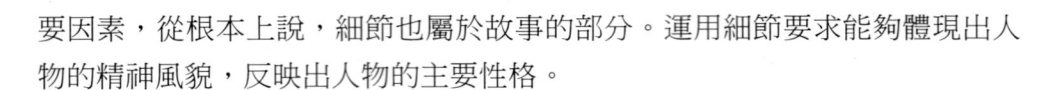

要因素，從根本上說，細節也屬於故事的部分。運用細節要求能夠體現出人物的精神風貌，反映出人物的主要性格。

如對於劉邦的描繪就運用了大量細節。劉邦從漢中殺回來，收復了關中。再向東打到洛陽的時候，文章說：「至洛陽，新城三老董公遮說漢王以義帝死敵，漢王聞之，袒而大哭，遂為義帝發喪，臨三日。」項羽除掉義帝，劉邦的心裡樂開了花，因為這為劉邦成就帝業掃除了障礙；但有人遊說後，馬上意識到這是個可以利用的絕佳機會，於是「袒而大哭」，「為義帝發喪」，傷心是假，收買民心是真。由此一個小小的細節就活畫出劉邦善於表演、深有城府的個性。

其他如「鴻門宴」中的細節，曹無傷提供的情報非常寶貴，可以讓項羽知悉劉邦的真實想法和做法。「距關，毋內諸侯，秦地可盡王也」的打算非常機密，甚至連張良這樣的重要謀士都無從知道，由此可見，如果能夠保留這樣的線人對項羽而言無疑意義重大。劉邦極為納悶，如此隱祕之計如何讓項羽知道了，這個人就如安插在自己身旁的一枚定時炸彈，不知何時就會爆炸，這讓劉邦很是鬱悶。於是在鴻門宴上低眉順眼地說了這樣一段話。

沛公旦日從百餘騎來見項王，至鴻門，謝曰：「臣與將軍戮力而攻秦，將軍戰河北，臣戰河南，然不自意能先入關破秦，得復見將軍於此。今者有小人之言，令將軍與臣有郤……」

項羽吃軟不吃硬，見比自己大老多的劉邦親自做深刻的自我批評，馬上感覺非常受用，而且還不好意思起來，「此沛公左司馬曹無傷言之。不然，籍何以至此？」一兩句話輕易地把一個至關重要的人物給「供」了出來，讓人不禁唏噓感嘆。項羽啊，項羽，你豈不是過於幼稚了嗎？而劉邦對此如獲至寶，不自意能挖出潛伏在自己身邊的心腹大患。於是「沛公至軍，立誅殺曹無傷」。司馬遷透過二人對待曹無傷的不同態度的細節描寫把劉邦和項羽給寫活了。項羽有重要的線人而不知用，反而將其出賣陷害了。劉邦處也有重要的心腹之人，這就是所謂的「鯫生」，此人為劉邦出謀劃策，但卻不懂形勢，劉邦被虛空的「約定」和先入關受降的勝利沖昏了頭腦，他沒有想一想，勝利是怎麼來的？如果沒有項羽的出生入死的鉅鹿之戰的勝利，哪裡有他入關進咸陽的暢通無阻？「鯫生」並不高明，但就是如此之人，劉邦還是

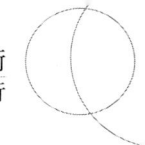

非常注意為其保密。「張良曰：『誰為大王為此計者？』曰：『鯫生說我曰「距關，毋內諸侯，秦地可盡王也」。故聽之。』」劉邦對待「鯫生」的細節與項羽對待曹無傷的細節對比鮮明。此一細節已見出二人最後結局之端倪。接下來還是大量成功細節的描寫：

沛公已去，間至軍中。張良入謝，曰：「沛公不勝桮杓，不能辭。謹使臣良奉白璧一雙，再拜獻大王足下，玉斗一雙，再拜奉大將軍足下。」項王曰：「沛公安在？」良曰：「聞大王有意督過之，脫身獨去，已至軍矣。」項王則受璧，置之坐上。亞父受玉斗，置之地，拔劍撞而破之，曰：「唉！豎子不足與謀！奪項王天下者必沛公也。吾屬今為之虜矣！」

由以上細節可以非常清楚地看出具體人物的具體性格，項羽的粗魯，勇武，率直簡單，光明磊落，但又獨斷專行，剛愎自用。劉邦自私細心，虛偽奸詐，但又從善如流，轉益多師。

對於劉邦的自私，學者所述不多。但實際上僅僅在「鴻門宴」一節中，就有不少細節述及劉邦的極端自私的特性。「乃令張良留謝」、「脫身獨騎，樊噲等四人持劍盾步走」，當時的形勢對劉邦而言非常危險。項羽剛剛取得了鉅鹿之戰的勝利，士氣正盛，兩軍實力對比懸殊並且相距相當近。關於這一點，在後面提到，也可以說是補敘。「當是時，項王軍在鴻門下，沛公軍在霸上，相去四十里。」（《項羽本紀》）留下張良是不至於讓項羽起疑心，讓四人步走是防止萬一項羽派人來追殺時能夠做自己的保護傘，為自己的逃命贏得寶貴的時間。這些例子都明白無誤地告訴我們，劉邦只顧自身安全，哪管別人死活，劉邦是以自我為中心的絕對自私主義者。

其他如張良、范增、樊噲、項伯等人，司馬遷都透過細節性的語言、行動將人物個性刻畫得鮮明突出。這些人物透過簡單的一個或幾個細節就寫得面目活現，神情畢露，栩栩如生。正如日本近代學者齋藤正謙所說：「讀一部《史記》，如直接當時人，親睹其事，親聞其語，使人乍喜乍愕，乍懼乍泣，不能自止。」給人留下了難以磨滅的深刻印象。

第三節　對比烘托，情性盡顯

　　對比和烘托是兩種具有相似性的修辭手法。對比又叫對照，是把兩種不同事物或兩個、兩類不同的人物或者同一個事物、同一個人的兩個方面，放在一起相互比較。映襯又叫烘托，是把兩個相對或相反的人、物，或者同一人、物的兩個方面放在一起，讓他們相互襯托，相得益彰。映襯分為正襯和反襯。烘托又稱烘雲托月之法，原來是美術術語，指的是用水墨或淡彩在物象的外輪廓渲染襯托，使其明顯突出。側面烘托，就是透過其他風景、人物或事件的敘述描寫，來渲染氣氛，烘托主要人物、情感或事物。「山之精神寫不出，以煙霞寫之；春之精神寫不出，以草樹寫之。」有這麼一個秀才寫過一首詩，可以稱得上是烘托的經典例子了，「天下文章屬三江，三江文章在吾鄉。吾鄉文章屬吾弟，吾弟向我學文章。」此詩的主要目的是為了誇讚自己文采斐然，天下第一。全詩四句，有三句半似都與己無關，而實際上句句遞進，最後推出最大的主角——「我」。從本質上來說，映襯和烘托有一致性。關於對比和烘托的主要區別在於，黃伯榮、廖序東主編的《現代漢語》認為：「襯托有主次之分，陪襯事物是說明被陪襯事物的；是用來突出被陪襯事物的。對比表明是對立現象的，兩種對立的事物並無主次之分，而是相互依存的。因此，不可把這兩種修辭混為一談。」

　　在《史記》中，這兩種手法用得非常之多，尤其是對比手法，不僅僅是用在一篇之中，而且體現在多篇乃至全書之中；有時還不僅僅是兩相對比，而是複雜對比。對比手法是司馬遷運用得最多、最成功的人物塑造方法之一。

　　《廉頗藺相如列傳》中在廉頗、藺相如二人的對比的敘述描寫中勾畫出了趙國戲劇性的風雲變化。

　　汲黯是武帝朝中名聞遐邇的第一流人物。他為人倨傲，忠直敢諫，從不阿附權貴，逢迎主上，深獲時人敬畏，連漢武帝都要敬他三分。「大將軍青侍中，上踞廁而視之。丞相弘燕見，上或時不冠。至如黯見，上不冠不見也。上嘗坐武帳中，黯前奏事，上不冠，望見黯，避帳中，使人可其奏。其見敬禮如此。」(《汲鄭列傳》)聲名赫赫的大將軍衛青曾被皇上蹲在廁所內接見，讓人好不尷尬（另解，廁通側。踞床接見衛青）。而貴為丞相的公孫弘求見，

第六章　《史記》的寫人藝術
第三節　對比烘托，情性盡顯

皇上也不甚禮之，有時連帽子也不戴。而汲黯進見時，皇上一定是莊重接待。以至於因皇上沒穿戴整齊而慌忙躲避之，派近侍代為批准他的奏議。連司馬遷都要感慨汲黯被皇上尊敬禮遇的程度了。將武帝對待衛青、公孫弘和汲黯的不同放在一起加以比較，就見出汲黯的非同尋常了。

在《李將軍列傳》中，司馬遷採用多角度，多層次的對比方法，描繪出了飛將軍李廣的鮮明形象。與匈奴射鵰者對比，突出李廣的高超射技；與名將程不識對比，突出李廣治軍的簡易；與李蔡對比，突出李廣的懷才不遇；與衛青、霍去病對比，突出李廣的遭遇不幸和仁愛士卒。

《項羽本紀》中對比手法運用得更是比中有比，淋漓盡致，遍地開花。對比存在於方方面面，有雙方力量的對比，有形勢的對比，兩大集團之間主帥形成了鮮明對比；主帥在對待謀士、大將、「特務」的不同態度上反映了二人的年齡、閱歷、人品、性格等的不同。此外，謀士、大將本身也構成了對比。而且比中有比，在劉邦和項羽鮮明的對比中，又加入了樊噲與項羽，樊噲與項莊的對比。透過多層面的對比，突出了樊噲的「智」勇，更由此帶出張良和劉邦的有備而來，更見出劉邦集團的富於智謀和團結、劉邦的善於識人和用人來。

在《酷吏列傳》中的張湯、杜周、王溫舒都是酷吏，司馬遷似乎是在有意無意中將他們做了對比。他們三人都是漢武帝時代的酷吏的典型代表，一個比一個兇狠，一個比一個殘暴。

張湯「治陳皇后蠱獄，深竟黨與」，投武帝之所好，舉一反三，肆意擴大偵辦範圍。張湯「與趙禹共定諸律令，務在深文，拘守職之吏」，制定各種法律條文，務求苛刻嚴峻。「湯（決獄）鄉上意所便」，判案專看武帝眼色行事。「其欲薦吏，揚人之善蔽人之過如此。所治即上意所欲罪，予監史深禍者；即上意所欲釋，與監史輕平者。」張湯推薦官吏，盡其所能地揚人之長蔽人之短。處理案件唯上馬首是瞻，阿附帝意，皇上想要加罪的，他就執法嚴酷；皇上想寬恕的，他就寬鬆執法。

王溫舒「擇郡中豪敢任吏十餘人，以為爪牙，皆把其陰重罪，而縱使督盜賊。快其意所欲得，此人雖有百罪，弗法，即有避，因其事夷之，亦滅宗」。

179

擇郡中猛豪勇敢之士當屬官，以之為爪牙幫兇，由於握住了他們的把柄，所以能夠唯命是從，辦案異常賣力。在督捕盜賊時，如果誰捕獲盜賊使王溫舒很滿意，此人雖然有百種罪惡也不加懲治；若是有所迴避，就依據他過去所犯的罪行殺死他，甚至滅其家族。法是什麼？在王溫舒的眼裡，自己說了算就是法。

「素居廣平時，皆知河內豪奸之家，及往，九月而至。令郡縣私馬五十匹，為驛自河內至長安，部吏如居廣平時方略，捕郡中豪猾，郡中豪猾相連坐千餘家。上書請，大者至族，小者乃死，家盡沒入償臧。奏行不過二三日，得可事。論報，至流血十餘里。河內皆怪其奏，以為神速。盡十二月，郡中毋聲，毋敢夜行，野無犬吠之盜。其頗不得，失之旁郡國，黎來，會春，溫舒頓足嘆曰：『嗟乎，令冬月益展一月，足吾事矣！』其好殺伐行威不愛人如此。」王溫舒極喜歡殺人，殺人喜歡從速，嫌公家的驛道過慢，竟然私設驛道，因此「皆怪其神速」，判案「大者至族，小者乃死」，因此「流血十餘里」，在冬月來臨不能殺人時，竟然頓足哀嘆，非常難過，司馬遷極為感慨地說：「其好殺伐行威不愛人如此。」言外之意是，漢武帝竟然重用了這樣的官員，這還是人嗎？

「溫舒為人諂，善事有勢者，即無勢者，視之如奴。有勢家，雖有奸如山，弗犯；無勢者，貴戚必侵辱。舞文巧詆下戶之猾，以焄大豪。其治中尉如此。奸猾窮治，大抵盡靡爛獄中，行論無出者。其爪牙吏虎而冠。」如果說張湯還有可取之處的話，那麼王溫舒就是徹頭徹尾的滅絕人性之徒了。王溫舒為人諂媚，欺軟怕硬，善於巴結有權勢的人，若是沒有權勢的人，他對待他們就像對待奴僕一樣。有權勢的人家，雖然奸邪之事堆積如山，他也不去觸犯。無權勢的，就是高貴的皇親，他也一定要欺侮。他玩弄法令條文巧言詆毀奸猾的平民，而威迫大的豪強。他當中尉時就這樣處理政事，對於奸猾之民，必定窮究其罪，大多都被打得皮開肉綻，爛死獄中，判決有罪的，沒有一個人走出獄中。「吏虎而冠」，不是披著羊皮的狼，而是戴著帽子的猛虎，怵目驚心，嘆為觀止。

杜周與王溫舒比更是有過之而無不及，「上所欲擠者，因而陷之；上所欲釋者，久繫待問而微見其冤狀。」門客中有人責備杜周說：「為皇上公平

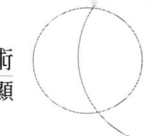

第六章　《史記》的寫人藝術
第三節　對比烘托，情性盡顯

斷案，不遵循五尺法律，卻專以皇上的意旨來斷案。法官本來應當這樣嗎？」杜周說：「三尺法律是怎樣產生的？從前的國君認為對的就寫成法律，後來的國君認為對的就記載為法令。適合當時的情況就是正確的，何必要遵循古代法律呢？」

「至周為廷尉，詔獄亦益多矣。二千石繫者新故相因，不減百餘人。郡吏大府舉之廷尉，一歲至千餘章。章大者連逮證案數百，小者數十人；遠者數千，近者數百里。會獄，吏因責如章告劾，不服，以笞掠定之。於是聞有逮皆亡匿。獄久者至更數赦十有餘歲而相告言，大抵盡詆以不道以上。廷尉及中都官詔獄逮至六七萬人，吏所增加十萬餘人……其治暴酷皆甚於王溫舒等矣。」做了廷尉的杜周，日理萬機，二千石一級的官員被拘捕的新舊相連，不少於一百人。郡國官員和上級官府送交的案件，一年中多達一千多個。每個奏章所舉報的案子，大的要逮捕有關證人數百人，小的也要逮捕數十人；這些人，遠的幾千里，近的數百里。案犯被押到京師會審時，官吏就要求犯人像奏章上說的那樣來招供，如不服，就用刑具拷打定案。於是人們聽到逮捕人的消息，都逃跑和藏匿起來。案件拖得久的，甚至經過幾次赦免，十多年後還會被告發，大多數都以大逆不道以上的罪名加以誣陷。廷尉及中都官奉詔辦案所逮捕的人多達六、七萬，屬官所捕又要增加十多萬。……一人犯罪，株連數十人，甚至數百人，其嚴酷程度與暴秦相比毫不遜色了。司馬遷認為他治理政事殘暴酷烈程度遠遠超過了王溫舒。

酷吏真是名不虛傳，一個比一個冷酷，一個比一個無情。如此酷吏，滅絕人性，視人如物，該黜之、廢之、殺之、族之，而漢武帝是如何對待自己的這些臣子的呢？

天子對張湯寵愛有加：「於是上以為能，稍遷至太中大夫。」「湯每朝奏事，語國家用，日晏，天子忘食。丞相取充位，天下事皆決於湯。百姓不安其生，騷動。」「於是湯益尊任，遷為御史。」「大夫湯嘗病，天子至自視病，其隆貴如此。」對王溫舒同樣是接連提拔：「上聞，遷為河內太守。」「天子聞之，以為能，遷為中尉。」對杜周，「天子以為盡力無私，遷為御史大夫。」

有了皇帝的恩寵，他們應該擁有幸福自如的晚年了，但其實不然，他們的結局是：張湯被人誣陷而自殺。因張湯事還殺死了三位長史。王溫舒被人控告，罪至族，自殺。其時兩弟及兩婚家亦各自坐他罪而族。時人徐自為曰：「悲夫，夫古有三族，而王溫舒罪至同時而五族乎！」而其中最為酷烈的杜周卻能安享晚年，子孫榮耀。可見「上有好之，下必有甚焉」的道理。臣子如此嗜殺，原來是有主子做表率呢！

對待酷吏，司馬遷都沒有多少好感，但史家的真實客觀的要求又做到了具體情況具體分析，對不同人物能夠區別對待。酷吏產生的時代不同，其表現也不一樣。應該說，時代越晚，表現越差，大有每況愈下之勢。在最後的家產比較中可以看出他們的三位酷吏，死後家產的不同：

「湯死，家產直不過五百金，皆所得奉賜，無他業。」

「溫舒死，家直累千金。」

「杜周初征為廷史，有一馬，且不全；及身久任事，至三公列，子孫尊官，家貲累數巨萬矣。」

做事相對嚴謹、為政清廉的卻以自殺、被處死而告終，而曲阿主上、殘害無辜、聚斂財富的卻能享盡天年、富甲一方、福蔭子孫。

上述酷吏的所作所為有的已讓人為之髮指，但司馬遷在傳後的「太史公曰」裡卻做了進一步補充，矬子裡面選將軍，這些酷吏還算是好的，「然此十人中，其廉者足以為儀表，其汙者足以為戒，方略教導，禁奸止邪，一切亦皆彬彬，質有其文武焉。雖慘酷，斯稱其位矣。」京師此等官員頗受重視，全國群起效仿，漢武盛世成了一個名副其實的酷吏時代。比之有過之而無不及者更是數不勝數，「至若蜀守馮當暴挫，廣漢李貞擅磔人，東郡彌僕鋸項，天水駱璧推鹹（當作「椎成」，「椎擊之以成獄」，王念孫語），河東褚廣妄殺，京兆無忌、馮翊殷周蝮鷙。水衡閻奉樸擊賣請，何足數哉！何足數哉！」馮當殘暴對人任意摧殘，李貞擅自肢解人，彌僕鋸斷人的脖子，駱璧錘擊人……在酷吏們的眼裡，人不成其為人，種種刑訊逼供手段，無所不用其極，簡直是駭人聽聞，匪夷所思，最後司馬氏用「何足數哉！何足數哉」的重複表達了心中無盡的感慨。這就是所謂漢武盛世的真實狀況，清明的政治往往看起

來很美,歷史是要用心去讀才可能知道真相的。正史跟現實生活中「好事不出門,壞事行千里」的現狀是恰恰相反的,一向太平清明的政治竟然是這個樣子,自司馬遷後,《史記》一直存在,讀《史記》者多矣,但好像對這真實的歷史知道的人好像還不是很多,原因何在,值得深思。

　　《刺客列傳》中的一段,荊軻和秦舞陽的對比。秦舞陽年十三,殺人,人不能忤視。這樣的人見到嬴政後竟然「色變振恐」,因為在秦舞陽看來,荊軻刺殺嬴政必死無疑,秦舞陽殺過人,但並未將生死置之度外,只是「軟的欺,硬的怕」、吃柿子專撿軟的捏的一類,此時的秦舞陽還不想死,因此怯懦而變色。然而荊軻卻談笑自若,處於秦庭不慌不忙、遊刃有餘。「顧笑舞陽,前謝曰:『北蕃蠻夷之鄙人,未嘗見天子,故震懾。』」可能正是由於秦舞陽的反常變化,才使得嬴政有了戒備之心。最終,荊軻大事難成,千古落寞。這樣的對比有力地表現出荊軻的大義凜然和視死如歸的英雄氣概。

　　烘托手法在《史記》中也較多見,最經典的例子當屬鉅鹿之戰了。

　　「項羽已殺卿子冠軍,威震楚國,名聞諸侯。乃遣當陽君、蒲將軍將卒二萬渡河,救鉅鹿。戰少利,陳餘復請兵。項羽乃悉引兵渡河,皆沉船,破釜甑,燒廬舍,持三日糧,以示士卒必死,無一還心。於是至則圍王離,與秦軍遇,九戰,絕其甬道,大破之,殺蘇角,虜王離。涉閒不降楚,自燒殺。當是時,楚兵冠諸侯。諸侯軍救鉅鹿下者十餘壁,莫敢縱兵。及楚擊秦,諸將皆從壁上觀。楚戰士無不一以當十,楚兵呼聲動天,諸侯軍無不人人慴恐。於是已破秦軍,項羽召見諸侯將,入轅門,無不膝行而前,莫敢仰視。項羽由是始為諸侯上將軍,諸侯皆屬焉。」

　　司馬遷正面描寫了項羽率領楚軍英勇作戰外,用諸侯軍的怯懦和觀戰的震恐,烘托項羽的神勇和英雄氣概。此所謂「烘雲托月」之法。

　　「易水餞行」的場面正是烘托手法的運用。透過秋色的描繪,送行者的穿戴,渲染了悲壯的氛圍,烘托出了荊軻的視死如歸、大義凜然。

第四節　心理刻畫，展現心靈

關於歷史人物的心理刻畫問題，本來作為一位著史者，是難以寫出其心理的，除非他能透過時空隧道在古代和當代之間自由穿梭，像具有特異功能的如來、基督、真主、天老爺一樣可以洞曉世間人物的喜怒哀樂和所思所想所感。但從敘事學的角度來看，敘事者本身就是一無所不在、無所不知的全知全能的上帝。歷史人物的心理刻畫實際上是作者發揮豐富的想像而進行的合情合理的虛構和加工。所以正如錢鍾書先生所云：「此類語皆如見骨而想生象，古史記言，太半出於想當然。馬善捨身處地、代作喉舌而已。」心理描寫的作用是非常明顯的，人物心理的刻畫是表現人物性格的重要手段，透過人物心理的真實描寫，可以更好地塑造活靈活現的人物形象。《史記》非常重視歷史人物的心理描寫，在《史記》中，司馬遷對一些重要人物的心理活動都能精心描繪，而且方法多樣。

其一，讓人物自白或即興作歌表白心跡

讓人物自白表白心跡就是為歷史人物安排一些言詞，讓人物現身說法，透過其自言自語來表現其心理活動。最突出的例子當是《李斯列傳》中的李斯五次「人生之嘆」。

首先是「見鼠之嘆」—「（李斯）年少時為郡小吏，見吏舍廁中鼠食不潔，近人犬，數驚恐之。斯入倉，觀倉中鼠食積粟，居大廡之下，不見人犬之憂。於是李斯乃嘆曰：『人之賢不肖，譬如鼠矣，在所自處耳！』乃從荀卿學帝王之術。」（於是李斯就慨然嘆息道：「一個人有出息還是沒出息，就如同老鼠一樣，是由自己所處的環境決定的。」）

他看到了廁所中的老鼠和糧倉中的老鼠，同為鼠類但境遇截然不同，有如天壤之別。由此認識到人也同老鼠一樣，有出息與沒出息，是由所處的環境決定的，意思也就是說，爬上高位的自然有出息，淪落下層的自然沒本領，表現了李斯傾慕富貴榮華的心理。單純從史學角度來看，這種細瑣小事是毫無價值的。但從文學角度來看，卻非常具體而深刻地揭示了李斯的性格特徵、人生追求。

第六章　《史記》的寫人藝術
第四節　心理刻畫，展現心靈

於是李斯發出了慨嘆——「故詬莫大於卑賤，而悲莫甚於窮困」，意思是最大的恥辱莫過於卑賤，最大的悲哀莫過於貧窮。李斯這裡追求利祿的心態暴露無遺，於是毅然決然辭去地方「公務員」之職，「乃從荀卿學帝王之術。」而這種追求也決定了他悲劇性的一生。所以葉玉麟說：「斯平生得喪，在入倉觀鼠一段，全罩通篇。」這告訴我們，李斯把追求利祿看做是人生最重要的東西。當然，與之相聯繫，也說明其內心有非凡的抱負和追求。

對於李斯的有關貧窮和富貴的觀點，我們要正確認識。一個人的出身，我們無法左右。其實，出身的貧窮還是富貴，我們自己無法左右，不能選擇，都是由「上天」所決定的，而自己未來的富貴或貧窮，卻可以由自己決定。我們能夠生下來是我們的幸運，能夠健康地活著就是我們的幸福。貧窮不是自己的罪過，但甘於卑賤卻是人生之大錯，也是成功之大敵。所以我們萬不能因為貧窮而自卑，為了改變自己的命運和家庭的命運，就要奮起直追，努力向上。因為今日之貧窮不代表著未來也會貧窮，今天之富貴不意味著以後仍能富貴。一個人的命運歸根結底還是掌握在自己手裡，想要什麼樣的未來，就需要付出什麼樣的努力。謀事在人，事在人為；千里之行，始於足下。但我們千萬要記住，追求富貴沒有錯，關鍵是要合理合情合法的追求。否則，你越成功，財富越多，最後的失敗就越慘重。所以我們應該把李斯作為一個反面教材，一個人富有才能，這是每個人都希冀的，但是人品是更重要的，如果沒有了人品，甘願不要才能，因為沒有才能，還可能擁有健康自然的人生。

其次為「貴為丞相之嘆」——「嗟乎！吾聞之荀卿曰：物禁太盛，當今人臣之位無居臣上者，可謂富貴極矣。物極則衰，吾未知所稅駕也。」荀卿「物禁太盛」的意思是物禁於太盛，「事情不要搞得過了頭」，萬事過猶不及。李斯自以為原為平民百姓，今日富貴榮華到了極點。「物極則衰」，李斯不知道「稅駕」於何方啊！稅駕猶言解駕，停車。指休息或歸宿。宦海沉浮，難以預料，李斯對封建社會統治集團中的風雲變幻不是不清楚，但他沒有做到知足常樂、急流勇退，因為他把對利祿享受的追求看得比什麼都重要，絕不會輕易放棄。正如李斯所言，「物極則衰」，一場大的變故即將發生。所以凌約言說：「此處與觀鼠、臨刑二處，暗相首尾。」

再次為「篡改遺詔之嘆」—秦始皇二十七年（前210），始皇在沙丘（今河北平鄉東北）病死，遺詔命公子扶蘇回咸陽奔喪。而趙高扣留詔書，想立胡亥為皇帝，以便自己篡權。但這必須經過時任丞相的李斯的同意，陰謀才可能得逞。因此，趙高施展全部本領，用威脅利誘、軟硬兼施的手段勸說李斯。李斯開始斥之為「亡國之言」，繼之，責令曰：「君反其位！」接著，勸說：「君其勿復言，將令斯得罪。」然後告誡道：「斯其猶人哉，安足為謀！」李斯的情緒由盛怒到漸漸平靜，語氣由嚴厲到溫和，心理變化的軌跡清晰可見。趙高最後說：「君聽臣之計，即長有封侯，世世稱孤，必有喬松之壽，孔、墨之智。令釋此而不從，禍及子孫，足以為寒心。善者因禍為福，君何處焉？」貴賤窮通，全在「自處」，而這正是李斯自己的理論，趙高用它徹底擊垮了李斯，李斯仰天長嘆，垂淚太息道：「嗟乎！獨遭亂世，既以不能死，安托命哉！」至此，李斯已完全喪失原則而屈服於利祿了。李斯和趙高，作為關乎秦朝興亡命運的重要大臣，司馬遷對趙高是厭惡的，對李斯也談不上有什麼好感。吳見思說：「李斯奸雄，趙高亦奸雄也。兩奸相對，正如兩虎相爭，一往一來，一進一退，默默相照。」

又次為「具五刑之嘆」——李斯上書言趙高之短，反為趙誣下獄。居囹圄中，仰天而嘆曰：「嗟乎，悲夫！不道之君，何可為計哉？昔者桀殺關龍逄，紂殺王子比干，吳王夫差殺伍子胥。此三臣者，豈不忠哉？然而不免於死，身死而所忠者非也。今吾知不及三子，而二世之無道過於桀、紂、夫差，吾以忠死，宜矣。……吾必見寇至咸陽，麋鹿游於朝也。」

李斯在第四嘆時提到了三位忠臣，關龍逄、比干和伍子胥。關龍逄是夏桀時大臣，因忠諫被桀殺害（《夏本紀》）。比干為殷商貴族商王太丁之子，名干，因商末帝紂王暴虐荒淫，橫徵暴斂，比干嘆曰：「主過不諫非忠也，畏死不言非勇也，過則諫不用則死，忠之至也。」遂至摘星樓強諫三日不去。紂問何以自恃，比干曰：「恃善行仁義所以自恃。」紂怒曰：「吾聞聖人心有七竅，信有諸乎？」遂殺比干剖視其心，終年63歲（《商本紀》）。伍子胥本為楚國人，因遭人陷害，父、兄為楚平王殺害，被迫出逃吳國。伍子胥發誓必傾覆楚國以報殺親之仇。入吳後，助公子光刺殺吳王僚，奪取王位，得以重用，與謀國政；後輔佐吳王闔閭修法任賢，又舉薦孫武為將，使吳成

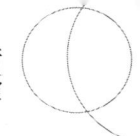

第六章 《史記》的寫人藝術
第四節 心理刻畫，展現心靈

為東南強國。經過周密的準備，最終與孫武等佐闔閭統領大軍擊敗楚軍，長驅攻入楚都郢，終成破楚之功，卒報殺父兄之仇。闔閭死後，繼事吳王夫差。在吳、越夫椒之戰，越慘敗後，欲允越求和之時，伍子胥預見到兩國不能共存，又洞察越王句（勾）踐圖謀東山再起之心，力諫不可養癰遺患，而應乘勢滅越。夫差不納，坐視越國自大。伍子胥知夫差昧於大勢而不可諫，吳國必為越國所破滅，為避禍而托子於齊國鮑氏，反遭太宰伯嚭誣陷，被逼自殺。死後僅十年，越滅吳，終應其言。（《伍子胥列傳》）

透過與這三位忠臣比較就不難發現，李斯的權力超過了他們，李斯的聰明智慧其實也超過了他們，但是論忠誠度與原則性，卻遠遜之。三人愛國如家，無限真誠，直至最後都獻出了自己的生命。對李斯而言，利祿享受是第一位的，權力是第一位的，國家是次要的，自信只要擁有權力就擁有一切，於是他一次次地喪失了原則，最終不可避免地墮入了萬劫不復的無底深淵。

秦二世二年七月，具斯五刑，論腰斬咸陽市。斯出獄，與其中子俱執，顧謂其中子曰：「吾欲與若復牽黃犬，俱出上蔡東門逐狡兔，豈可得乎？」遂父子相哭。而夷三族。從丞相之尊到被夷滅三族，實屬可憐可悲可嘆。那麼李斯到最後究竟後悔了沒有呢？後悔應該是肯定的，肯定連腸子都悔青了。人往往在失去的時候，才知道自己真正要的是什麼。但知道的時候已經晚了，世上畢竟沒有賣後悔藥的。其臨終遺言是說自己不該做官呢，還是說應該及時引退呢？也許兼而有之吧。這恐怕只有李斯自己曉得了。

此處雖沒有「嘆」字，但為「不嘆」之「嘆」，且此處之「嘆」更哀更痛更甚。對於這「人生五嘆」，李景星說：「行文以五嘆為筋節，『於是李斯乃嘆人之賢不肖』云云，是其未遇時而嘆不得富貴也；『李斯喟然而嘆曰嗟乎』云云，是其志滿時而嘆物極將衰也；『斯乃仰天而嘆，垂涙太息曰』云云，是已墮趙高計中不能自主而嘆也；『仰天而嘆曰嗟乎悲夫』云云，是已居囹圄而不能自主而嘆也；『顧謂其中子曰』云云，是臨死時無可奈何以不嘆為嘆也。」這人生五嘆有明嘆，有暗嘆，但都圍繞著自身的利益而發，一直到死都沒有離開利祿和自身的享受。孔子說：「鄙夫可與事君也與哉？其未得之也，患得之。既得之，患失之。苟患失之，無所不至矣。」一個人

不把仁義、正義、國家利益放在心上，就只能是患得患失，正是由於李斯的極端自私性，對名利沒有原則地過度追求，最後自己變成了自己的掘墓人。

透過這「人生五嘆」，讓我們瞭解了李斯由開始追求利祿到最後死於利祿的心理全過程。司馬遷反覆刻畫李斯外似剛愎而內實游移的矛盾狀態：在農民起義風起雲湧的形勢下，他想知難而退，卻又貪戀富貴，下不了決心；在趙高廢立之際，開始像是要以身殉國，經趙高勸之以利害，馬上退縮妥協；對於秦二世的無道，本想犯顏直諫，一旦二世責問，立刻苟合求容。李斯的雙重人格表現得非常充分，一個內心分裂的可悲形象躍然紙上。我們知道李斯的人生觀價值觀的核心就是苦於貧賤而貪戀富貴。李斯這樣一個富有心機和才幹的超級人才因為貪圖私利、只顧及自身享受，而喪失了原則和操守，不得不成為了別人玩弄戲耍的工具，最終自己跌入了自己所掘就的墳墓。正所謂「成也蕭何，敗也蕭何」。這種思想是他人生之夢得以實現的動力，也正因此而最終葬送了他的身家性命。追求利祿、貪圖享受的思想是他人生之夢得以實現的動力，也正因此而最終葬送了他的身家性命；而在客觀上因為極端自私而又造成了秦朝的滅亡。所以這是一個可悲而又可鄙的人物。

司馬遷有時讓人物即興作歌來表現人物的心理。我們前面講場面時論述到易水餞別時荊軻的慷慨悲歌，表達的是荊軻將生死置之度外的大義凜然和悲壯氣概；四面楚歌時候的霸王別姬——《垓下歌》，反映出一代英豪項羽在窮途末路時的矛盾複雜的心理；劉邦在歸家宴會上所歌詠的《猛士歌》，抒發了劉邦統一天下後保持長治久安的希望，還有著如何發現人才、如何利用人才和如何控制人才的矛盾性的思考。這一切都是透過人物即興作歌來反映了人物的微妙婉曲的心理變化的。

趙王劉友被迫接受以諸呂女為后，但劉友不愛呂女，愛他姬，諸呂女妒，怒去，讒之於太后，誣以罪過。劉友生氣地說：「呂氏安得王！太后百歲後，吾必擊之。」這無疑引起太后的極端憤怒，找藉口招來趙王。趙王至，卻安置於官邸不接見，呂后命令守衛包圍把守，且不供給飲食，以欲餓死他。群臣有偷偷送飯的，就抓起問罪。趙王餓極，於是作歌曰：

「諸呂用事兮劉氏危，迫脅王侯兮強授我妃。我妃既妒兮誣我以惡，讒女亂國兮上曾不寤。我無忠臣兮何故棄國？自決中野兮蒼天舉直！於嗟不可

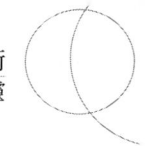

悔兮寧蚤自財。為王而餓死兮誰者憐之！呂氏絕理兮託天報仇。」（《呂太后本紀》）

最後趙王被幽禁而活活餓死，按照百姓之禮葬於長安百姓墓地旁邊。這首歌真實而生動地反映了趙王劉友的心聲，分析了當時的朝政，歌中有對自我遭遇的回顧，有對呂妃的指責，有對呂后干政的痛斥，有對命運不能自主而被活活餓死的無奈和憤慨。

其二、用心理動詞直接揭示

透過一兩個或多個表示心理狀態的動詞，直接揭示人物的內心世界，這是司馬遷運用得最多的一種心理描寫的方法。《司馬相如列傳》中司馬相如和卓文君的愛情故事即為經典一例：

會梁孝王卒，相如歸，而家貧，無以自業。素與臨邛令王吉相善，吉曰：「長卿久宦遊不遂，而來過我。」於是相如往，舍都亭。臨邛令繆為恭敬，日往朝相如。相如初尚見之，後稱病，使從者謝吉，吉愈益謹肅。臨邛中多富人，而卓王孫家僮八百人，程鄭亦數百人，二人乃相謂曰：「令有貴客，為具召之。」並召令。令既至，卓氏客以百數。至日中，謁司馬長卿，長卿謝病不能往，臨邛令不敢嘗食，自往迎相如。相如不得已，強往，一坐盡傾。酒酣，臨邛令前奏琴曰：「竊聞長卿好之，願以自娛。」相如辭謝，為鼓一再行。是時卓王孫有女文君新寡，好音，故相如繆與令相重，而以琴心挑之。相如之臨邛，從車騎，雍容閒雅甚都；及飲卓氏，弄琴，文君竊從戶窺之，心悅而好之，恐不得當也。既罷，相如乃使人重賜文君侍者通殷勤。文君夜亡奔相如，相如乃與馳歸成都。家居徒四壁立。

據《史記索隱》載，司馬相如所歌辭曰：「鳳兮鳳兮歸故鄉，遊邀四海求其皇，有一豔女在此堂，室邇人遐毒我腸，何由交接為鴛鴦。」此詩表達相如對文君的無限傾慕和熱烈追求。相如自喻為鳳，比文君為皇（凰），長卿自幼慕藺相如之為人，改名「相如」，在當時文壇上已負盛名；文君亦才貌超絕，非等閒女流，故此處比為鳳凰，正有浩氣凌雲、自命非凡，郎才女貌之意。「遨遊四海」緊扣鳳凰「出於東方君子之國，翱翔四海之外，過崑崙，飲砥柱，羽弱水，暮宿風穴」的神話傳說，又隱喻相如的宦遊經歷，他

曾遊京師，被景帝任為武騎常侍，後藉病辭官客遊於梁。梁孝王廣納文士，相如在其門下「與諸生遊士居數歲」。後因梁王卒，這才返「歸故鄉」。古人常以「鳳凰於飛」、「鸞鳳和鳴」喻夫妻和諧美好。此處則以鳳求凰喻相如向文君求愛，而「邀遊四海」，則意味著佳偶之難得。文君雅好音樂，相如以琴聲「求其皇」，正喻以琴心求知音之意。接下去寫得更直接，「豔女」指的是文君，因參與宴會的應是男性，文君是其中可能聽到歌曲的重要女性，相如對文君心儀已久，但從未交往，所以隔得很近又非常遠，「何由交接為鴛鴦」，這讓相如非常痛苦。

又曰：「鳳兮鳳兮從皇棲，得托子尾永為妃。交情通體必和諧，中夜相從別有誰？」這首寫得更為大膽熾烈，暗約文君半夜幽會，並擇機一起私奔。「得托子尾」，尾有交尾意，指鳥獸雌雄交媾。媾和是就鳳凰交配媾和而言的，暗指如果能與你媾和，會愛你終生。「交情通體」，交流溝通情意，即情投意合。前兩句暗示文君前來幽媾結合，三四句是愛的表白，二人在一起一定會情投意合連夜私奔。我們一定會遠走高飛，不要使我失望，徒然為你感念相思而悲傷。蓋相如既已事前買通文君婢女暗通殷勤，對文君寡居心理狀態和愛情理想亦早有瞭解，而今復以琴心挑之，故敢大膽無忌如此。

二詩只見於《索隱》，雖不能說明《史記》藝術，但二詩的思想價值和藝術性都極強。兩詩皆深情款款，可謂借音樂進行的愛情告白，最後將文君之芳心立馬俘獲。

司馬相如大概也早已成為卓文君的愛慕對象，所以卓文君在宴會開始之前的多少日子裡已經在期待著見到相如的那一天。在宴會舉行的這一天，卓文君的心如刀絞，聽說司馬相如不來，又是新奇，又是著急，還帶著些悲傷和嘆息，終於等來了司馬相如，卓文君高興得坐不住了，躲在某個隱蔽的地方，從門縫裡含情脈脈地對著仰慕已久的雍容典雅的帥哥，「雍容閒雅甚都」，雍容閒雅，儀表堂堂，文靜典雅；甚都，很大方，禁不住浮想聯翩。司馬相如的一舉一動、一聲一歌無不牽動著她敏感的神經，對於歌曲中的情意，卓文君有自己的解讀，但在不知道明確的答案之前，還是沒法確定。「心悅而好之，恐不得當也」，用了「悅」、「好」、「恐」三個字，把卓文君的喜、愛、愁的複雜心理活動表現得清清楚楚。「悅」，心裡喜歡，「好」是一見

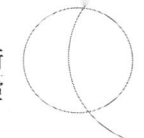

第六章　《史記》的寫人藝術
第四節　心理刻畫，展現心靈

鍾情，為什麼會「恐」呢？擔心人家不瞭解自己的心意，如果不接受自己的愛意豈不是很尷尬？人家是否嫌棄自己是新寡之身也未可知？戀愛中的女子往往情人眼裡出帥哥，被愛情沖昏了頭腦，此時只考慮愛情，將其他的一切都拋到了九霄雲外了。

實際上，如果我們認真研讀這一看似美好而浪漫的愛情故事，其實並不浪漫，並不美好；或者簡直可以說這就是一個騙局，是司馬相如和王吉設計好了的欺騙良家少婦感情的一個圈套。相如「家貧，無以自業」，到好友王吉處蹭吃蹭喝，「臨邛令繆為恭敬，日往朝相如」，相如稱病不見王吉，而王吉愈益謹肅，這樣一來，在一個地方小城製造了一條爆炸性新聞，引起臨邛中富商卓王孫、程鄭的興趣，誰人這麼大的架子？這到底是什麼樣的貴賓呢？他到底長了幾個鼻子幾隻眼呢？於是二人設宴宴請縣太爺和縣太爺的貴賓，但相如卻遲遲不至，「謝病不能往」，這讓大家非常失望，而「臨邛令不敢嘗食」，大家皆不敢「嘗食」，於是，「自往迎相如」，這十足吊足了大家的胃口；相如假作不得已，最後終於眾星捧月般地請來了主人翁，「一坐盡傾」，為之傾倒的是地方眾富豪，這當然不是司馬相如的目的，其最重要的目的是「傾倒」一人，這就是卓文君。所以前邊司馬相如與王吉密謀合作，假戲真演，達到了最佳的宣傳效果，終於製造了轟動效應，引起了卓文君的注意，透過席間的近距離接觸、優秀的才藝表演和周密的工作，終於抱得佳人歸，還連帶著藉陰暗手段賺取了大量物質財富。我們做出這個結論其實是有依據的，這一句洩露了天機，「是時卓王孫有女文君新寡，好音，故相如繆與令相重，而以琴心挑之」，所以說，司馬相如扮演的角色並不光明正大，說是騙色騙財好像並不為過。

在到成都之初，卓文君未嘗不後悔這樁婚事，但一個新寡之女卻只能接受這個現實，自己釀的苦酒自己喝了。與其在成都忍饑挨餓，不如殺回老家，老爹還是自己的財富之源啊。於是夫妻倆回到臨邛下海開了酒館，首富之女親自當壚賣酒，大才子司馬相如與眾打工者打成一片，在大街上刷盤子洗碗，這又成了臨邛的一大爆炸性新聞，有了這樣的賣點，酒館的生意應該不會太差，但司馬相如並不滿足，醉翁之意不在酒，在乎老丈人之巨額財富也。面對如此不成體統之事，卓王孫很不高興但也無可奈何，因為一個是自己的寶

貝女兒，一個是縣太爺的座上賓。於是卓王孫就自然而然地聽從了勸說，「分予文君僮百人，錢百萬，及其嫁時衣被財物。文君乃與相如歸成都，買田宅，為富人。」

一個短短的愛情故事，透過幾個心理狀態的動詞寫活了卓文君的心理變化，還寫出了臨邛人群體的心理變化。還有，王吉和司馬相如的心理描寫也非常成功。在史書中出現了如此生動細緻逼真，充滿戲劇性的心理描寫，也可算得上是司馬先生愛奇、好奇的表現了。

《項羽本紀》：「聞沛公已定關中，大怒，使黥布等攻破函谷關。十二月中，遂至戲。沛公左司馬曹無傷聞項王怒，欲攻沛公，使人言項羽曰：『沛公欲王關中，令子嬰為相，珍寶盡有之。』欲以求封。」項羽「大怒」，怒沛公不自量力；曹無傷「欲以求封」，其想法樸素簡單，希望在劉邦兵敗後能有個好的結果和歸宿。《蕭相國世家》中，蕭何「從其計，漢王大說」，「相國從其計，高帝乃大喜」，「於是相國從其計，上乃大說」，都是直接用心理動詞對劉邦的心理作了細緻深入的揭露。因為「說」、「喜」都印證了蕭何的門客的結論。多次重複的心理描寫也是對劉邦居心叵測的陰暗心理的不露聲色地揭露和批評。

《呂太后本紀》對呂后的心理活動，司馬遷常用「怒」、「大怒」、「恐」、「喜」、「不樂」等詞語來加以摹寫，尤其是文中用了幾十個「欲」字，如「太后欲侯諸呂，乃先封高祖之功臣郎中令無擇為博城侯」；「太后欲王呂氏，先立孝惠後宮子強為淮陽王」。明代凌約言說：「欲侯諸呂則有先封，而以乃字轉之；欲王諸呂則有先立，皆太史公揣摩呂后本意，欲假公以濟私也。」「彼顯有所出事，而乃以成他故，說者不徒知所出而已矣，又知其所以為，如此者身危。」（《韓非子·說難》）司馬遷不可能觸怒呂后，但此種做法卻一定會招致今上漢武帝以及其他統治者的不滿，由此也可能給自己帶來殺身之禍的。

其三、藉別人之言辭間接揭示

司馬遷對有些人物的心理活動，有時不作直接描寫，而是透過別人的話進行揭示，寫得比較含蓄。

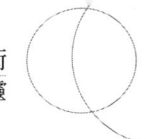

第六章　《史記》的寫人藝術
第四節　心理刻畫，展現心靈

《呂太后本紀》：「七年秋八月戊寅，孝惠帝崩。發喪，太后哭，泣不下。留侯子張辟彊為侍中，年十五，謂丞相曰：『太后獨有孝惠，今崩，哭不悲，君知其解乎？』丞相曰：『何解？』辟彊曰：『帝毋壯子，太后畏君等。君今請拜呂臺、呂產、呂祿為將，將兵居南北軍，及諸呂皆入宮，居中用事，如此則太后心安，君等幸得脫禍矣。』丞相乃如辟彊計。太后說，其哭乃哀。」由悅到哀，是呂后當時的心理變化。在呂后看來，權勢遠比親生兒女重要，透過簡單的前後對比，經由張道出個中緣由，這樣產生了絕妙的諷刺效果。司馬遷對呂后的心理透過張作了準確地把握和描寫，非常生動。而且在這裡，我們還看到了少年佞幸張辟彊的善於揣摩人意和陳平的見風使舵的自私靈魂。

吳越爭霸時，對於句踐戰敗後的心理，司馬遷是透過伍子胥的進諫反映出來的。夫差打敗句踐，報了殺父之仇，越國使大夫種厚幣遺吳太宰嚭以請和，求委國為臣妾。吳王將許之。伍子胥諫曰：「越王為人能辛苦。今王不滅，後必悔之。」後，句踐興師北伐齊。伍子胥諫曰：「句踐食不重味，弔死問疾，且欲有所用之也。此人不死，必為吳患。今吳之有越，猶人之有腹心疾也。而王不先越而乃務齊，不亦謬乎！」（《伍子胥列傳》）當局者迷，旁觀者清，透過伍子胥的兩次進諫，就很好地反映了句踐決心忍辱負重，等待時機以報仇雪恨的心理；還表現出了伍子胥的深謀遠慮和忠心耿耿的優秀品質。

當時沒有錄音機，沒有攝影機，以上這些人物的心理變化司馬遷是如何知道的呢？這樣說來這些人物心理的描寫不應該是客觀真實的。從敘事的角度來看，《史記》運用了全知視角的敘事。以上三種類型的心理描寫正是全知敘事，因此錢鍾書在《管錐編》說：「蘇張之遊說，范蔡之共談，何當時一出諸口，即成文章，而又誰為記憶其字句。」全知視角的著作者是全知全能的上帝，他無所不在、無所不知、無所不能、全知全能。《項羽本紀》中，司馬遷對每個個體、每一個利益集團都全盤掌握，一會在秦軍一方，一會在項羽一方，一會寫項羽部下的英勇神武，一會寫諸侯觀戰的顫顫巍巍；從小一直到大，一直寫到英雄末路。「此類語皆如見骨而想生象，古史記言，太半出於想當然。馬善捨身處地、代作喉舌而已」，「史家追敘真人實事，每

須遙體人情，懸想事勢，捨身局中，潛心腔內，忖之度之，以揣以摩，庶幾入情合理」。

不僅僅是心理描寫，我們知道寫人難，寫歷史人物更難，一個人的夢境應該更難知道了吧。在《史記》中還有記夢的情節。《趙世家》記載了四夢，「趙盾之夢，為趙氏中衰、趙武復興伏案也；趙簡子之夢，為滅中行氏、滅智伯等事伏案也；趙武靈王之夢，為廢嫡立幼、以致禍亂伏案也；趙孝成王之夢，為貪地受降、喪卒長平伏案也。以天造地設之事，為埋針伏線之筆，而演成神出鬼沒之文，那不令人拍案叫絕！」

這樣對於文學就有了啟發，作家是全知全能的，可以揭示敘述對象的一切，可以為之代言。既應實錄，又不能脫離想像。這成為後世敘事文學虛實觀的淵源。

第五節　語言大師，技藝超群

毋庸置疑，司馬遷是一位偉大的語言藝術大師，其駕馭語言的技藝罕有人匹。《史記》的語言藝術體現在多個方面，本書只從人物語言、敘述語言和民間語言的借用三方面進行簡要論述。

一、個性化、口語化的人物語言

從人物語言的角度說，《史記》的人物語言的藝術水準很高，達到了個性化、口語化的程度，也就是說，《史記》中的人物語言能細緻入微地反映出人物的生活經歷、文化修養和社會地位，即能反映該人物的獨一無二的典型個性特點，達到一種「未見其人，先聞其聲」，「聞其聲，知其人」的效果，透過其人的語言和口吻，可以真實地感受到一個人的性格和氣質。

《史記》中第一等有個性人物應首選劉邦，他出身微賤，文化素養不高，所以我們讀《史記》，時時可聽見他的下流罵人聲。「漢王輟食吐哺，罵曰：『豎儒，幾敗而公事！』」（《史記·留侯世家》）「而公」，猶言「你老爹（我）」。這是劉邦幾乎對任何人都使用過的罵人話。不獨劉邦，當時的狂生酈食其，在以三寸不爛之舌下齊七十餘城後，引起韓信的嫉妒。於是韓

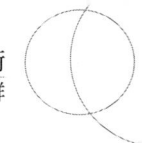

信發兵襲齊。齊王以為酈生出賣自己，就說：「汝能止漢軍，我活汝；不然，我將亨汝！」在這生死關頭，酈食其竟然曰：「舉大事不細謹，盛德不辭讓。而公不為若更言！」意思是，你爹爹我不再為你遊說韓信了。結果是被烹殺而死。「而公不為若更言」，一個放蕩不羈、自信自負的狂生形象呼之欲出。

《淮陰侯列傳》寫劉邦見到韓信請求為假齊王的上書時，罵到：「吾困於此，旦暮望若來佐我，乃欲自立為王！」張良、陳平用腳踩示意時，他突然醒悟過來，因復罵曰：「大丈夫定諸侯，即為真王耳，何以假為！」「罵」表達著自己的憤怒，不來解圍反而自立為王，「復罵」在外人看來是對下屬的深深憐愛，這一戲劇性的細節描寫生動而又風趣地把劉邦不拘禮節、流氓成性、頭腦絕頂聰明以及他隨機應變的能力、情態都活畫出來了。鴻門宴前危險來臨，劉邦老實本分地對張良交代說：「鯫生說我曰：『距關，勿內諸侯，秦地可盡王也』。」為了充分利用項伯，打起了兒女牌，「兄事之」，「約為婚姻」，為了贏得項羽的信任，還要痛哭流涕，「日夜望將軍至，豈敢反乎？」韓兆琦先生一語道破：「劉邦生性好大言，好侮人，今說話用此等腔口，蓋一生中僅此一次。」

劉邦、項羽微時見秦始皇巡遊的威儀，各說了一句不甘於自己地位的表白。劉邦說：「嗟乎！大丈夫當如是也！」劉邦主要表現的是羨慕之情，說的委婉曲折，反映的是自己老練深沉的性格特點。項羽說：「彼可取而代也！」語言坦率直露，反映的是自己的強悍剛直的性格。諸公試想，這話的意思就是他的地位可以拿過來我來做，這不是明目張膽地造反嗎？如若有人撥打了110，那項羽吃不了得兜著走，腦袋搬家那是肯定的事。清代王鳴盛說：「項之言，悍而戾；劉之言，津津不勝其歆羨矣。」而首先揭起反秦大旗的陳涉也曾有言：「壯士不死即已，死即舉大名耳，王侯將相寧有種乎！」日人瀧川資言將其與項、劉之言放在一起評論道，「三樣詞氣，三樣筆法，史公極力描寫。」

韓安國下獄為獄卒所侮辱，「其後安國坐法抵罪，蒙獄吏田甲辱安國。安國曰：『死灰獨不復然乎？』田甲曰：『然即溺之。』居無何，梁內史缺，漢使使者拜安國為梁內史，起徒中為二千石。田甲亡走。安國曰：『甲不就官，我滅而宗。』甲因肉袒謝。安國笑曰：『可溺矣！公等足與治乎？』卒

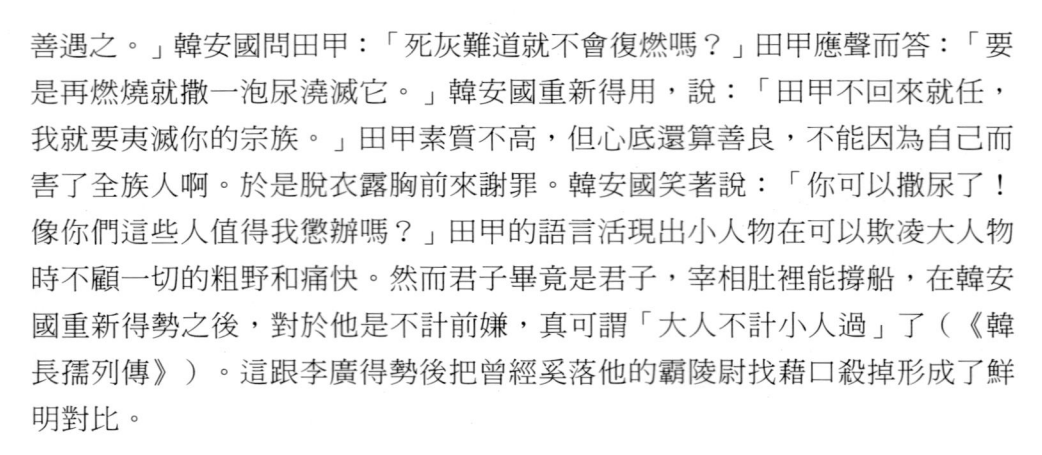

善遇之。」韓安國問田甲:「死灰難道就不會復燃嗎?」田甲應聲而答:「要是再燃燒就撒一泡尿澆滅它。」韓安國重新得用,說:「田甲不回來就任,我就要夷滅你的宗族。」田甲素質不高,但心底還算善良,不能因為自己而害了全族人啊。於是脫衣露胸前來謝罪。韓安國笑著說:「你可以撒尿了!像你們這些人值得我懲辦嗎?」田甲的語言活現出小人物在可以欺凌大人物時不顧一切的粗野和痛快。然而君子畢竟是君子,宰相肚裡能撐船,在韓安國重新得勢之後,對於他是不計前嫌,真可謂「大人不計小人過」了(《韓長孺列傳》)。這跟李廣得勢後把曾經奚落他的霸陵尉找藉口殺掉形成了鮮明對比。

《陳涉世家》寫陳勝稱王后,陳勝王凡六月。已為王,王陳。其故人嘗與庸耕者聞之,之陳,扣宮門曰:「吾欲見涉。」宮門令欲縛之。自辯數,乃置,不肯為通。陳王出,遮道而呼涉。陳王聞之,乃召見,載與俱歸。入宮,見殿屋帷帳,客曰:「夥頤!涉之為王沉沉者!」楚人謂多為夥,故天下傳之,夥涉為王,由陳涉始。客出入愈益發舒,言陳王故情。或說陳王曰:「客愚無知,顓妄言,輕威。」陳王斬之。諸陳王故人皆自引去,由是無親陳王者。

「自辯數」,謂自辯往常數與涉有故。猶言朋友關係。「夥頤」,「楚人謂多為夥。」「頤」為助聲之辭。「涉之為王沉沉」,謂涉為王,宮殿帷帳庶物很多,驚而偉之,故稱夥頤也。「吾欲見涉」對陳涉直呼其名,「夥頤!涉之為王沉沉者!」這裡用了鄉間的土語,表現說話人的質樸魯莽,非常生動逼真地將鄉里人的驚訝羨慕的表情表達得淋漓盡致。拋開語言不論,司馬遷對於陳勝最終失敗的原因在此處也做了一定的探討。這個故事首先告訴我們陳勝的生活是腐化的,是脫離百姓的。因聽信讒言,殺死了以前傭耕的朋友,背棄了「苟富貴無相忘」的承諾,所以「由是無親陳王者」。而沒有了百姓的支持,還能立住腳跟,還想統一天下,那是痴心妄想。而接下去的記載還告訴我們陳勝失敗的另一個主要原因,用人不當:「陳王以朱房為中正,胡武為司過,主司群臣。諸將徇地,至,令之不是者,系而罪之,以苛察為忠。其所不善者,弗下吏,輒自治之。陳王信用之。」所以司馬遷最後下了斷語:「諸將以其故不親附,此其所以敗也。」

《張丞相列傳》中的記載周昌的結巴語很是生動:

第六章 《史記》的寫人藝術
第五節 語言大師，技藝超群

「昌為人強力，敢直言，自蕭、曹等皆卑下之。昌嘗燕時入奏事，高帝方擁戚姬，昌還走，高帝逐得，騎周昌項，問曰：『我何如主也？』昌仰曰：『陛下即桀紂之主也。』於是上笑之，然尤憚周昌。及帝欲廢太子，而立戚姬子如意為太子，大臣固爭之，莫能得；上以留侯策即止。而周昌廷爭之強，上問其說，昌為人吃，又盛怒，曰：『臣口不能言，然臣期期知其不可。陛下雖欲廢太子，臣期期不奉詔。』上欣然而笑。既罷，呂后側耳於東箱聽，見周昌，為跪謝曰：『微君，太子幾廢。』」

這句話裡的「期」應讀作ｊ　，是發「知」時由於口吃而發出的象聲詞，是模擬口吃者結結巴巴的聲口的。這句話，由於用了象聲詞，就把一個耿直而口吃的大臣在盛怒之下堅持自己意見的神態聲口，極為逼真地摹繪出來了。

《汲鄭列傳》：天子方招文學儒者，上曰吾欲云云，黯對曰：『陛下內多欲而外施仁義，奈何欲效唐虞之治乎！』上默然，怒，變色而罷朝。公卿皆為黯懼。上退，謂左右曰：『甚矣，汲黯之戇也！』群臣或數黯，黯曰：『天子置公卿輔弼之臣，寧令從諛承意，陷主於不義乎？且已在其位，縱愛身，奈辱朝廷何！』汲黯為人倨傲嚴正，忠直敢諫，從不屈從權貴，逢迎主上，以此令朝中上下皆感敬畏，堪稱漢武帝朝第一流人物。汲黯信仰黃老學說，崇尚無為清靜之治，因此對漢武帝多欲擾民的政治提出了尖銳的批評，這在當時應該是獨一無二的。當然，汲黯在進諫時早就將生死置之度外，所以其言論才不會唯唯諾諾，發言才會擲地有聲。透過對劉徹的批評之辭和面對群臣的自我表白，一個生性耿直、愛憎分明的忠臣形象就躍然紙上了。

劉邦的臨終語言非常發人深省。對於生死，好多富貴之人，多想不開，放不下。劉邦卻非常開明，通達，豁達。

病甚，呂后迎良醫，醫入見，高祖問醫，醫曰：「病可治。」於是高祖謾罵之曰：「吾以布衣提三尺劍取天下，此非天命乎？命乃在天，雖扁鵲何益！」遂不使治病，賜金五十斤罷之。已而呂后問：「陛下百歲後，蕭相國即死，令誰代之？」上曰：「曹參可。」問其次，上曰：「王陵可。然陵少戇，陳平可以助之。陳平智有餘，然難以獨任。周勃重厚少文，然安劉氏者必勃也，可令為太尉。」呂后復問其次，上曰：「此後亦非而所知也。」（《高祖本紀》）

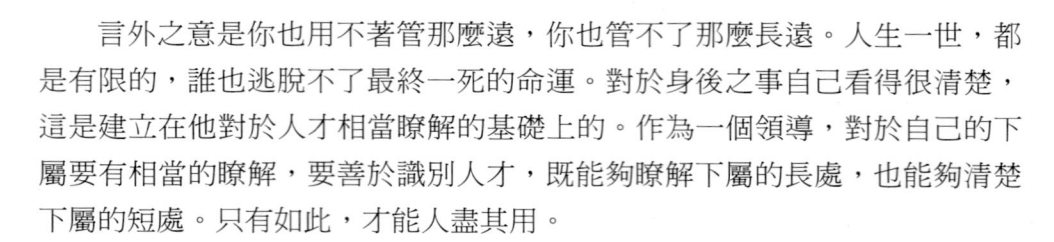

言外之意是你也用不著管那麼遠，你也管不了那麼長遠。人生一世，都是有限的，誰也逃脫不了最終一死的命運。對於身後之事自己看得很清楚，這是建立在他對於人才相當瞭解的基礎上的。作為一個領導，對於自己的下屬要有相當的瞭解，要善於識別人才，既能夠瞭解下屬的長處，也能夠清楚下屬的短處。只有如此，才能人盡其用。

劉邦性格中的優點其實不少。能用人，能駕馭人，是劉邦的最大長處，是他能夠戰勝項羽、平定天下的極其重要的因素。他對此最引以為自豪：「夫運籌策帷帳之中，決勝於千里之外，吾不如子房；鎮國家，撫百姓，給饋餉，不絕糧道，吾不如蕭何；連百萬之軍，戰必勝，攻必取，吾不如韓信。此三者，皆人傑也，吾能用之，此吾所以取天下也。項羽有一范增而不能用，此其所以為我擒也。」所以我們對歷史人物應該做全面客觀的分析，這才是科學的態度。劉邦為人非常的通達，能看透生死，不相信鬼神的虛妄，這在古代的帝王中確實是難能可貴的。

二、精煉傳神、謹嚴簡約的敘述語言

就敘述語言而言，《史記》的總體風格還是謹嚴簡約的。這其實也是中國史書的基本特點。與小說相比，小說「詳」而史書「簡」。當然形成這種差別的歷史原因是複雜的。有語言不夠豐富的原因，有受制於書寫材料的限制等等。針對有些論者超越時空地苛責《春秋》等史書過於簡約的現象，近代學者柳詒徵先生曾指出：「記事尚簡，實緣限於工具，故必扼要而言，或為綜述之語。……至詆《春秋》為帳簿式不足稱史者，皆未就古人用竹簡之時代著想。」的確，刻在竹簡上的文字自然儘量求簡約，《春秋》的書寫受到了那個年代歷史條件的限制。

《史記》的敘述語言在多數情況下不是有意識地用排句偶句，行文自然，長短不齊，參差錯落，句式自由活潑生動，接近於當代口語，極富於生命力。《史記》的敘述語言的成功之處主要表現在寫人物之作為，準確精練生動傳神，極富於感情和表現力。如《呂太后本紀》：

「太后遂斷戚夫人手足，去眼，煇（勛聲，熏灼）耳，飲瘖（陰聲，啞藥）藥，使居廁中，命曰『人彘』。居數日，乃召孝惠帝觀人彘。孝惠見，問，

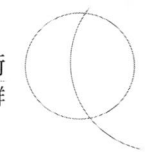

乃知其戚夫人,乃大哭,因病,歲餘不能起。使人請太后曰:『此非人所為。臣為太后子,終不能治天下。』」

司馬遷用短句,只短短二十來個字,就刻畫出呂后的嫉妒、殘忍與滅絕人性。讀來讓人不敢想像,想來讓人不寒而慄,語言乾淨俐落,但又非常傳神。

再如荊軻刺秦王一段:

荊軻逐秦王,秦王環柱而走。群臣皆愕,卒起不意,盡失其度。而秦法,群臣侍殿上者不得持尺寸之兵;諸郎中執兵皆陳殿下,非有詔召不得上。方急時,不及召下兵,以故荊軻乃逐秦王。而卒惶急,無以擊軻,而以手共搏之。是時侍醫夏無且以其所奉藥囊提荊軻也。秦王方環柱走,卒惶急,不知所為,左右乃曰:「王負劍!」負劍,遂拔以擊荊軻,斷其左股。荊軻廢,乃引其匕首以擿秦王,不中,中桐柱。秦王復擊軻,軻被八創。軻自知事不就,倚柱而笑,箕踞以罵曰:「事所以不成者,以欲生劫之,必得約契以報太子也。」

此處之敘述真可謂險象環生,驚心動魄,這裡的敘述語言多用短句,敘述節奏急促,將當時的急促緊張恐怖氣氛給活靈活現地表現了出來。讓讀者心跳為之加速,與人物同呼吸,共命運,其語言可謂達到了出神入化的地步。

三、民間語言的借用

《史記》高超的語言藝術還表現在大量運用民間歌謠、諺語等來加強文章的表現力。從修辭的角度來說,這叫引用。引用的作用在論說文中是為了使論據確鑿充分,增強說服力,而在人物傳記中引用大量民謠、諺語則是為了闡發主旨,多包含深刻的哲理,一般具有啟發性,語言精練,含蓄典雅。方言俚語的運用也多是為了表現人物的特性,增強語言的豐富性。

《春申君列傳》寫春申君貪於財富,迷戀權位,生性優柔寡斷,沒有採納朱英勸告殺掉奸人李園,反而遭李園謀害。司馬遷評論說:「語曰『當斷不斷,反受其亂』,春申君失朱英之謂邪?」「當斷不斷,反受其亂」,強調了時機的重要性,如果不能果斷抓住機會,本來有利的卻變成有害的了。殺掉李園,就有可能長掌楚國,而不聽朱英之勸,最終反遭李園之害。這條

諺語為我們總結了極為深刻的歷史教訓，留給後人很多啟示。淮南厲王劉長，自恃尊貴，起居擬於天子。漢文帝擔心皇權旁落，採取手段逼迫劉長絕食而死。作者引用歌謠來揭露最高統治者的真實面目。「一尺布，尚可縫，一鬥米，尚可舂。兄弟二人不能相容。」（《淮南衡山列傳》）反映了統治者之間只有利益關係、只有利用和被利用，多的是殘酷的傾軋，少的是真正的親情，借用歌謠來反映非常深刻。

　　《淮陰侯列傳》中有：「狡兔死，走狗烹；高鳥盡，良弓藏；敵國破，謀臣亡。」反映出的是與統治者只能共患難而不能同幸福的鐵的事實，對手不存在了，有本事有才能的功臣就成了被懷疑、被殺戮的對象。「桃李不言，下自成蹊」（《李將軍列傳》），桃樹、李樹不會說話，但開的花美麗，結出的果好吃，所以來欣賞和採摘的人多了，自然而然就踩成了一條條的路。說明好人不用宣傳，自然會獲得別人的尊敬。李廣厚重木訥、忠誠仁愛感動了天下的人，司馬遷就用桃李的花、果實來作喻，用諺語來讚頌他，形象鮮明，含義深刻，而且富有生活氣息。其他，像「天下熙熙，皆為利來，天下攘攘，皆為利往」（《貨殖列傳》）、「利令智昏」（貪圖私利會使人頭腦發昏）（《平原君虞卿列傳》）、「前事不忘，後事之師」（《秦始皇本紀》）等也都有很深刻的寓意。

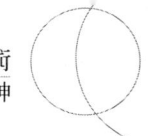

第七章　《史記》的敘事藝術

　　司馬遷在《史記》中所創製的敘事結構框架「究天人之際，通古今之變」。「本紀」、「表」、「書」、「世家」、「列傳」這五種體例合一的結構是一個彼此依託、相輔相成的宏大系統工程。五體結構的編排是吸收了前代歷史學家的有益嘗試和經驗而創造出來的。它們與前代史書相比，結構更為合理、更為嚴密。大體而言是按照時間順序，就是以前的編年體的體例，按照時間的先後順序來結構各部分的，同時又遵從著以類相從的原則。這是《史記》敘事的結構框架。唐代的史學大家劉知幾說：「《史記》者，紀以包舉大端，傳以委曲細事，表以譜列年爵，志以總括遺漏。逮於天文、地理、國典、朝庫，顯隱必該，洪纖靡失。此其所以為長也。」如前所述，五體的任何一體，只有分工的不同，但都承擔著敘事的共同職責，同時又相互補充，共同構成了一個不可分割的系統工程。

　　在這種敘事框架下，《史記》可以囊括古今中外的歷史，司馬遷可以自由透視歷史人物的心靈、剖析歷史人物的性格，透過人物窮達、事件盛衰變化的敘述，探尋歷史發展變化的內在規律，發表對天人關係的看法，表達自己的一家之言。《史記》的敘事，秦漢以前的歷史與秦漢歷史敘事筆法不大一樣，劉知幾說：「觀子長之敘事也，自周以往，言所不該，其文闊略，無復體統。自秦漢以下，條貫有倫，則炳炳可觀，有足稱者。」這是因為，秦漢以前的歷史重在編纂，而秦漢歷史多為自撰，更見功夫，這一段歷史，其敘事藝術更為精絕，本部分主要以秦漢為重點進行評析。

▎第一節　《史記》的實錄精神

一、實錄是中國史官的優良傳統

　　秉筆直書本是中國史官傳統的職業精神，也是一位良史必備的品格，司馬遷的《史記》秉承了這個傳統並有大的發展。

　　《左傳》宣公二年記載，晉靈公夷皋聚斂民財，殘害臣民，舉國上下為之不安。作為正卿的執政大臣趙盾，多次苦心勸諫，靈公非但不改，反而肆

意殘害趙盾。先派人刺殺，未遂，又於宴會上伏甲兵襲殺之，未果。趙盾被逼無奈，只好出逃。當逃到晉國邊境時，聽說靈公已被其族弟趙穿帶兵殺死，於是返回晉都，繼續執政。董狐以「趙盾弒其君」記載此事，並宣示於朝臣，以示筆伐。趙盾辯解，說是晉靈公為趙穿所殺，不是他的罪。董狐申明理由說：「子為正卿，亡不越境，反不討賊，非子而誰？」意思是他做為執政大臣，在逃亡未過國境時，原有的君臣之義就沒有斷絕；回到朝中，就應當組織人馬討伐亂臣，不討伐就沒盡到職責，因此「弒君」之名應由他承當，這是按寫史之「書法」決定的。當時的史官與後世大有不同，他們既典史策，又充祕書，即協助君臣執行治國的法令條文。傳宣王命、記功司過是他們的具體職責，兼有治史和輔政的雙重任務，史官實際上就是執掌褒貶臧否大權的文職大臣。

　　當時記事的「書法」依禮制定，禮的核心在於維護君臣大義，趙盾不討伐弒君亂臣，失了君臣大義，故董狐定之以弒君之罪。對此，孔子大加讚揚，稱董狐為「書法不隱」的「古之良史」，後世據以稱之為「良狐」，以表褒美之意。這是因為在禮崩樂壞的春秋時期，權臣掌握國命，有著生殺予奪的大權，史官以是否依從禮義的書法原則，早已失去了它的威嚴，堅持這一原則，無疑是要冒著很大的風險的，有時還會招來殺身之禍。

　　董狐還算幸運，以後齊國的史官依然秉筆直書，但卻就沒有那麼幸運了。齊國權臣崔杼弒其君齊莊公，齊太史如實記錄：「崔杼弒其君。」崔杼就殺了齊太史。「其弟嗣書，而死者二人。其弟又書，乃舍之。南史氏聞太史盡死，執簡以往，聞既書矣，乃還。」維護歷史的真實性竟然需要付出一個乃至多個人的生命，真是可歌可泣又讓人可嘆可敬了。

　　董狐之直筆，自然也是冒著風險的，因此，孔子讚揚他，後人褒美他，正是表彰其堅持原則的剛直精神。這種精神已為後世正直史官堅持不懈地繼承下來，成為中國史德傳統中最為高尚的道德情操。當然，隨著時代的發展，直筆的含義逐漸擺脫了以禮義違合為內容的書法侷限，從司馬遷開始，賦予了它「不虛美、不隱惡」的實錄精神，這樣就具備了唯物史觀的實質。這一傳統為後代進步史學家弘揚發展，編著出許多堪稱信史的著作，是中國史著中的精華。其開啟之功，實源於晉太史董狐不畏強權、堅持原則的直書精神。

第七章　《史記》的敘事藝術
第一節　《史記》的實錄精神

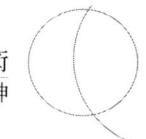

在這一點上，司馬遷的《史記》向來為人稱道。劉向、揚雄讚許為「實錄」，班固在《漢書》中轉述劉向、揚雄二人語，稱「善序事理，辯而不華，質而不俚，其文直，其事核，不虛美，不隱惡，故謂之實錄」。「實錄」和「善序事理」其實就是中國史官秉筆直書的優良傳統的具體體現。司馬遷著史的目的為「通古今之變」，無論是「本紀」的「序帝王」，「世家」的「記侯國」，還是「表」的「繫時事」，「書」的「詳制度」，「列傳」的「志人物」，全都是敘事。「序」，敘述，即敘事。「善」有技法高超之意。《史記》的「成一家之言」，就是要在記敘歷史的發展變化中闡明歷史發展演變的內在規律，表明自己的思想和認識，這就是理。

當然，史書以「實錄」為根本，離開了「實錄」，史書的性質就不存在了。實錄精神能夠最大限度地保證對歷史事件和歷史人物的客觀真實的評價。比如對於秦穆公這個秦國發展歷史上非常有作為的君主，司馬遷用實錄精神記錄下他的豐功偉績，同時也沒有「隱惡」，對於與其有關的慘無人道的殉葬制度進行了尖銳的批評。

三十九年，繆公卒，葬雍。從死者百七十七人，秦之良臣子輿氏三人名曰奄息、仲行、鍼虎，亦在從死之中。秦人哀之，為作歌《黃鳥》之詩。君之曰：「秦繆公廣地益國，東服強晉，西霸戎夷，然不為諸侯盟主，亦宜哉。死而棄民，收其良臣而從死。且先王崩，尚猶遺德垂法，況奪之善人良臣百姓所哀者乎？是以知秦不能復東征也。」（《秦本紀》）

在對漢朝當代歷史的敘述中，司馬遷客觀再現了漢朝歷代統治者以及王公貴族大臣的真實性一面，做這一切都是需要足夠的勇氣，甚至會付出生命的代價的。在中國，詠史詩異常發達，原因很簡單，封建專制統治嚴酷，直指時弊往往會很危險，所以只能採取這種委婉曲折的方式才可能通行於世。今天古裝片盛行，微服私訪接二連三，拋開外在的形式，我們發現裡面裝得幾乎都是新酒。

二、歷史真實和邏輯歸納的統一

司馬遷在編排人物傳記時表現出了高超的技巧，使它生動地體現了歷史真實和邏輯歸納的統一，形成了具有個性特色的敘事脈絡。

這首先表現在，司馬遷在為人物作傳時遵循著實事求是的原則。一般而言，本紀、世家的傳主，應該是歷史上的天子和諸侯，做到名實相副。但司馬遷在具體操作中能根據實際情況做到靈活處理，在名實發生矛盾時，更尊重事實。西漢惠帝是天子不假，實則有職無權，有名無實，天下掌握在呂后手中，所以本紀中無惠帝紀。西楚霸王項羽是秦漢之際主宰天下的人物，呂后是惠帝朝的實際掌權者，他們沒有天子稱號，卻被列入本紀。孔子是布衣，沒有侯爵，陳勝是自立為王，凡六月而終；二人都列入世家，因為他們的歷史地位堪與王侯相比，在某方面做出了突出的貢獻或產生了重大影響。而班固的《漢書》正好反其道而行之，設《惠帝紀》、《陳勝項籍傳》，這為後世確立了規範，但卻拋棄了司馬實事求是的可貴精神。

　　李景星在《四史評議‧史記評議》中對項羽入本紀，陳涉、孔子入世家做了非常充分地論證說明。

　　「升項羽於本紀，列陳涉於世家，俱屬太史公破格文字。項羽垂成而終為漢困死，是古今極不平事，升至本紀，蓋所以惜之而不以成敗論也。陳涉未成，能為漢驅除，是當時極關係事，列之世家，蓋所以重之而不與尋常等也。」

　　「太史公作孔子世家，其眼光之高，膽力之大，推崇之至，迥非漢唐以來諸儒所能窺測。故劉知幾、王安石輩皆橫加諷刺，以為自亂其例，不知史公不可及處正在此也。揭其要旨，厥有三端：孔子以布衣為萬世帝王師，澤流後裔，歷代罔替，任何侯王，莫之能比。史公列之於世家，是絕大見識，其不可及者一也。天地日月，難以形容；聖如孔子，亦難以形容。孟子稱為『聖』之時，已是創論。而史公世家更稱之為『至』，尤為定評。自是之後，遂永遠不能易矣。其不可及者二也。王侯世家，各以即位之年紀；孔子無位，則以本身之年紀。等匹夫於國君，侔德行於爵位，尚德若人，是之謂矣。其不可及者三也。」

　　這裡反映出來的是司馬遷對歷史事實的尊重，既有標準，又不固守標準，一切以事實為根據，堅持實事求是的原則，因此就能做到突破原有等級尊卑的劃分，這樣更能反映歷史的本質。這表現出司馬遷的極為可貴的實錄精神；同時這也是合乎邏輯的歸納。

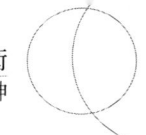

第七章　《史記》的敘事藝術
第一節　《史記》的實錄精神

《史記》在人物傳記的處理上體現了編年體的特點，多以時間先後為序，同時注意邏輯的歸納，遵循著以類相從的原則。司馬穰苴、孫武、孫臏、吳起、伍子胥都是軍事家，故四篇傳記按照時間順序前後相次。蘇秦、張儀是戰國縱橫策士，所以二人傳記緊緊相連。西漢時期的韓長孺、李廣、衛青、霍去病都是抗擊匈奴的將領，所以在韓長孺、李廣傳記的後面插入了《匈奴列傳》，然後是衛青、霍去病的傳記，圍繞中心事項——抗擊匈奴——形成了工整的對稱。這樣如此巧妙的編排，可以讓讀者在讀了幾篇傳記後就可以大致瞭解武帝時代漢匈關係的實況，同時還可以在幾人的比較中把握歷史人物人生命運的變化。這樣的安排造成了《史記》一書婉轉多變的敘事脈絡，在明滅起伏中體現了歷史和邏輯的統一。

《史記》的人物傳記分為一人一傳的專傳，有兩人或者多人的合傳。合傳的立傳不是隨便的拼湊，而是體現了司馬遷對歷史的思考，合傳多以類相從，帶有某些規律性的邏輯性的歸納。《遊俠列傳》、《佞幸列傳》、《滑稽列傳》、《循吏列傳》、《酷吏列傳》、《貨殖列傳》等，都是為某一類型人物所設立的合傳。在某些人物的合傳中，人物的歷史難以分開，你中有我，我中有你，相互糾結，在人物與人物的歷史中展現出歷史真實與邏輯歸納的高度統一。

如《廉頗藺相如列傳》，由題目看我們已知道，此為廉頗藺相如的合傳，實則連帶成為趙奢、趙括和李牧的傳記。這篇傳記與一般的合傳大不相同，一般的合傳只是以類相從，符合某一類的邏輯歸納，往往在敘完一人故事後再敘另一人故事。而這篇傳記的主要敘述對象為趙國的將相，符合邏輯的歸納，而他們的故事卻是錯綜複雜。先敘廉頗事跡，很快引入藺相如，寫藺相如的大智大勇，為國家捨生忘死，立下大功而平步青雲，官位超過廉頗，引起兩人的恩怨交歡，將相和，趙國強；同時又插入趙奢、趙括、李牧傳記，廉頗不被重視，小人當道，趙國連吃敗仗，最後以「廉頗老矣，尚能飯否」終結，自始至終，廉頗貫穿了全篇，敘事藝術高妙。這篇傳記敘趙國將相，可謂以類相從，是合乎邏輯的歸納；同時透過敘述這四位將相的人物傳記，又生動地展現了趙國興亡的歷程，具有高度的歷史真實性。

藺相如是太史公所景仰的歷史人物之一，因而在這篇傳記中對這位傑出人物大力表彰、熱情歌頌。一方面表彰他的大智大勇，透過「完璧歸趙」、「澠池會」兩個歷史故事，有聲有色地描繪了他面對強暴而無所畏懼的大無畏精神，也表現了他戰勝強秦的威逼凌辱、維護趙國尊嚴的機智與果敢。另一方面又表彰了藺相如「先國家之急而後私仇」的高尚品格。在「廉藺交歡」一段中生動地記述了藺相如對蓄意羞辱他的廉頗保持了極大的克制與忍讓，終於感動了廉頗，實現了將相和好，團結對敵。此後的十幾年中，秦國沒敢大規模對趙用兵，這與藺相如主動維護趙國內部的安定團結有著密切的關係。

　　與之成為鮮明對照的是，趙惠文王之後的孝成王，中了秦國的反間計，罷免廉頗，任用趙括，造成長平之役的慘敗，致使趙國元氣大傷。趙孝成王卒，子悼襄王立，使樂乘代廉頗。廉頗怒，攻樂乘，樂乘走。廉頗遂奔魏之大梁。最後，趙悼襄王寵信讒臣郭開，捕殺名將李牧，加速了趙國的滅亡。其中的歷史教訓是值得後人深思的。

　　廉頗是本篇的另一主要人物。作為戰國後期的名將之一，作者雖然也記述了一些有關他善於用兵的事跡，但都著墨不多。而對他的「負荊請罪」卻作了細緻的描寫，因為這正是這位戰功赫赫的名將身上難得的美德。居功自傲，對相如不服，固然表現了他的狹隘，而一旦認識到錯誤，立即「肉袒負荊」前去謝罪，知錯、認錯、改錯比起戰場廝殺來需要更大的勇氣，因而為司馬遷所敬佩。經過作者的精心編撰，這段故事已成為流傳千古的歷史佳話，「負荊請罪」也成了後人常用的典故和成語。

　　趙奢、李牧雖不是主要人物，但作者也著力突出他們各自的特點。如趙奢既善治賦又善治兵，李牧不求虛名，只重實績，都給讀者留下了鮮明印象。尤其是趙括，經司馬遷的記述之後，早已成為一個「紙上談兵」的典型，後人常常引以為戒。

　　廉頗居梁久之，魏不能信用。趙以數困於秦兵，趙王思復得廉頗，廉頗亦思復用於趙。趙王使使者視廉頗尚可用否。廉頗之仇郭開多與使者金，令毀之。趙使者既見廉頗，廉頗知曉來意，希望重新報效國家，於是就要好好表現。一頓飯吃了一斗米，十斤肉，這當然有些誇張。然後披鎧甲上馬，以示尚有利用的價值。趙使還報王曰：「廉將軍雖老，尚善飯，然與臣坐，頃

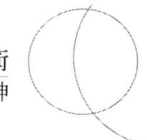

之三遺矢矣。」趙王認為廉頗老了，就不再把他召回了。有感於此故事，宋代的辛棄疾在自己的詞中以廉頗自喻發出了這樣的嘆息，「憑誰問：廉頗老矣，尚能飯否？」

它如，《伯夷叔齊列傳》、《仲尼弟子列傳》、《范睢蔡澤列傳》、《魏其武安侯列傳》等傳記，有的合傳人物糅合相提並論，有的是同類人物傳記的組合，有的合傳人物錯綜複雜，難以理清。合傳人物的關係因時間、空間或鬆散或緊密，不是同類就是前後勾連，或者在相互糾結中發展，體現了司馬遷高超的敘事技巧。

在實錄的前提下，司馬遷能夠做靈活變通，透過敘述的操作，展示某一類型人物的所作所為，描繪出特定領域的總體風貌，人物合傳以這種方式集中體現了歷史真實和邏輯歸納的統一。

三、在敘事中對歷史持疑，寓主觀評價

在對有些歷史事件和人物的判析上，司馬遷不是泛泛敘事，而是在敘事中顯示出自己的研讀分析，暗含自我的主觀評價，表現出獨立的見解。

這首先表現在客觀敘事與現身評說上。《史記》在敘事時沒有停留在對表面現象的陳述上，而是追根溯源，揭示出隱藏在深層的起決定作用的因素。司馬遷非常重視對事件因果關係的探究，具有敏銳的目光和正確的判斷力。而這都是透過作者客觀敘事達到的效果。季鎮淮先生曾經說，「《史記》人物傳記的最大特點，其一是真實性和傾向性的統一」。古人也有此觀點，「古人作史，有不待論斷，而於序事之中即見其指者，惟太史公能之。《平準書》末載卜式語，《王翦傳》末載客語，《荊軻傳》末載魯句踐語，《晁錯傳》末載鄧公與景帝語，《武安侯田蚡傳》末載武帝語，皆史家於序事中寓論斷法也，後人知此法者鮮矣，惟班孟堅間一有之，如《霍光傳》載任宣與霍禹語，見光多作威福；《黃霸傳》載張敞奏見祥瑞，多不以實，通傳皆褒，獨此寓貶，可謂得太史公之法者矣。」

劉熙載說：「敘事不合參人斷語，太史公寓主意於客位，允稱徹妙」。他們的意思就是把自己的看法評價寄寓到客觀的敘事之中，用具體事實來表明自己對所寫人物的愛憎和褒貶。

《淮陰侯列傳》，就是司馬遷為韓信寫的一篇翻案史傳，但通篇並無翻案的字眼。韓信有大功於漢，他通謀陳豨是蒙冤後被逼上梁山的。全傳以漢四年為界分為兩部分。前一部分寫韓信之豐功偉績，他亡楚歸漢，定策漢中，擒魏取代，破趙脅燕，東擊齊，替漢家打下了半壁江山，突出韓信的智。後一部分述說韓信被高祖猜忌，從奪王貶爵到夷滅三族，突出他的冤屈。以前面之「智」照應後面之「冤」，為我們勾勒了一幅感人的悲劇畫面，揭示了絕對君權的殘忍，具有反封建專制的思想光輝。韓信拒武涉、蒯通之說，司馬遷用重筆敘寫，非常精彩，我們可以把這兩段文字看成是司馬遷為韓信所作的辯護，這也堪稱寓論斷於序事的妙筆。《漢書》卷四十三《韓信傳》，刪去蒯通的故事而另立《蒯通傳》，蒯通是因為韓信而存在的，皮之不存，毛將焉附？沒了韓信豈有蒯通，如此做法割裂了司馬遷寓論於序事的筆法，使全文大為減色，被顧炎武批評為「寥落不堪讀」，真是一語中的。

《史記》的敘事方式，基本上是第三人稱的客觀敘述。司馬遷作為敘述者，幾乎完全站在事件之外，但在客觀敘事中善於「寓論斷」，寄寓自己對某些歷史人物和歷史事件的看法。在最後的「論贊」部分，敘述者從幕後走向臺前，直接登場，「現身」評說，陳說自己的意見和看法。他批判項羽「天之亡我，非戰之罪」的說法，認為項羽失敗的原因是「自矜功伐，奮其私智」、「欲以力征經營天下」（《項羽本紀》）。在分析造成吳起亂箭穿身悲慘結局的原因時，認為這緣於他的「刻暴少恩」《孫子吳起列傳》。以上見解都是很精闢的。

其次在客觀敘事的過程中，司馬遷經常對歷史表達自己的激憤或者提出自己的懷疑。人們一般說：「存在的就是合理的。」歷史應當只有呈現客觀存在，才算「實錄」。然而，作為正史之首的《史記》，在歷史敘述的背後隱藏著的敘述意圖不同於《左傳》的歷史與道德統一的觀念。司馬遷在《史記》的「太史公自序」中流露的「發憤著書」的思想就意味著對歷史合理性的懷疑。在《伯夷列傳》中他提出質疑：

或曰：「天道無親，常與善人。」若伯夷、叔齊，可謂善人者非邪？積仁潔行如此而餓死！且七十子之徒，仲尼獨薦顏淵為好學。然回也屢空，糟糠不厭，而卒蚤夭。天之報施善人，其何如哉？盜蹠日殺不辜，肝人之肉，

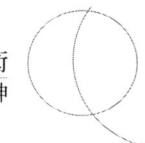

第七章 《史記》的敘事藝術
第一節 《史記》的實錄精神

暴戾恣睢,聚黨數千人橫行天下,竟以壽終。是遵何德哉?……余甚惑焉,儻所謂天道,是邪非邪?

司馬遷對天道如此激憤、懷疑,也有他自己的遭遇使然。由於他為李陵說了幾句公道話,竟受腐刑,蒙莫大恥辱,生不如死。這種遭遇加深了他對天道的懷疑。其實他筆下的悲劇人物大都有自己的影子或寄寓了自己的感慨,如屈原、商鞅、晁錯、李廣、韓信,等等。

在《史記》的歷史敘述中,常常可以看到這種懷疑觀念的表現。其中最典型的當數《李將軍列傳》。司馬遷以「桃李不言,下自成蹊」對李廣的人品給予了高度評價,同時也暗含著對李廣命運不偶的扼腕之嘆。《史記》一出,李廣遂成千古悲劇英雄的典型。在這裡,司馬遷實際上表達了一種不同於歷史與道德統一的觀念;或者說恰恰相反,在他看來歷史發展的邏輯與道德是相悖的。學者們經常把司馬遷的這種對歷史的懷疑當做他的「實錄」精神的體現,這種看法其實是不客觀的。以李廣為例,只要細讀了《李將軍列傳》中的史料部分就會發現一個明顯的事實:李廣雖然驍勇善戰,但就其一生行狀而言,基本上沒有打過多少重要的勝仗,司馬遷選擇了上郡遭遇戰、雁門之戰、右北平之戰、漠北之戰四次戰役,但這四次戰役卻沒一場徹底的勝仗。這四仗尚且如此,其他可想而知。司馬遷用帶有強烈情感色彩的曲筆敘述李廣的故事,突出了他一生事跡中的傳奇和善良色彩,如死裡逃生、臨危不懼、箭能穿石、寬厚待人等等,卻有意無意地使讀者忽略了李廣的另一面,他治軍不嚴、冒險輕敵以致「將兵數困辱」等問題,都被淡化了。結果給讀者的印象是,李廣的不得封侯不是由於不善將兵沒有重大戰功,而是由於外在的原因,尤其是統治者的迫害造成了歷史的不公平。司馬遷不滿於這樣的歷史因而傾注了大量的主觀情感,同樣,後代的讀者也受到了他的敘事情感的影響。敘述人透過敘述不同的內容表達著一種共同的歷史需要,就是敘述與情感的統一。從這個意義上說,《史記》對歷史合理性的懷疑不是簡單地因為追求實錄,而是一種不同於《左傳》的敘述態度,就是把歷史事件的敘述邏輯與個人的情感需要統一起來的態度。他在自序中所說的「發憤著書」的思想正是他自己敘述歷史的基本態度,正因此,才形成了《史記》以情感邏輯為深層敘述結構的敘事傳統。

司馬遷創作《史記》，自己說是為了「成一家之言」，而不是多家之言，告訴我們《史記》中多的是自己的思考。對於劉邦、項羽兩個人物，司馬遷的感情很複雜，兩個並非都是全褒全貶，相對而言，對於項羽卻充滿著更多地肯定、讚美和同情，對劉邦則更多地揭露和諷刺。這正是司馬遷過於傾注個人思想感情和評價的敘事方式影響的結果。

司馬遷在對某些歷史人物褒貶評價時，也為後人留下了翻歷史舊案的可能。在《孝文本紀》中，「功莫大於高皇帝，德莫盛於孝文皇帝」是本篇的關鍵語，文帝紀多用詔令、文書體現史實、寄託史論，「太史公於他帝詔令多不載錄，獨於《孝文本紀》錄詔令最詳，蓋以孝文各詔質古溫醇，實屬三代之遺。且所行政事，又足以副之，非托諸空言者比也。通篇敘事，純以文勝，寫得秩秩楚楚，優柔不迫。既無《高紀》中疏蕩之氣，亦無《呂紀》中刻摯之筆，又處處與《武紀》中作反面對照。寫仁厚守成之主，不得不另用此一副筆墨也。」的確如此，在行文上，此篇節奏舒緩，正與孝文帝仁厚、寬和的性格特徵一致，是所謂的「寫一樣人，便用一樣筆墨」。本文的「互見法」將呂氏與大臣們血腥的政治鬥爭置於《呂太后本紀》中，正是要以舒緩的筆墨與孝文帝仁厚、寬和的性格特徵形成同構關係，頗為巧妙。如果僅僅閱讀《孝文本紀》，我們對這樣的聖明君主往往會油然而生敬意。

後世多與司馬遷的觀點相近，推崇文帝之「德」，甚至稱他為「三代以後第一賢君」。可是，如果把文帝時代的其他傳記進行全面閱讀後，就會發現這樣的結論並不客觀，因為即便是這樣有作為的聖明君主也有其陰暗面，在中國歷史上一向享有盛名的漢文帝其實並不完美。

歷史上已經有不少文人墨客注意到了「聖主」與「賢臣」的搭配並不完美，其突出例子就是賈誼的遭遇。劉長卿《長沙吊賈誼宅》說：「漢文有道恩猶薄，湘水無情吊豈知。」白居易《讀史》：「漢文疑賈生，謫置湘之陰。」《偶然》：「漢文明聖賈生賢，謫向長沙堪嘆息。」李商隱的《賈生》更是千古傳誦：「可憐夜半虛前席，不問蒼生問鬼神。」這些詩句都體現出對歷史的深刻體認。

後代文人為什麼得出了這樣的印象呢？原來，司馬遷在寄予了很多的主觀評價和思想感情的同時，還是透過互見法把漢文帝的另一面給暴露出來了。

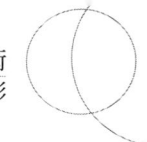

賈誼何許人也？「賈生名誼，雒陽人也。年十八，以能誦詩屬書聞於郡中。吳廷尉為河南守，聞其秀才，召置門下，甚幸愛。孝文皇帝初立，聞河南守吳公治平為天下第一，故與李斯同邑而常學事焉，乃征為廷尉。廷尉乃言賈生年少，頗通諸子百家之書。文帝召以為博士。是時賈生年二十餘，最為少。每詔令議下，諸老先生不能言，賈生盡為之對，人人各如其意所欲出。諸生於是乃以為能，不及也。孝文帝說之，超遷，一歲中至太中大夫。」由於賈誼表現突出，才能超群，因此文帝想重用之，欲提拔為公卿。但遭到了一些大臣的反對，因此，賈誼被封為長沙王太傅。

　　「後歲餘，賈生徵見。孝文帝方受釐，坐宣室。上因感鬼神事，而問鬼神之本。賈生因具道所以然之狀。至夜半，文帝前席。既罷，曰：『吾久不見賈生，自以為過之，今不及也。』居頃之，拜賈生為梁懷王太傅。梁懷王，文帝之少子，愛，而好書，故令賈生傅之。」（《屈原賈生列傳》）

　　漢文帝的認真傾聽乃至入迷說明賈誼的確有超人之才學，連鬼神之事都如此精通，更遑論其他才學了。漢文帝的感嘆告訴了我們，賈誼的確非同尋常，賈誼的才學冠蓋當世。這樣的人才如果能重用起來，得能發揮多大的作用啊！但為什麼沒有重用，不禁讓我們納悶：當初漢文帝剛即位不久，沒能真正控制權柄，不能重用情有可原，而今大權在握，為什麼依舊沒能重用之，難道是由於嫉妒的原因嗎？我們讀後也不禁唏噓感嘆。對於一個期望實現建功立業的才學之士而言，他希望帝王重視自己的治國安民的本領，而不是子虛烏有的鬼神之事。此處的敘事應該極具諷刺意味了，如此出眾之人物最後竟然傷心而死，年僅33歲。透過對歷史人物悲慘命運的客觀無聲細膩的敘事，正體現出司馬遷對歷史的懷疑，這引起後代讀者的無盡地感慨和深深地思考。

第二節　《史記》的傳奇色彩

　　《史記》在實錄敘事的同時，表現出強烈的愛奇、好奇的特性。關於司馬「好奇」的特點，歷史上許多學者都曾提到過。揚雄說過「實錄」，可他也說過這樣一段話，表達了對《史記》某些做法的不以為然：「多愛不忍，子長也。仲尼多愛，愛義也；子長多愛，愛奇也。」司馬遷注重實錄，同時

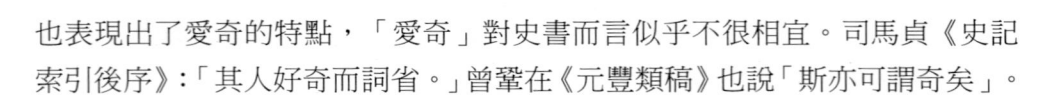

也表現出了愛奇的特點,「愛奇」對史書而言似乎不很相宜。司馬貞《史記索引後序》:「其人好奇而詞省。」曾鞏在《元豐類稿》也說「斯亦可謂奇矣」。

其「愛奇」的突出表現就是在「究天人之際」中根據民間傳說來寫人物的傳奇性,這使得《史記》的敘事帶有了濃濃的傳奇色彩。最具代表性的例子應該是劉邦了。

「高祖,沛豐邑中陽里人,姓劉氏,字季。父曰太公,母曰劉媼。其先,劉媼嘗息大澤之陂,夢與神遇。是時雷電晦冥,太公往視,則見蛟龍於其上。已而有身,遂產高祖。」(《高祖本紀》)

《左傳》中說得好:「國之大事,在祀與戎。」戎指軍隊、戰爭,槍桿子裡面出政權,這個道理大家都懂;祀指祭祀,透過宗教把大家的思想控制起來,就是狠抓意識形態。「天人感應」是漢代重要哲學課題,董仲舒大力提倡。劉邦的出生為母親感天神而生——「感生」。這樣做的目的是神化了自己的出生,自己不是凡人,為上天所生,從而給他們戴上了一個神聖而神祕的光環;但是從理論上說,這也就意味著劉邦和他爹根本沒有血緣關係。

「感生」神話其實並非劉邦的獨創,在西漢之前,商人、周人在回憶自己的始祖時,都是只知母,不知父的。商朝始祖契的老媽叫做簡狄,有一天看到一只燕子蛋,就把它給吃了,後來就生下了契,所以《詩經》上說「天命玄鳥,降而生商」。周朝始祖棄的出生也大致相似。這實際上是上古時期母系氏族社會在人們記憶中的殘留。《呂氏春秋》說:「昔太古常無君矣,其民聚生群處,知母不知父,無親戚兄弟夫婦男女之別與上下長幼之道。」《列子》說:「男女雜遊,不媒不聘。」由於遠古時代群婚雜交,所以「知母不知父」。在上古時期無論何種方式受孕,總帶有一定的現實合理性,這是上古時期人們對生育處於朦朧愚昧期的一種寫照。但以後卻逐漸地被少數別有用心者所利用。與劉邦出生不同的是,後代多不強調皇帝母親的甘於被人非禮,而是強調出生時的奇異現象,暗示他的不同尋常。宋太祖趙匡胤,出生時屋內異香撲鼻,屋外紅光環繞。這一點,連少數民族政權也學了去,遼太祖耶律阿保機就是帶著神光、異香來到人間。到朱元璋出生時,紅光更玄乎了,因為村民們甚至以為朱家著了火,還拎著水桶準備去救火。其實,學過現代科學的人都知道,這些天文上的異常現象往往是地震的前兆。

第七章 《史記》的敘事藝術
第二節 《史記》的傳奇色彩

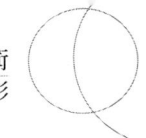

劉邦非人，為母親感神而生，既然是人神結合的產物，他與人相比必定有所不同。我們常說吉人天相，聖人異貌。後面司馬遷反覆摹寫劉邦的「異貌」。

高祖為人，隆準而龍顏，美鬚髯，左股有七十二黑子。仁而愛人，喜施，意豁如也。常有大度，不事家人生產作業。及壯，試為吏，為泗水亭長，廷中吏無所不狎侮。好酒及色。常從王媼、武負貰酒，醉臥，武負、王媼見其上常有龍，怪之。高祖每酤留飲，酒讎數倍。及見怪，歲竟，此兩家常折券棄責。

劉邦長相不俗，隆準，高鼻梁。龍顏是像龍一樣的長面容。於是後代往往諛稱皇帝面貌為「龍顏」，皇帝不高興稱「龍顏大怒」。劉邦還長著絡腮鬍子，大腿上有七十二顆黑子。一個人如果只有一點就算是怪人了，可這麼多怪異的特徵集中到一起去，不奇怪才算怪了呢。高祖喜歡喝酒，但不付現款，喝醉酒後做出常人沒有的舉動，且有「龍蛇」附體，嚇得武、王「折券棄責（債）」，折斷券契，不再討債，常行此法，高祖既賺得酒喝，又少花了錢，還神化了自己，真可謂一舉多得啊。

從這裡的記載我們可以看出，一般開國君主都難有個「人」的樣子，此類例子在劉邦之前已有之，後世亦多見。比如舜的每隻眼睛都有兩瞳仁，晉文公重耳的肋骨是連成一塊的。到後世幾乎每個朝代的開國皇帝都是如此，並且全部被寫進國家欽定的正史中。比如，《後漢書》上說，東漢光武帝劉秀「美鬚眉，大口，隆準，日角」，胡鬚眉毛是美的，長著大嘴，也是高鼻梁，「日角」是什麼意思呢？額骨中央部分隆起，形狀如日。舊時相術家認為是大貴之相。額頭中間的骨頭隆起，暗示劉秀和龍的血緣關係。這種模樣還算能讓人接受，還算沒脫離「人」的範疇，而隋文帝楊堅就要古怪得過了分。《隋書》上說他出生時頭上長角，「遍體鱗起」，手掌上有「王」字，上肢長，下肢短。以現代人的眼光看，楊堅絕對屬於畸形兒，這種描寫倒不像是神話，而是異化了，這種「人」怎麼還能做上皇帝呢。

劉邦擁有迥異於常人的「異貌」，還有常人所沒有的種種「異行」。

高祖為亭長時，常告歸之田。呂后與兩子居田中耨，有一老父過請飲，呂后因餔之。老父相呂后曰：「夫人天下貴人。」令相兩子，見孝惠，曰：「夫人所以貴者，乃此男也。」相魯元，亦皆貴。老父已去，高祖適從旁舍來，呂后具言客有過，相我子母皆大貴。高祖問，曰：「未遠。」乃追及，問老父。老父曰：「鄉者夫人、嬰兒皆似君，君相貴不可言。」高祖乃謝曰：「誠如父言，不敢忘德。」及高祖貴，遂不知老父處。

　　高祖以亭長為縣送徒酈山，徒多道亡。自度比至皆亡之。到豐西澤中，止飲，夜乃解縱所送徒。曰：「公等皆去，吾亦從此逝矣！」徒中壯士願從者十餘人。高祖被酒，夜徑澤中，令一人行前。行前者還報曰：「前有大蛇當徑，願還。」高祖醉，曰：「壯士行，何畏！」乃前，拔劍擊斬蛇。蛇遂分為兩，徑開。行數里，醉，因臥。後人來至蛇所，有一老嫗夜哭。人問何哭，嫗曰：「人殺吾子，故哭之。」人曰：「嫗子何為見殺？」嫗曰：「吾子，白帝子也，化為蛇，當道，今為赤帝子斬之，故哭。」人乃以嫗為不誠，欲告之，嫗因忽不見。後人至，高祖覺。後人告高祖，高祖乃心獨喜，自負。諸從者日益畏之。

　　相面事難以明說，但與高祖計謀有關應無大的問題。「及高祖貴，遂不知老父處。」我們可以從兩方面來理解：一是漢高祖是言而無信，忘恩負義之人；二是該故事本來就是一個杜撰，只有劉邦家人參與，別人不曉，相士本不存在，又如何能報恩呢？

　　高祖貴為天子，有龍顏異象，酒店裡曾有「龍蛇」附身。此處又有斬蛇，可見劉邦與一般北方人極為怕蛇大不一樣，「龍蛇」是劉邦的心愛之物，非尋常之人才可行非尋常之事啊。斬蛇，一者可能與酒有關，所以有「酒壯慫人膽」之說；一者可能是劉邦與親近之人合作扮演的一齣戲。老嫗之子被殺只是老嫗一人之語，無人可證。所言赤帝子與白帝子都應是劉邦事先授意安排的產物。

　　在科學並不發達的古代，編造這樣的奇聞異事，讓人非常容易相信。百姓相信的結果就是神化了自己。一般說來，開國皇帝絕對需要出具「出生證明」，因為皇帝是上天之子，前代皇帝照樣是天之子，權力是上天所賦予的，普通人無法輕易奪去，改朝換代的關鍵時刻只有請上天來幫忙。這樣一個王

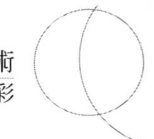

第七章　《史記》的敘事藝術
第二節　《史記》的傳奇色彩

朝的締造者首先必須證明老天爺已經喜新厭舊，對現存的政權已經厭倦了，而對新皇帝是特別青睞。所以這個赤帝子斬白帝子的故事，告訴我們劉邦的代秦建漢是上應天命，這叫君權神授。這就告訴我們天命的交接是合法的，已經得到了上天的應允，老百姓自然得乖乖地順從、臣服了。

　　秦始皇帝常曰：「東南有天子氣。」於是因東遊以厭之。高祖即自疑，亡匿，隱於芒、碭山澤岩石之間。呂后與人俱求，常得之。高祖怪問之。呂后曰：「季所居上常有雲氣，故從往常得季。」高祖心喜。沛中子弟或聞之，多欲附者矣。

　　此處之「氣」，指氣數，主吉凶之氣。古代方士稱可透過觀雲氣預知吉凶禍福。「天子氣」即預示將有天子出現之氣。秦始皇擔心天子氣對自己的統治有害，於是東遊以鎮住其氣。

　　以上描寫明顯地受到了古老文化傳統中的「天人合一」觀念，以及「感生異貌」思想的影響。無疑，這從科學的角度來看，這些記載確屬無稽之談。但是我們並不能因此說司馬遷的史記不合「正史」之要求。這用「實錄」史觀解釋不過去，只能說，這種傳奇性的記載體現了馬遷「愛奇」的追求。如果我們理性分析一下，就會發現此種做法又不僅僅是「愛奇」而已。因為在司馬遷生活的時代，上述離奇古怪的故事傳說應該眾口傳誦、婦孺皆知。司馬遷非常清楚，此類事件純粹是子虛烏有，但司馬遷又不得不記。因為劉邦的表面上離奇古怪的事情從根本上來說還是劉邦自己一人的「獨創」，算不上嚴格意義上的好奇。所以從這個意義上來說，這又是客觀的實錄了。當然司馬遷在記載這些奇聞異事的同時，用曲筆隱語告訴讀者其中的奧祕之所在。如「左股有七十二黑子」，除劉邦和呂后外，似乎沒人可查證黑子的具體數目。「好酒及色」是原因，「常從王媼、武負貰酒，醉臥，武負、王媼見其上常有龍」是過程，最終的結果是「兩家常折券棄責」，所以醉翁之意不在酒，在乎騙吃騙喝也。相面老人在相呂氏子女以及劉邦夫妻皆富貴後，「遂不知老父處」，司馬氏的用意一，如果相面老人存在，說明劉邦一貫言而無信，與知恩報恩的韓信形成鮮明對比，這是不折不扣的諷刺。用意之二，如果此為劉邦的編演，那麼，老人是無論如何難以找到的，一旦找到，自己的狐狸尾巴就要露出來了。透過這樣的曲筆告訴了讀者真正的用意就是為了獲得百

215

姓支持，必須神化自己。如果這樣解釋還有些牽強的話，那麼讀了《陳涉世家》中的「大楚興，陳勝王」的鬼把戲就不難獲知答案了。

小說可坦白承認虛構，而史書卻只能遮遮掩掩。後世小說寫帝王將相，往往都是「感生」，即帝王們大多不是他們的父母合作的產品，而是由母親腳踏了「龍」或「蜥蜴」的足印，或夢見麒麟等圖騰般的動物而特產的，可以說，帝王將相都是「特種」結果。在非性生育文化背景下，一個成功男子的背後要有一個在夢中想三想四的偉大母親，而不需要父親。當然，有時連母親也可省略，如孫悟空就是從石頭縫裡迸出來的。

劉邦感天而生，隆準異表，左股有七十二黑子，多有與龍有關的體表特徵，這樣，劉邦作為龍子的形象就比較完備了。需要說明的是，這些古裡古怪的故事，並不是司馬遷故意的編造，如前所述，故事的真正作者應該是劉邦。劉邦付出老爹的代價，得到了「君權神授」的待遇，也就是統治天下的合法性，這對後世頗有榜樣的作用。在劉邦的創意啟發下，幾乎歷代的開國皇帝都被神化，而神化的原則，就是董仲舒大力宣揚的「聖人無父，感天而生」，或者通俗地講，就是有意無意地暗示皇上非「人」生而為「神」後。

當然，司馬遷的「愛奇」、「尚奇」不僅僅體現於此。「愛奇」說到底還是作者思想傾向和審美選擇的具體體現，《史記》中「奇」的具體內容除了記載了一些神話傳說和異聞之外，司馬遷極喜歡寫奇人奇事，對那些風流倜儻俠義奇節的特異性歷史人物倍加推崇與偏愛，在描寫這些特異性歷史人物的時候，司馬遷喜歡描繪他們的特立獨行，傳達出他們的風骨氣神，故事往往委婉細膩曲折，好用誇張、想像，甚至虛構之法。

司馬遷的「愛奇」、「好奇」鮮明地體現在軍事家的傳記中。一般人為軍事家作傳，肯定會以軍事為主旨，特別專注於戰爭的描寫。而《史記》卻迥異其趣，在廉頗的傳記中，真正戰事很少，「瑣事」卻相當多。諸多看似反面的「瑣事」卻把一個真實的性情中人活靈活現地表現了出來。孫武的傳記只記了看似兒戲的一個小故事，當然小故事中隱含著孫武的奇謀和重要的軍事法則。用神來之筆將孫武臨危不亂、處亂不驚、胸有成竹、正義凜然、斬釘截鐵、指揮若定的大將風度活畫出來，讀來一波三折，險象環生，如浮眼前。有時正面描寫軍事鬥爭，也往往寫得奇崛驚人。「田單乃收城中得千

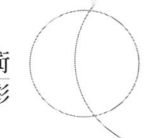

餘牛,為絳繒衣,畫以五彩龍文,束兵刃於其角,而灌脂束葦於尾,燒其端。鑿城數十穴,夜縱牛,壯士五千人隨其後。牛尾熱,怒而奔燕軍,燕軍夜大驚。牛尾炬火光明炫耀,燕軍視之皆龍文,所觸盡死傷。五千人因銜枚擊之,而城中鼓譟從之,老弱皆擊銅器為聲,聲動天地。燕軍大駭,敗走。齊人遂夷殺其將騎劫。」(《田單列傳》)「為絳繒衣,畫以五彩龍文」是為了將牛神化造成「驚天地泣鬼神」的效果,「束兵刃於其角」,牛就有了格鬥的利器,一旦受到驚嚇或被激怒就會成為勇往直前、所向披靡的猛士,而「灌脂束葦於尾,燒其端」則成為「神牛」戰鬥的動力,透過奇妙的構思、細緻的描寫、誇張的效果把田單的智謀給表現得出神入化,正因此,才有了「燕軍擾亂奔走,齊人追亡逐北,所過城邑皆畔燕而歸田單,兵日益多,乘勝,燕日敗亡,卒至河上,而齊七十餘城皆復為齊」的傳奇化的效果。

　　其他的傳記也表現出了其鮮明的「愛奇」、「好奇」的特點。刺客的入傳冒天下之大不韙;魯仲連一封《遺燕將書》,燕將讀後,泣三日,自殺身亡;鄒陽的入傳則僅僅由於對《獄中上梁王書》的喜愛;司馬相如的傳記,津津樂道於與卓文君的愛情故事,重點篇幅是對大賦作品的記錄,等等。這都可以看出司馬遷的迥異於常人的「愛奇」做法。《管晏列傳》記管子重點寫了管仲對鮑叔的知人善任的高風亮節所發的一番議論,而晏子傳記則記了兩則逸聞趣事,一是與越石父有關的識人、用人、容人,表現他的寬宏大量、聞過則改的故事;一是車伕為晏子駕車而自傲,妻子深明大義,善於觀察,尖銳批評車伕,車伕改過的故事。兩則小故事簡短完整而生動曲折,富有寓意,引人入勝,發人深省。但這樣的故事成了大政治家的傳記,似乎讓人難以理解,這樣的處理在後世的史家那裡絕少出現。這種愛奇傾向,使《史記》一書在顯露出奇異色彩的同時,更具有其他史書不可比擬的思想性和深刻性。

　　司馬遷「愛奇」的因由,首先是漫遊中國的經歷涵養了其廣闊的胸懷,培植了其靈秀奇崛之氣;遭李陵之禍後孤獨無援的境遇經歷強化了對奇士、英雄橫空出世的幻想和期待;而大一統的時代環境客觀上需要才能卓異之士,現實世界卻偏偏缺少卓異之士容足的環境和條件,所以他反覆訴說對特異人才的愛惜和尊重。

第三節　《史記》的敘事策略

「實錄」在《史記》的創作中非常重要，這也是使這部史書贏得尊重的根本。沒有實錄就不會成為「信史」。但我們對「實錄」要有正確的認識。如果把「實錄」理解為是對過去了的「純客觀世界」的客觀描述，那就過於天真了。克羅齊說：「一切歷史都是當代史。」說的是史書受到著史者所屬時代的制約。胡適說：「歷史是任人打扮的小姑娘。」強調的是史書的編著因著作者的不同而帶有不同的特色，史書打上了著史者鮮明的個人色彩。無論哪種說法，都告訴我們史書的歷史記載不可能是客觀歷史的重現，裡面帶有明顯的主觀傾向性。司馬遷的《史記》也不可避免地有個人主觀傾向性和思想感情的流露。歷史並不苛求對過去的事情進行忠實記錄，而是按照各種各樣的理解寫出來的。因此，正史中有《新唐書》、《新五代史》與《舊唐書》、《舊五代史》並行。

在《史記》的敘事中，司馬遷有意無意地對敘事做了一定處理，非常講究敘事的策略，其突出表現之一就是敘事的故事化。為了再現歷史上的場景和人物活動，《史記》很多傳記，是用一系列栩栩如生的故事構成的。

《史記》的故事，有不少是富於戲劇性的。司馬遷多喜歡用逼真的場景和尖銳的矛盾衝突來展開人物故事，由書中人物的行動來表現自己，使讀者幾乎忘記了敘述者的存在。在故事的敘述中，《史記》有詳略之分，司馬遷對於事情發展的起因，往往詳寫；對於這種原因所引發的最終結果，往往略寫。《李斯列傳》開頭寫了李斯見鼠之瑣事，卻由此集中反映了李斯苦於貧賤而貪戀富貴的人生觀、價值觀。這成為他奮鬥的動力，成就了李斯，使他坐上了一人之下萬人之上的尊貴之位，對於利祿的無原則地追求也使他最終自己成了自己的掘墓人，命喪黃泉，悔青腸子。《史記》人物傳記對許多人物的生活瑣事作了詳細描寫，究其因就在於這些瑣事在人物的一生中帶有原始動因的性質，表現了人物的主導性格，是人物命運的預演，又是諸多事件形成發展的關鍵因素。我們來看《商君列傳》，商鞅為法家人物，從司馬遷的角度來看，他不喜歡法家人物，但史學家的責任還是將商鞅的一生客觀地表現出來了。全文以「任法」為線索，與李斯一樣，司馬遷認為商鞅的成功源於「法」，其人生悲劇也與「法」有脫不開的關係。文中詳寫商鞅以刑名

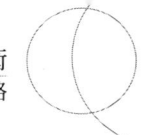

之學說服秦國君主，掌權後主持秦國的變法，面對重重阻力他揮舞嚴刑酷罰的大棒，太子犯法，為了維護法律尊嚴，他要繩之以法，「刑黥太子師傅、以嚴法令」；等到太子即位，自己的靠山不存在了，霉運也就開始了。商鞅被迫逃生，因他制定的秦國刑法異常殘酷，竟至無人敢收留於他，自己喟然嘆道：「嗟乎，為法之敝一至此哉！」真所謂成於「法」，又亡於「法」矣。詳寫商鞅的因「法」成功，對商鞅身亡家滅的結果，司馬遷只作簡單的交代，不作過多鋪敘，因為在成功的過程中已經孕育著禍敗的徵兆，無需多言，讀者已經心領神會。

　　《史記》許多篇章的詳寫與略寫，往往重在展示其中的因果關係，並非司馬遷隨意而為。商鞅和李斯，一個因為講原則喪生，一個因為不講原則而丟命。表面看來，似乎是矛盾著的，好像讓人無所適從。其實裡面蘊含著的道理還是告訴我們做事情還是不要太絕，過猶不及啊。時變事異，一個人還是要為自己留條後路的，否則自己就成了自己的掘墓人，到時會悔之晚矣。後來者要從李斯、商鞅那裡讀出些人生哲理來的，李斯為了享受而喪失了原則，今天這樣的人還少嗎？一批批被抓、被處以極刑，一批批又禁不住誘惑繼續貪汙腐化墮落變質著，真可謂「前腐後繼」。由於受到秦王的重用，商鞅做事就沒有了分寸，只重視結果，忽視了過程，將事情做絕了，所以最後只能死無葬身之地。如今人真的讀熟了《史記》，讀透了《史記》，那麼就能參透人生，大概犯這種錯誤的就會少多了吧。

　　敘事的策略還表現在透過敘事速度的控制、敘事時序的變化、敘事視角的轉換實現了客觀「史實」的一定程度上的變形。

一、敘事速度的控制和敘事時序的變化

　　敘事是一門時間藝術。「敘事的時間是一種線性時間，而故事發生的時間則是立體的。在故事中，幾個時間可以同時發生，但是話語則必須把他們一件一件地敘述出來，一個複雜的形象就被投射到一條直線上。」敘事者對時間的操作主要有兩種方式：一是以文本的疏密度控制時間速度；一是變化時間運行方式干擾、打斷或倒裝時間存在的持續性，控制時間次序。在文本中，前者表現為敘事速度，後者表現為敘事時序。先看敘事速度。歷史敘事

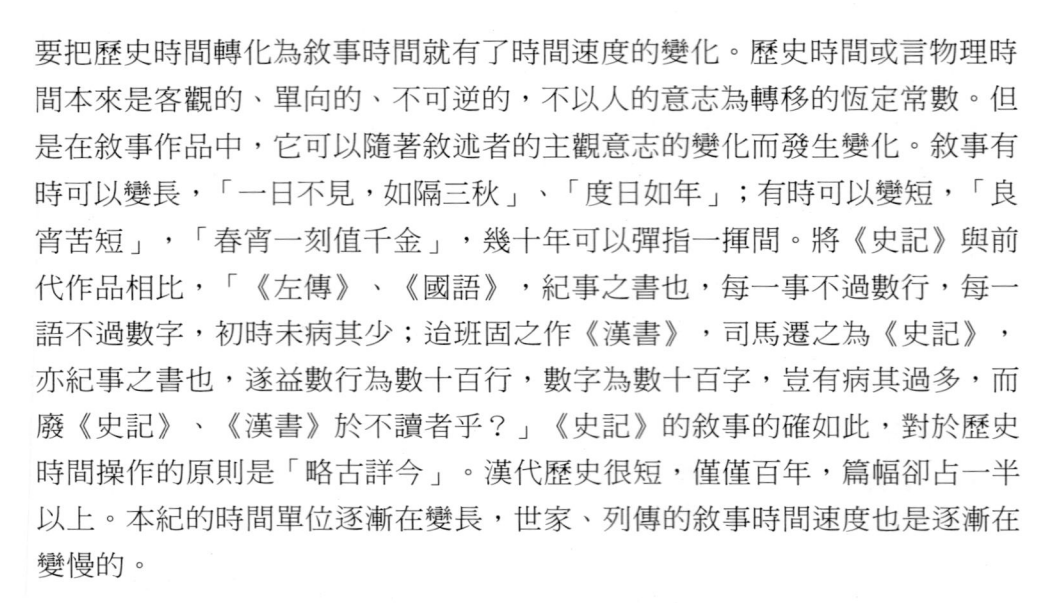

要把歷史時間轉化為敘事時間就有了時間速度的變化。歷史時間或言物理時間本來是客觀的、單向的、不可逆的，不以人的意志為轉移的恆定常數。但是在敘事作品中，它可以隨著敘述者的主觀意志的變化而發生變化。敘事有時可以變長，「一日不見，如隔三秋」、「度日如年」；有時可以變短，「良宵苦短」，「春宵一刻值千金」，幾十年可以彈指一揮間。將《史記》與前代作品相比，「《左傳》、《國語》，紀事之書也，每一事不過數行，每一語不過數字，初時未病其少；迨班固之作《漢書》，司馬遷之為《史記》，亦紀事之書也，遂益數行為數十百行，數字為數十百字，豈有病其過多，而廢《史記》、《漢書》於不讀者乎？」《史記》的敘事的確如此，對於歷史時間操作的原則是「略古詳今」。漢代歷史很短，僅僅百年，篇幅卻占一半以上。本紀的時間單位逐漸在變長，世家、列傳的敘事時間速度也是逐漸在變慢的。

敘事時間的疏密度大有文章，敘事時間速度和敘事情節的疏密度是成反比的，敘事時間越快，情節就越簡單；敘事時間越慢，敘事就越詳細。在表現人物命運發展時時間跳躍性很大，有時一年、一月、一日之內敘述內容很多，有時三言兩語就穿越若干年。敘事時間速度對人物的不同作用體現在《史記》中，就是概括敘述和場面描寫。《項羽本紀》八千餘言，敘述了項羽從學書、學劍到自刎烏江三十來年的悲劇經歷。三十來年的歷史，如果平均用力的話，每年的文字大概是 270 字。而對於鉅鹿之戰的敘述，不到一年的戰爭，用了 1500 字，密度很高；而鴻門宴時間只有兩天，然而敘事的文字卻同樣達到了 1500 字。比起鉅鹿之戰的時間速度慢了 180 倍。可以說，敘事密度越高，跨度越小，越有利於場面細節的描寫，有利於人物形象的塑造。鉅鹿之戰強調了項羽的勇敢善戰，這是為了塑造英雄；鴻門宴告訴讀者項羽錯失了良機，這是為了揭示其悲劇。

其他場面多見：《田單列傳》中的火牛陣；《廉頗藺相如列傳》中的完璧歸趙、澠池會、將相和；《淮陰侯列傳》中的背水一戰。

《史記》人物傳記敘事時間模式比較單一和原始，單一和原始的原因很簡單，一是性質的制約，《史記》首先是一部歷史著作，要求按照編年體的特點較單一地反映歷史的發展變化；二是《史記》產生時代非常久遠，沒有

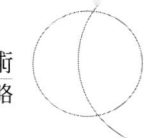

第七章　《史記》的敘事藝術
第三節　《史記》的敘事策略

多少可資借鑑的經驗，敘事時間模式沒有過多的經驗可以利用，幾乎完全是司馬遷自我的獨創。他的敘事時間模式對後代文學的敘事有很大的影響，表現最突出的莫過於對於小說的影響，史傳文學對小說的影響是巨大和深遠的，可以說，就是在史傳文學的影響下，最終導致了中國小說文體的出現，並且一直對中國古代小說有著深遠的影響。當然，這裡說的史傳文學，最重要的就是《史記》。

唐傳奇作家大多以史家口吻交代故事發生的時間，講史話本和明清時期的長篇歷史小說表現得更為明顯。金人瑞評《水滸》：「一路以年計，以月計，以日計，皆史家章法。」中國古代小說在敘事上多以自然時序為主，採用連貫敘述，往往要表現出宏觀的大跨度的整體性的時空操作；往往具有很強的整體連貫性，又具有豐富多變的敘事容量。可以說，《史記》人物傳記的敘事時間模式對中國敘事文學的影響是巨大的和深遠的；或者說中國敘事文學深深地打上了《史記》的烙印。

再看敘事時序的變化。《史記》人物傳記在敘事時序上採用以自然時序為主的連貫敘事，自然流暢而條貫有序。

敘事過程實際上是把自然時間人文化的過程。時間順序、時間速度的變動都是敘事者在操作中進行時間變異處理的結果，滲透著敘事者的才識和智慧。《史記》以順序為主，但有時為了表現人物命運發展的某種原因和基礎，暫時打破時序。敘事時序大體分五種：順敘、預敘、倒敘、插敘和補敘。順敘意味著時間存在的連貫性、不可逆轉性。而預敘、倒敘、插敘和補敘是對這種時間連續性的干擾、打斷和破壞。

《史記》人物傳記的敘事時序基本採用順敘。從人物出生、成長到死亡，從事件的開端、發展直到結束，從整個社會的興起、發展、強盛再到衰微滅亡，都按照時間順序，顯示出各自發展的過程，時間不但具有連貫性，而且具有因果性，顯示出興盛衰亡的轉變過程。如《項羽本紀》中項羽小時候學藝挑三揀四、眼高手低，直到斬會稽守、斬宋義，鉅鹿之戰，鴻門宴，垓下之圍，最後自刎烏江。幾乎全是按照時間的推進來展現項羽從「力拔山兮氣蓋世」的曠世英雄到最後窮途末路的全過程的。《史記》中的瑣事基本都具有這樣的意義。在許多人物的傳記，尤其是漢代人物的傳記中，司馬遷往往

對於生平際遇的事情都要詳細標明時間，甚至是月日。這樣就清晰地勾畫出了人物生平的全過程。

　　《史記》傳記敘事時序的標誌主要有四種：一是「搭天橋法」。比如直接說「後××年有××事」，《管晏列傳》：「後百餘年而有晏子焉。」《孫子吳起列傳》、《刺客列傳》等類傳中多見。二是歷史紀年法。大多以年、月記。如《留侯世家》等。三是用時間副詞來表示。如「已」、「初」、「曾」、「嘗」、「頃之」、「久之」等等。這種類型分為過去時間和將來時間，此種類型時間跨度最小。四是用時間名詞來表示。如春夏秋冬、少老、微盛等來表示時間的變化。《史記》傳記以時間為軸，按自然時序將立體的故事排列成線性序列，有頭有尾，順暢自然，渾然一體，又富變化。

　　《史記》多採用暗示性的預敘，以夢、異兆、占卜、智者之言等預示政治興亡、家族興衰、人物命運、預設人物性格，同時伴隨著一些指點性、評論性內容來實現預敘的功能。《佞幸傳》中對鄧通最後將會餓死，《高祖本紀》中老人給劉邦以及家人的相面，《淮陰侯列傳》中蒯通的長篇大論，《絳侯周勃世家》中許負對周亞夫前途命運的敘述，《留侯世家》中「卒破楚者，此三人力也（黥布、彭越、韓信）」等等都屬於預敘。預敘不僅使文章結構更加完整，而且還傳達出宿命的悲劇意識，還能控制敘事線索，預設情節走向，最後的靈驗之記錄又與之形成了前後呼應。

　　插敘和補敘的作用也非常特殊，使得本來流暢的敘事時間逸態橫生。插敘有兩種形式，一是用「初」、「始」、「嘗」表示。一是在一人物傳記中插入另一人物傳記。比如《孟嘗君列傳》中敘述其父生平時，插入孟嘗君出生之事，「初……」。《酷吏列傳》敘述張湯，用「始」插敘交代張湯與丞相、三位長史間的恩怨。目的在於揭示其最後自殺的原因。《項羽本紀》中在鴻門宴前緊張的鬥爭氛圍中，插入項伯與張良事，交代項伯為小恩小惠而出賣大的集團利益的原因。《商鞅列傳》透過插敘交代了其獲罪的原因。「孝公卒，子惠文君立。是歲，誅衛鞅。鞅之初為秦施法，法不行，太子犯禁。鞅曰：『法之不行，自於貴戚。君必欲行法，先於太子。太子不可黥，黥其傅師。』於是法大用，秦人治。及孝公卒，太子立，宗室多怨鞅，鞅亡，因以為反，而卒車裂以徇秦國。」《伍子胥列傳》用插敘交代了伍子胥和申包胥一滅楚、

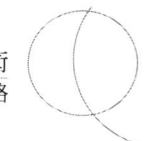

一存楚的宏願,將歷史和當時有機地聯繫在一起。「始伍員與申包胥為交,員之亡也,謂包胥曰:『我必覆楚。』包胥曰:『我必存之。』及吳兵入郢,伍子胥求昭王。既不得,乃掘楚平王墓,出其屍,鞭之三百,然後已。申包胥亡於山中,使人謂子胥曰:『子之報仇,其以甚乎!吾聞之,人眾者勝天,天定亦能破人。今子故平王之臣,親北面而事之,今至於僇死人,此豈其無天道之極乎!』伍子胥曰:『為我謝申包胥曰,吾日暮途遠,吾故倒行而逆施之。』於是申包胥走秦告急,求救於秦。秦不許。包申胥立於秦廷,晝夜哭,七日七夜不絕其聲。秦哀公憐之,曰:『楚雖無道,有臣若是,可無存乎!』乃遣車五百乘救楚擊吳。」

　　插敘的目的在於交代事情發生的原因,而補敘的目的在於補充交待事情發生的後果,造成進一步補充說明的作用,補敘使敘事時間擴容,使敘事更具有立體感。《項羽本紀》中的「當是時」,造成側面烘托和渲染的作用。補敘多出現在傳記的末尾。《孟嘗君列傳》敘完孟嘗君生平大事,又用了很大的篇幅敘述了馮諼的故事。透過敘述故事揭示了道理,具有很強的諷刺意味。

二、敘事視角的轉換

　　什麼是敘事視角呢?敘事學認為文學作品審視世界的特殊眼光和角度就是敘事視角。當作者要展示一個敘事世界的時候,必須創造性地運用敘事謀略,其中敘事視角就是作者和文本的心靈結合點,是作者把他體驗到的世界轉化為敘事世界的基本角度,同時它也是讀者進入這個文本敘事世界,打開作者心靈的一把鑰匙。

　　一般說來,敘事視角作為敘述者觀察和敘述故事的角度,其區別比較細緻。其實與《史記》有關的主要是第一人稱視角和第三人稱視角,全知視角和限知視角。第一人稱敘事指敘述者參與故事情節,甚至是故事情節的主角,「我」敘述自身經歷的事件和時間進程中自身的認知過程。第一人稱敘事的突出特點是真實感強。第三人稱敘事指敘述者不參與情節,不在故事中充當任何角色,只是客觀的敘述故事的發生、發展和結局。第三人稱敘事的突出特徵是非人格化與間離性。

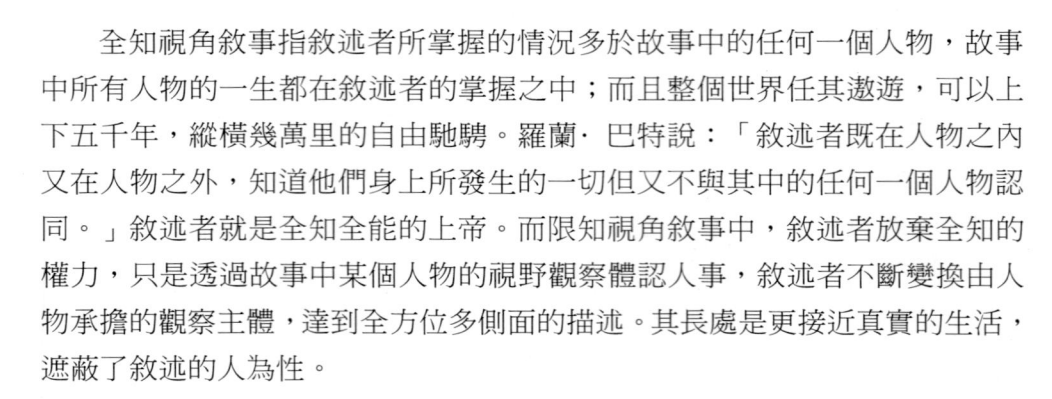

全知視角敘事指敘述者所掌握的情況多於故事中的任何一個人物，故事中所有人物的一生都在敘述者的掌握之中；而且整個世界任其遨遊，可以上下五千年，縱橫幾萬里的自由馳騁。羅蘭・巴特說：「敘述者既在人物之內又在人物之外，知道他們身上所發生的一切但又不與其中的任何一個人物認同。」敘述者就是全知全能的上帝。而限知視角敘事中，敘述者放棄全知的權力，只是透過故事中某個人物的視野觀察體認人事，敘述者不斷變換由人物承擔的觀察主體，達到全方位多側面的描述。其長處是更接近真實的生活，遮蔽了敘述的人為性。

《史記》在總體上採用第三人稱全知視角，敘述者無所不在，無所不知，無所不能。而全知視角的描寫不靠客觀的「務實」，有時要靠懸想甚至虛構才能完成。敘事視角不同，效果也就顯著不同，所謂「橫看成嶺側成峰，遠近高低各不同」是也。即使現代化的現場直播或實況錄影也存在強烈的主觀傾向性，鏡頭的切換背後都有「預謀」。如《史記》敘鉅鹿之戰，敘述者對於整個戰爭的全過程盡在敘述者的掌握之中，「中間總處，提處，間接處，遙接處，多用『於是』，『當是時』等字」。時而寫項羽，時而寫章邯，時而寫諸侯，敘述者掌控了世間的一切。

第三人稱的全知視角的優點非常明顯：無所不在的全知全能的敘述視角便於營造敘述上的全景特徵。敘述者既把握了項羽軍事集團的一切，又對劉邦軍事集團的一切能瞭如指掌。全知視角還可以跨越時空，打通歷史。在合傳和類傳中能夠將古今自由貫通，三千年間的人物可以重新排列組合。《刺客列傳》、《循吏列傳》等等即屬此類。全知視角的長處還表現在對於人物的所有一切都盡在掌握。既能如影隨形一樣地知曉人物的一舉一動，甚至也能像孫悟空一樣自由出入人物的心靈。敘述者對人物的成長環境、人物家世，甚至一些鮮為人知的一些逸聞、趣事、瑣事都能如數家珍；最典型的莫過於對歷史人物的對話描寫。當時沒有錄音機，沒有攝影機，可以說，許多的對話都不是客觀真實的。「蘇張之遊說，范蔡之共談，何當時一出諸口，即成文章，而又誰為記憶其字句。」錢鍾書在《管錐編》做了合理的解答：「此類語皆如見骨而想生象，古史記言，太半出於想當然。馬善設身處地、代作喉舌而已……馬能曲傳口角……」

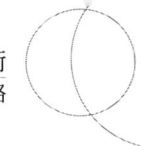

第七章　《史記》的敘事藝術
第三節　《史記》的敘事策略

這樣看來，全知敘事也離不開合理的想像，有時甚至離開想像就無法寫作。「蕭何月下追韓信」的故事家喻戶曉：

信數與蕭何語，何奇之。至南鄭，諸將行道亡者數十人，信度何等已數言上，上不我用，即亡。何聞信亡，不及以聞，自追之。人有言上曰：「丞相何亡。」上大怒，如失左右手。居一二日，何來謁上，上且怒且喜，罵何曰：「若亡，何也？」何曰：「臣不敢亡也，臣追亡者。」上曰：「若所追者誰何？」曰：「韓信也。」上復罵曰：「諸將亡者以十數，公無所追；追信，詐也。」何曰：「諸將易得耳。至如信者，國士無雙。王必欲長王漢中，無所事信；必欲爭天下，非信無所與計事者。顧王策安所決耳。」王曰：「吾亦欲東耳，安能鬱鬱久居此乎？」何曰：「王計必欲東，能用信，信即留；不能用，信終亡耳。」王曰：「吾為公以為將。」何曰：「雖為將，信必不留。」王曰：「以為大將。」何曰：「幸甚。」於是王欲召信拜之。何曰：「王素慢無禮，今拜大將如呼小兒耳，此乃信所以去也。王必欲拜之，擇良日，齋戒，設壇場，具禮，乃可耳。」王許之。諸將皆喜，人人各自以為得大將。至拜大將，乃韓信也，一軍皆驚。——《淮陰侯列傳》

其中蕭何和劉邦的對話，韓信、劉邦和眾人的心理變化，司馬遷無論如何都難以找到寫作的具體根據，只有流傳的故事概貌，敘事的摹寫還是要靠作者的全知全能的本領了。

《淮陰侯列傳》寫韓信與武涉、蒯通的兩次密談，洋洋千言。兩次談話因為都涉及勸說韓信脫離劉邦早日自立，應都為密室之談，如此說來，沒錄音，不能錄影，又沒有祕書記錄，但司馬遷還是娓娓道來，不會讓人生出幾分懷疑，其原因就在於這些描寫都是全知視角下的所做出的符合歷史情境的合理的想像性描寫。

武涉已去，齊人蒯通知天下權在韓信，欲為奇策而感動之，以相人說韓信曰：「僕嘗受相人之術。」韓信曰：「先生相人何如？」對曰：「貴賤在於骨法，憂喜在於容色，成敗在於決斷，以此參之，萬不失一。」韓信曰：「善。先生相寡人何如？」對曰：「願少間。」信曰：「左右去矣。」通曰：「相君之面，不過封侯，又危不安。相君之背，貴乃不可言。」

225

蒯通是個聰明人，對形勢的發展非常清楚，於是想勸說韓信造反自立。韓信曰：「何謂也？」蒯通曰：「天下初發難也，俊雄豪傑建號一呼，天下之士雲合霧集，魚鱗雜沓，熛至風起。當此之時，憂在亡秦而已。今楚漢分爭，使天下無罪之人肝膽塗地，父子暴骸骨於中野，不可勝數。楚人起彭城，轉鬥逐北，至於滎陽，乘利席捲，威震天下。然兵困於京、索之間，迫西山而不能進者，三年於此矣。漢王將數十萬之眾，距鞏、雒，阻山河之險，一日數戰，無尺寸之功，折北不救，敗滎陽，傷成皋，遂走宛、葉之間，此所謂智勇俱困者也。夫銳氣挫於險塞，而糧食竭於內府，百姓罷極怨望，容容無所倚。以臣料之，其勢非天下之賢聖固不能息天下之禍。當今兩主之命懸於足下。足下為漢則漢勝，與楚則楚勝。臣願披腹心，輸肝膽，效愚計，恐足下不能用也。誠能聽臣之計，莫若兩利而俱存之，參分天下，鼎足而居，其勢莫敢先動。夫以足下之賢聖，有甲兵之眾，據強齊，從燕、趙，出空虛之地而制其後，因民之欲，西鄉為百姓請命，則天下風走而響應矣，孰敢不聽！割大弱強，以立諸侯，諸侯已立，天下服聽而歸德於齊。案齊之故，有膠、泗之地，懷諸侯以德，深拱揖讓，則天下之君王相率而朝於齊矣。蓋聞天與弗取，反受其咎；時至不行，反受其殃。願足下孰慮之。」

但好話說盡，韓信並不為之所動。韓信說：「漢王遇我甚厚，載我以其車，衣我以其衣，食我以其食。吾聞之，乘人之車者載人之患，衣人之衣者懷人之憂，食人之食者死人之事，吾豈可以鄉利倍義乎！」由此可知，韓信是知恩重義之人。但蒯通動之以情之餘，還要曉之以理，告知他利害：「足下自以為善漢王，欲建萬世之業，臣竊以為誤矣。……且臣聞勇略震主者身危，而功蓋天下者不賞。……今足下戴震主之威，挾不賞之功，歸楚，楚人不信；歸漢，漢人震恐：足下欲持是安歸乎？夫勢在人臣之位而有震主之威，名高天下，竊為足下危之。」韓信最後還是沒有聽從蒯通之言，對劉邦一直是忠心耿耿，從一而終，矢志不渝。沒想到劉邦統一天下後，「狡兔死，走狗烹」，對功臣大開殺戒。打敗項羽的最大最有能力的功臣韓信自然就成了劉邦的心頭大患了。

武涉說：「天下權在足下（韓信）。」其意為韓信之實力恰似秤錘，劉邦和項羽的成敗完全取決於韓信，「足下右投則漢王勝，左投則項王勝。項

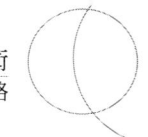

第七章 《史記》的敘事藝術
第三節 《史記》的敘事策略

王今日亡,則次取足下。」武涉和蒯通都建議韓信既不附劉,也不依項,「兩利而俱存之,參分天下,鼎足而居」,這樣應該是最好的前途。如果不然,在「戴震主之威,挾不賞之功,歸楚,楚人不信;歸漢,漢人震恐」的情形下,形勢發展下去,後果不堪設想。結果,韓信經過了一番「深思熟慮」,顧及著劉邦的小恩小惠,依恃著自己的蓋天功勞,還是沒有聽從蒯通的建議。機會具有時間性,在他來臨的時候沒有能夠及時抓住,他就永遠離你而去。蒯通說得好,「天與弗取,反受其咎;時至不行,反受其殃」。他說的就是時機,就是際遇,就是機會。當劉邦穩定下大局後,首先用計奪了韓信的兵權,建國後不久,韓信不甘心有名無實的處境,竟然要聯合陳豨謀反。錢大昕曾經感慨地說:「生慚噲等伍,那至結陳豨。」當時機失去,條件不具備的時候,「謀反」的結果是可想而知的。所以司馬遷說:「天下已集,乃謀叛逆,夷滅宗族,不亦宜乎!」

在此,司馬遷用全知視角借武涉、蒯通之口,對二人對話做了極其詳細的描繪,其實表達的是對韓信被滅族悲劇的無限惋惜之情。韓信何罪之有?罪在功高震主,其罪實在其主也。清代史學家趙翼說得好:「全載蒯通語,正以見淮陰之心在為漢,雖以通之說喻百端,終確然不變,而他日之誣以反而族之者之冤,痛不可言也。」趙氏的確讀懂了司馬遷的一片苦心。方苞也指出:「其詳載武涉蒯通之言,則徵文以志痛也。」後人更尖銳地指出:「『天下已集,乃謀叛逆』,此史公微文。謂淮陰之愚,必不至此也。」有人說得更為深刻:「天下已集,豈可為逆於其必不可為叛之時?而夷其宗族,豈有心肝人所宜出哉!讀此數語,韓信心跡,劉季呂雉手段昭然若揭矣。」這樣看來,韓信之謀反的罪名應該就是莫須有的了。

當然對於韓信的悲劇結局,我們說韓信死於劉邦夫妻之手。劉邦的確狡猾奸詐,韓信的悲劇與張良、陳平、蕭何等人也有著分不開的關係。韓信打下齊地,為了實現對該地區的有效治理,當然也有居功自傲的要挾成分,韓信提出要做代理齊王時,劉邦大怒,張良、陳平等人說:「漢方不利,寧等禁信之王乎?不如因而立,善遇之,使自為守;不然,變生。」前人對此分析道:「良平自處以厚,即當說帝以王鎮多變之齊,以齊王有功之信,帝素樂於納諫,必欣然從之,而信可高枕矣。何乃云『漢方不利,寧能禁信之自

227

王乎?」斯言出而帝起群疑,雖王信以真王,而徵兵擊楚,是持太阿而執其柄也,信蓋岌岌矣。然則淮陰族誅之禍,胎於良平之躡足附耳也哉!」

韓信的悲劇讓千古英雄和歷代人民都為之深深同情。人們不滿於這樣的忠義之人的悲劇結局,所以,後世的小說借助因果的佛教「轉世」或「託生」說,宣洩了民間的愛恨情緒。說一個名叫司馬貌的文人,被閻王勾到陰司去用六個時辰斷獄,他斷了漢初四件比較棘手的冤案:「一宗屈殺忠臣事,原告:韓信、彭越、英布;被告:劉邦、呂氏。一宗恩將仇報事,原告:丁公;被告:劉邦。一宗專權奪位事,原告:戚氏;被告:呂氏。一宗乘危逼命事,原告:項羽;被告:王翳、楊喜、夏廣、呂馬童、呂勝、楊武。」他斷案的方式很乾脆,讓韓信託生為曹操,「先為漢相,後為魏王,坐鎮許都,享有漢家山河之半。那時威權蓋世,任從你謀報前世之仇。當身不得稱帝,明你無叛漢之心;子受漢禪,追尊你為武帝,償十大功勞也。」又讓劉邦轉生為獻帝,「一生被曹操欺侮,膽顫魂驚,坐臥不安,度日如年。因前世君負其臣,來生臣欺其君以相報。」讓呂后為獻帝之後,被曹操逼死宮中,以報戚氏之仇;項羽託生為關羽,呂馬童等託生為被關羽過五關時所斬的六將……如此一一判來,方見「天地無私,果報不爽」。這當然都是小說家言,但表達了民間的態度和立場,滿足了百姓的因果報應的願望,實現了傳統的一貫的大團圓結局。

全知視角之妙還表現在敘述者對人物心理活動的傳神敘述上。如對自己有利之事,「高祖乃心獨喜,自負」(《高祖本紀》)。對自己不利之事,「太后惡之,心不喜」(《呂太后本紀》)。

《史記》整體上採用全知視角,有的地方採用限知視角來敘事。在這種視角下,敘述者不再代替人物去思維,而是讓人物自己去表演。《淮陰侯列傳》:「信等已數言上,上不我用,即亡。」《田儋列傳》:「田橫既葬,二客穿其塚旁孔,皆自剄,下從之。高帝聞之,乃大驚,以田橫之客皆賢。『吾聞其餘尚五百人在海中』,使使召之。」「我」、「吾」都為人物視角,敘述者讓人物自身表白自我心跡,來展現真實深邃而豐富的內心世界,這樣使得人物形象更加生動。

在《史記》中開始出現的「太史公曰」,屬於情節外評論,為敘述者對敘事的干預。人物傳記往往是先記事後結於議論。記事採用第三人稱全知視

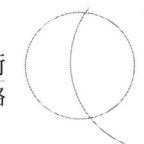

第七章 《史記》的敘事藝術
第三節 《史記》的敘事策略

角,最後部分的議論是敘述者的夾敘夾議,開創了「敘中夾議」的傳統,開創了「多元視角」的敘述觀念。記事部分上帝隱於幕後,議論部分走向臺前,這樣由全知到限知、由第三人稱到第一人稱的視角變化,使得敘述者感知世界的層面變得豐富起來。限知敘事使得讀者能夠透過現象看出本質,抒寫自己的評價,便於讀者把握文章的精髓,瞭解作者作史的最終最直接的目的。《遊俠列傳》:「吾視郭解,狀貌不及中人,言語不足采者。然天下無賢與不肖,知與不知,皆慕其聲,言俠者皆引以為名。諺曰:『人貌榮名,豈有既乎!』於戲,惜哉!」郭解長相一般,口才了了,但為人卻讓人佩服得五體投地,透過作者的「現身說法」,讓我們明白了司馬遷將郭解寫入《史記》的原因。

由以上論述可以知道,歷史敘事不是逼真的客觀實錄,而是事實、事理和事情的有效交融,當然不是簡單相加。司馬遷的成功,正在於很好地操縱了敘事。這樣我們講來講去,就真的明白了《史記》不是一筆簡單的「流水帳」,而是一種非常講究敘事的藝術。它不僅僅停留在一般的「史」的水平上,而是一種上升為「文」的藝術,正因此,才有了「無韻之離騷」的美譽。

概括而言,司馬遷在敘事中以「實錄」為基礎,還表現出了「愛奇」的風尚,在敘事中講究敘事速度的自我調控、敘事時序的轉化和敘事視角的轉換,同時注入了遭李陵之禍而生發出的「發憤」,開創了既重視史實,又崇尚審美,還強調個性的創作傳統,這使得《史記》獨樹一幟,在中國歷史成為一部空前絕後的鴻篇巨制。

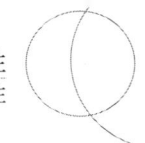

第八章　《史記》的抒情性與悲劇性

　　明茅坤評《史記》說：「今人讀遊俠傳，即欲輕生；讀屈原傳，即欲流涕；讀莊周魯仲連傳，即欲遺世；讀李廣傳，即欲立鬥；讀石建傳，即欲俯躬；讀信陵君傳，即欲養士，若是者何哉？蓋具物之情，而肆之於心故也，非區區字句之激射也。」茅坤這段話形象地描繪出了《史記》給予讀者的強烈的情感感染。《史記》中寫得最感人的，是那些帶有悲劇色彩的人物形象，可以說，《史記》全書充滿著濃郁的悲劇氛圍。

▍第一節　《史記》強烈的抒情性

　　劉熙載在《藝概‧文概》中說：「學《離騷》得其情者為太史公，得其辭者為司馬長卿。長卿雖非無得於情，要是辭一邊居多，離形得似，當以史公為尚。」魯迅先生在《漢文學史綱要》中說：「（子長）恨為弄臣，寄心楮墨（紙墨），感身世之戮辱，傳畸人於千秋，雖背《春秋》之義，固不失為史家之絕唱，無韻之《離騷》矣。」劉熙載和魯迅先生的論述也都注意到了《史記》灌注情感、用生命寫作的抒情性特點，形象地描畫了《史記》給予讀者的情感感染。並且都把《史記》與中國文學史上的著名抒情長詩《離騷》相類比。這說明它們之間有某種可比性，或者說對於《史記》的抒情性具有共同的認識。

　　關於魯迅先生的「無韻之《離騷》」，季鎮淮先生認為至少有三層意思：一是《史記》的文學價值和成就可與《離騷》相媲美。二是《史記》和中國文學史上第一首文人抒情長詩——《離騷》——一樣同為抒情之作。三司馬遷在《史記》中所抒發的感情與屈原一樣，同為牢騷憂憤之情。對於以上的分析，我們認為司馬遷在《史記》中所抒發的感情不僅僅是牢騷憂憤之情，他所抒發的感情與他的人生經歷相適應，是極為豐富和複雜的。

　　抒情就是情感的宣洩抒發。司馬遷早年的生命體驗和生活經歷，即幼年家庭環境、讀書生活和青年時期的漫遊經歷培養了他豐富深厚寬廣的情感意識。他又有著傳統的文人士大夫所慣有的建功立業的人生追求，其父親的「重名」教化更加強了司馬遷的立身揚名的人生價值意識。這樣的價值意識表現

在情感層面上，就是司馬遷在內心中蘊含了無比飽滿的充沛的激情。因李陵事件而遭受的恥辱又使得其感情上遭受了沉重打擊，而這又從另一層面強化了他的激情，為其激情增加了更為豐富的鬱悶憤慨因素。正是司馬遷強烈的愛與激越的憎，使得《史記》成為一首愛恨的交響樂，成為一首用一個人全部生命譜寫成的包含著司馬遷全部血淚的悲憤史詩。

人類的情感是豐富多彩的，有「喜怒哀樂」等等之分。如果說李陵事件之前司馬遷的感情偏重於「喜樂」層面，那麼李陵事件之後司馬遷的感情就更偏重於「哀怒」層面了。我們總要強調李陵之禍的重要性，其實無論怎麼強調都不為過。李陵事件對司馬遷是不幸的，但就文學史、文化史和歷史的發展來說，卻又是一件萬幸之事。舒適的生活往往是文學家的大敵，不幸往往能夠鑄造出絕美淒美的文學作品。這實際上就是中國文學史上屢見不鮮的「發憤著書」、「不平則鳴」、「窮而後工」的道理所在。正因為司馬遷的這次痛苦遭遇，才使得司馬遷加深了對社會人生的理解，從而使得作品對於社會人生的反映更加深刻，使得《史記》一書的感情色彩更加濃厚、所包含的感情更加豐富。

司馬遷在創作時把這種激情傾注到《史記》的創作中，傾注到人物傳記的敘述中了。具體而言，《史記》的感情色彩主要有這樣幾種：讚美歌頌、惋惜同情、批評厭煩、甚至痛恨憎惡。

在《孔子世家》中對於孔子的熱情讚美和歌頌：

《孔子世家》的論贊，「詩有之：『高山仰止，景行行止。』雖不能至，然心鄉往之。餘讀孔氏書，想見其為人。適魯，觀仲尼廟堂車服禮器，諸生以時習禮其家，餘祇回留之不能去云。天下君王至於賢人眾矣，當時則榮，沒則已焉。孔子布衣，傳十餘世，學者宗之。自天子王侯，中國言六藝者折中於夫子，可謂至聖矣！」

司馬遷引用《詩經》來讚美孔子，說孔子像高山一般令人瞻仰，像大道一般可以讓人遵循。司馬遷懷著極為崇敬的心情徘徊於孔氏故居而久久不願離去。一個布衣卻贏得了比無數君王多得多久得久的敬仰，這說明了什麼，留給後人怎樣的啟示呢？

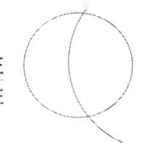

第八章 《史記》的抒情性與悲劇性
第一節 《史記》強烈的抒情性

《管晏列傳》太史公曰：

「管仲，世所謂賢臣，然孔子小之。豈以為周道衰微，桓公既賢，而不勉之至王，乃稱霸哉？語曰『將順其美，匡救其惡，故上下能相親也』。豈管仲之謂乎？方晏子伏莊公屍哭之，成禮然後去，豈所謂『見義不為無勇』者邪？至其諫說，犯君之顏，此所謂『進思盡忠，退思補過』者哉！假令晏子而在，餘雖為之執鞭，所忻慕焉。」

對管仲，孔子小之，而自己卻大之，客觀評價了管仲的功業。對晏子的完美人格更是崇拜備至，如果現實世界裡像晏子這樣的人大有人在的話，那該多好，然而是恰恰相反，今天沒有晏子式的賢人，所以只能幻想中尋求一點些許的滿足了。這裡表達的是自己對他們的肯定和欽羨之情。

在《李將軍列傳》中表現出的是對李廣遭遇的深深同情：

廣廉，得賞賜輒分其麾下，飲食與士共之。終廣之身，為二千石四十餘年，家無餘財，終不言家產事。……廣之將兵，乏絕之處，見水，士卒不盡飲，廣不近水，士卒不盡食，廣不嘗食。寬緩不苛，士以此愛樂為用。

廣謂其麾下曰：「廣結髮與匈奴大小七十餘戰，今幸從大將軍出接單兵，而大將軍又徙廣部行回遠，而又迷失道，豈非天哉！且廣年六十餘矣，終不能復對刀筆之吏。」遂引刀自剄。廣軍士大夫一軍皆哭。百姓聞之，知與不知，無老壯皆為垂涕。

李廣愛兵如子，身先士卒，廉潔奉法，家無餘財，屢敗屢戰，竟以自殺而結局，百姓愛之，政府棄之，形成了鮮明對比。

在《酷吏列傳》中表現出來的是厭煩、憎惡乃至憤慨的感情：

寧成家居，上欲以為郡守。御史大夫弘曰：「臣居山東為小吏時，寧成為濟南都尉，其治如狼牧羊。成不可使治民。」上乃拜成為關都尉。歲餘，關東吏隸郡國出入關者，號曰：「寧見乳虎，無值寧成之怒。」

（王溫舒）素居廣平時，皆知河內豪奸之家，及往，九月而至。……奏行不過二三日，得可事。論報，至流血十餘里。河內皆怪其奏，以為神速。盡十二月，郡中毋聲，毋敢夜行，野無犬吠之盜。其頗不得，失之旁郡國，

233

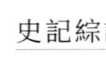

黎來，會春，溫舒頓足嘆曰：「嗟乎，令冬月益展一月，足吾事矣！」其好殺伐行威不愛人如此。天子聞之，以為能，遷為中尉。

　　寧成如狼般兇狠，王溫舒嗜殺如命，只有看到血流成河、屍積如山才心滿意足，不能殺人竟然非常難過。而就是如此滅絕人性之人，天子聽了，竟然以為甚有才能，升為中尉。司馬遷抨擊了酷吏，又把諷刺的矛頭指向了酷吏制度的制定者和維護者——漢武帝。

　　司馬遷在《史記》中的抒情中批評的成分應該非常之多，如在《高祖本紀》、《項羽本紀》、《呂太后本紀》、《今上本紀》中都有著對於統治者的客觀冷峻地批評。前面我們已經提及，《史記》的批評是冷靜的客觀的，把自己對傳主，尤其是對於身分特殊的傳主的批評更是不露聲色的，把自己的意見蘊涵在字裡行間，而高明的讀者卻是可以領悟出來的。

　　在作品中，司馬遷抒發的感情更多的不是單一的，而是豐富多彩，往往幾方面兼而有之。像上面我們引到的《李將軍列傳》的例子，對於李廣這樣的功勳卓著讓匈奴人長期聞風喪膽的著名將領。「廣居右北平，匈奴聞之，號曰『漢之飛將軍』，避之數歲，不敢入右北平。廣出獵，見草中石，以為虎而射之，中石沒鏃，視之石也。因復更射之，終不能復入石矣。廣所居郡聞有虎，嘗自射之。及居右北平射虎，虎騰傷廣，廣亦竟射殺之」，「結髮與匈奴大小七十餘戰」；然而朝廷的對待卻是非常不公平的，「廣之從弟李蔡與廣俱事孝文帝。景帝時，蔡積功勞至二千石。孝武帝時，至代相。以元朔五年為輕車將軍，從大將軍擊右賢王，有功中率，封為樂安侯。元狩二年中，代公孫弘為丞相。蔡為人在下中，名聲出廣下甚遠，然廣不得爵邑，官不過九卿，而蔡為列侯，位至三公。諸廣之軍吏及士卒或取封侯。」廣終生沒有封侯之賞，而出身低劣的衛青、霍去病卻屢獲超擢。

　　最後李廣在抑鬱中引刀自剄。李廣死後，百姓的同情愛戴與統治者的冷漠與無情迫害形成了強烈對比。《李將軍列傳》中有對李廣神奇射術的讚美，有對李廣愛兵如子與士兵同甘共苦的歌頌，有對統治者冷漠不公的批評等等。因之，司馬遷的深深地抒情也影響了後代讀者的審美取向。唐朝時許多著名詩人都在熱情地歌頌「飛將軍」。翻檢《全唐詩》，「李將軍」的條目有39條之多，「李廣」有19條，「飛將軍」有27條，其中大多數都是指李廣。

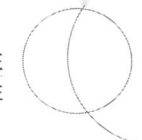

第八章　《史記》的抒情性與悲劇性
第一節　《史記》強烈的抒情性

著名的有王昌齡的「但使龍城飛將在，不教胡馬度陰山」（《出塞》），高適的「君不見沙場征戰苦，至今猶憶李將軍」（《燕歌行》）等等，都是嘆惋今天的唐王朝難覓李廣一樣的千古名將。在宋代詩詞中也能尋到李將軍的影子，如辛棄疾的《卜算子》：「千古李將軍，奪得胡兒馬。李蔡為人在下中，卻是封侯者。」

在《史記》的人物傳記中所體現出來的深深的感情應該說正是司馬遷心靈、情感、生命地折射與反映。在《太史公自序》中，司馬遷說：「大氐聖賢發憤之所為作也，此人皆意有所鬱結，不得通其道也，故述往事，思來者。」表面上說的是古代的賢聖，又何嘗不是說自己的心血結晶之作呢？

作為中國正史之首的《史記》，首先是史書，按照史書的寫作要求就應該客觀地忠實於歷史事實，客觀地記載歷史事實，即要堅持實錄精神。但司馬遷有獨立的思想，他並不侷限於此，在寫作實踐中採用多種手法突破這一傳統，像諸子那樣在《史記》中融入了自己的強烈的深厚的思想感情，闡述著對於政治、歷史、社會、人生的獨特見解，這樣就為中國史書的敘述模式開創了嶄新體式。這也應該是其抒情性的體現。

簡單點說，在《史記》中，司馬遷藉以表達自己的思想感情，發表自己主觀評價的敘述模式主要有如下五種方式：

第一，據「主意」對材料取捨。明人陳仁錫說：「子長作傳，必有一主宰。」清人吳見思說：「史公之文，每篇各有一機軸，各有一主意。」「主意」，意為主旨，相當於我們今天常說的主旨、主題、中心思想。由此可見，《史記》在為人物作傳時並不追求面面俱到，往往每篇有一「主意」，以「主意」為標準來選材、取材，來做相應地敘述描寫。

司馬遷為表現藺相如的大智大勇、先公後私的優秀品質，只寫「完璧歸趙」、「澠池之會」、「將相和」三件大事。

晏子是春秋時候著名的政治人物，在當時的整個周王朝都赫赫有名，他身材短小，但非常聰明。晏嬰字平仲，他忠心耿耿，以國為家，崇尚節儉，「以節儉力行重於齊」，「食不重肉，妾不衣帛」。有《晏子春秋》傳世，「晏子使楚」的故事為大家所熟知：

晏子將使楚。楚王聞之，謂左右曰：「晏嬰，齊之習辭者也，今方來，吾欲辱之，何以也？」左右對曰：「為其來也，臣請縛一人，過王而行，王曰：『何為者也？』對曰：『齊人也。』王曰：『何坐？』曰：『坐盜。』」

晏子至，楚王賜晏子酒，酒酣，吏二縛一人詣王。王曰：「縛者何為者也？」對曰：「齊人也，坐盜。」王視晏子曰：「齊人固善盜乎？」晏子避席對曰：「嬰聞之，橘生淮南則為橘，生於淮北則為枳，葉徒相似，其實味不同。所以然者何？水土異也。今民生長於齊不盜，入楚則盜，得無楚之水土使民善盜耶？」王笑曰：「聖人非所與熙也，寡人反取病焉。」

毫無疑問，故事很生動，還富含哲理，凸顯出了晏子的臨危不亂與聰明蓋世。像這樣的故事有很多，人們透過《晏子春秋》可以瞭解他的詳細的身世經歷，但如果把他的故事都寫進《史記》，顯然不切實際。因為像晏子這樣的歷史人物在歷史上非常之多，不可能有如此之多的篇幅。如果不為晏子立傳，對於這樣一個在歷史上有著突出地位的歷史人物，無疑又不合適。晏子的功績可以在《齊太公世家》中找到，而在《管晏列傳》中，司馬遷從《晏子春秋》的二百多個故事中只選擇了尊越石父和車伕改悔兩件事，主旨是為了突出晏子尊賢、任賢的美德。

尊越石父事稍有改動，而車伕改悔事則僅改了幾個字，幾乎一仍其舊，「晏子為齊相，出，其御之妻從門間而闚其夫。其夫為相御，擁大蓋，策駟馬，意氣揚揚，甚自得也。既而歸，其妻請去。夫問其故。妻曰：『晏子長不滿六尺，身相齊國，名顯諸侯。今者妾觀其出，志念深矣，常有以自下者。今子長八尺，乃為人僕御，然子之意自以為足，妾是以求去也。』其後，夫自抑損。晏子怪而問之，御以實對。晏子薦以為大夫。」車伕起初沒有自知之明，因為晏子駕車而神氣十足，洋洋得意，而晏子身為國相卻能深沉謙遜，兩相對比之下，車伕之妻以其夫為恥，竟要主動提出離婚。而車伕知悉原因能痛改前非，晏子發現車伕之顯著變化，薦以為大夫。一則小故事，語言儉省，將三個人物刻畫得很形象，且內含深刻哲理。妻子深明大義，車伕聞過則改，目的是為了褒揚晏子尊賢任賢的美德。而這樣的美德也是司馬遷所景仰、所盼望的，也正是自己生活的時代所最缺少的。在漢武帝時代，帝王的權威空前樹立，君與臣子的界限有若鴻溝，君臣之間沒有任何平等可言。君為臣綱，

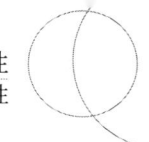

第八章 《史記》的抒情性與悲劇性
第一節 《史記》強烈的抒情性

君要臣死，臣不得不死。在這樣的時代，無論你是為公還是為私，都不允許你有自己的想法。所以司馬遷透過這樣的選擇，也曲折表達了自己的思想感情和對政治的看法。

第二，微言大義。通俗地說，就是話裡有話。提到微言大義，就不得不說說「春秋筆法」。《春秋》記史的特點是謹嚴簡約，據說作者是孔子，該書往往能夠以一字『寓褒貶，別善惡』來表明尊王攘夷、正名定分的目的。於是人們往往把文筆蘊藉含蓄、帶有所謂「微言大義」並暗寓褒貶的文字也稱之為春秋筆法。微言指的是簡約的語言；大義指的是宏大高遠的意義。

第一種敘述模式中說《史記》對材料主要憑藉「主意」來取捨，這樣能夠體現作者創作的主觀意圖，但是歷史人物和歷史事件本身是無法改變的，為了進一步寄寓作者的思想感情，表現作者的主觀評價，司馬遷注意在歷史事件、歷史人物的敘述中讓讀者體味其中的「微言大義」。對於漢武帝時代實行的草菅人命的酷吏制度，司馬遷是深不以為然的，張湯死後，司馬遷這樣記述，「是歲也，張湯死而民不思。」「不思」的言外之意是厭惡乃至憎恨，司馬遷說的是老百姓的民意，其實也正是自己的心聲的流露。

《絳侯周勃世家》為周勃、周亞夫父子的合傳。周勃父子都是漢朝初期的有功之臣。周勃是「誅呂」的主要決策者和組織者，為挽救劉氏政權立了大功，所以司馬遷把他作為漢初的主要功臣之一列入世家。周亞夫是平定「七國之亂」的漢軍統帥，為削弱諸侯王的割據勢力和鞏固漢王朝的中央政權立了大功。父子二人都是在最關鍵的時刻有功於漢室，這樣的功臣理應受到恩寵與殊榮，他們也受到了重用，被任為丞相，但都只做了兩三年就被免職了。尤其令人憤憤不平的是，父子二人晚年都因被誣告謀反而被捕入獄。周勃雖由於薄太后的干預被無罪釋放，但已在獄中受盡了獄吏的凌辱。周亞夫則是入獄後五日不食，嘔血而死。周亞夫之死顯然是對漢朝統治者迫害功臣的無聲抗議。

《絳侯周勃世家》中有兩處堪稱「微言大義」的典範。一是關於周勃的。周勃是漢初的功臣元老，在他的歷史中，似乎找不到「失敗」這個詞。司馬遷對周勃生平的敘述，與漢高祖的屢戰屢敗形成鮮明對比，周勃的人生歷史除了成功就是勝利，幾乎沒有經歷過任何失敗。這篇傳記的起初部分的寫法

非常特殊，我們姑且名之「功勞簿式」的敘述，這裡面包含著對周勃的豐功偉績和耿耿忠心的熱情歌頌和讚美。

　　高祖之為沛公初起，勃以中涓從攻胡陵，下方與。方與反，與戰，卻適。攻豐，擊秦軍碭東。還軍留及蕭。復攻碭，破之。下下邑，先登。賜爵五大夫。攻蒙、虞，取之。擊章邯車騎，殿。定魏地。攻爰戚、東緡，以往至栗，取之。攻齧桑，先登。擊秦軍阿下，破之。追至濮陽，下甄城。攻都關、定陶，襲取宛朐，得單父令。夜襲取臨濟，攻張，以前至卷，破之。擊李由軍雍丘下。攻開封，先至城下為多。後章邯破殺項梁，沛公與項羽引兵東如碭。自初起沛還至碭，一歲二月。楚懷王封沛公號安武侯，為碭郡長。沛公拜勃為虎賁令，以令從沛公定魏地。攻東郡尉於城武，破之。擊王離軍，破之。攻長社，先登。攻潁陽、緱氏，絕河津。……破秦軍於藍田。至咸陽，滅秦。

　　周勃跟隨劉邦，勇敢善戰，取得了一個又一個勝利，最後終於滅掉秦國。而且漢朝統一天下之後，多次平叛工作都是以周勃為主完成的。「以將軍從高帝擊反韓王信於代」，「後擊韓信軍於硰石，破之，追北八十里」，「擊陳豨，屠馬邑」，「燕王盧綰反，勃以相國代樊噲將，擊下薊，……破綰軍上蘭」等等，可以說在穩固漢初江山的過程中，周勃立下了赫赫戰功。誅滅諸呂的關鍵性工作，也是以周勃為主而完成的。如果沒有周勃，漢家的天下恐怕早就改了姓。

　　但是就是這樣一位忠正威猛之士、功勛卓著的開國元老，先是被勸辭回家，「文帝即立，以勃為右丞相，賜金五千斤，食邑萬戶。居月餘，人或說勃曰：『君既誅諸呂，立代王，威震天下，而君受厚賞，處尊位，以寵，久之即禍及身矣。』勃懼，亦自危，乃謝請歸相印。上許之。歲餘，丞相平卒，上復以勃為丞相。十餘月，上曰：『前日吾詔列侯就國，或未能行，丞相吾所重，其率先之。』乃免相就國。」

　　在絳縣，周勃過得並不安逸，因為他太明白「狡兔死，走狗烹」的真理了。所以「每河東守尉行縣至絳，絳侯勃自畏恐誅，常被甲，令家人持兵以見之」。因擔心被害，在地方官來訪時常甲冑在身。這樣就授陷害者以口實，因之被誣造反而入獄，最後透過行賄僥倖得脫，重獲自由時，周勃感慨地說：「吾嘗將百萬軍，然安知獄吏之貴乎！」僅此兩句，語言簡單，但字裡行間卻包

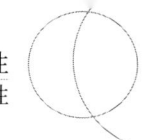

第八章 《史記》的抒情性與悲劇性
第一節 《史記》強烈的抒情性

含著極為豐富的內涵,裡面是難以說清的冤屈,那裡是一個截然不同的世界,沒有人身自由,沒有人格尊嚴,沒有溫情脈脈,有的只是非人的待遇和無盡的恥辱。這當然不僅僅是周勃一人的感受,也包含著作者身陷囹圄的複雜情懷的抒發。

一處是關於其子周亞夫的。在傳記的結尾處這樣寫道:「條侯果餓死。死後,景帝乃封王信為蓋侯。」

周亞夫反對王信封侯,五歲,遷為丞相,景帝甚重之。景帝廢栗太子,丞相固爭之,不得。景帝由此疏之。而梁孝王每朝,常與太后言條侯之短。竇太后曰:「皇后兄王信可侯也。」景帝讓曰:「始南皮(竇彭祖)、章武侯(竇廣國)先帝不侯,及臣即位乃侯之。信未得封也。」竇太后曰:「人主各以時行耳。自竇長君在時,竟不得侯,死後乃其子彭祖顧得侯。吾甚恨之。帝趣侯信也!」景帝曰:「請得與丞相議之。」丞相議之,亞夫曰:「高皇帝約『非劉氏不得王,非有功不得侯。不如約,天下共擊之』。今信雖皇后兄,無功,侯之,非約也。」景帝默然而止。

周亞夫的被捕與兒子的孝順有關。

條侯子為父買工官尚方甲盾五百被可以葬者。取庸苦之,不予錢。庸知其盜買縣官器,怨而上變告子,事連汙條侯。書既聞上,上下吏。吏簿責條侯,條侯不對。景帝罵之曰:「吾不用也。」召詣廷尉。廷尉責曰:「君侯欲反邪?」亞夫曰:「臣所買器,乃葬器也,何謂反邪?」吏曰:「君侯縱不反地上,即欲反地下耳。」吏侵之益急。初,吏捕條侯,條侯欲自殺,夫人止之,以故不得死,遂入廷尉。因不食五日,嘔血而死。國除。

景帝其實是不願意封王信為侯的,但又不敢得罪竇太后,所以就找了直言敢於堅持原則的周亞夫做擋箭牌。而極力反對王信封侯的周亞夫死後,就沒了藉口,於是,景帝就急不可待地將其封為侯,以達到保護自己的真正目的。司馬遷透過這樣的「微言大義」就很巧妙地告訴我們和平時期的周亞夫只是成了皇帝的可有可無的一個棋子,一個懷疑與提防的對象,用與不用全繫於皇帝一人之身;同時也說明當時能夠堅持原則敢說真話的恐怕只是周亞夫一人而已。

同幸福共患難是身處逆境時人們的一個美好的願望，這會成為人們前進奮鬥的動力，但一旦形勢發生變化，一旦有了政治利益因素的摻入，情況就會大不一樣。在歷史上，功高震主、權大壓主、才大欺主是為人臣者之大忌，三大忌中，第一大忌為權大壓主，而權大壓主卻往往是由功高震主發展來的。雖然許多功臣甘心俯首稱臣，但人心隔肚皮，你無心並不能保證別人無意。於是，封建社會乃至今日許許多多的悲劇被經常搬演著。周勃、周亞夫的令人同情的命運，實則揭示了一個封建社會乃至今天社會的一個普遍規律：「敵國破，謀臣亡」，與最高統治者只可能同患難而難以共幸福，急流勇退往往是最好的選擇。

　　司馬遷將蕭何、曹參、陳平等人列入世家，是為了褒揚他們在輔佐劉邦建漢過程中的功勞的；但是司馬先生也沒有忘記表達自己的獨特見解。《蕭相國世家》中說：「淮陰、黥布等皆以誅滅，而何之勳爛焉。」《曹相國世家》中說：「曹相國參攻城野戰之功所以能多若此者，以與淮陰侯俱。及信已滅，而列侯成功，唯獨參擅其名。」二傳記對二人評價的口吻何其相似，如果不細讀這幾句話，我們就難以把握司馬遷的真正用意。蕭何只熟悉文書，曹參的勝利多是因為韓信，那麼多更有本事的開國功臣都被除掉了，怎麼獨獨剩了你們倆能夠享盡榮華富貴呢？這裡對二人的為人處世做法表達了隱微的批評，寥寥幾句話發人深思，耐人尋味。

　　第三，透過對話或別人的語言立論。司馬遷在《史記》中表達對某人的評價或對某件事的態度，有時是透過實錄別人的語言表現出來的。比如說對於項羽失天下、劉邦得天下的原因，司馬遷除了在歷史敘述中用事實加以說明外，還多次透過對話或別人的語言來闡釋。《酈生陸賈列傳》借酈食其與齊王田廣的對話對項劉作了深入的對比，告訴我們項敗劉勝的原因。漢王先入關卻不得為王，項王負約而王劉關中；項羽遷殺義帝，劉邦能為義帝發喪；劉邦「降城即以侯其將，得賂即以分其士，與天下同其利，豪英賢才皆樂為之用」，項羽「於人之功無所記，於人之罪無所忘；戰勝而不得其賞，拔城而不得其封；非項氏莫得用事；為人刻印，刓而不能授；攻城得賂，積而不能賞；天下畔之，賢才怨之」。在《史記》中關於楚漢相爭的話題，出現了多次，但酈食其的分析應該是其中較深入全面而準確的一次。

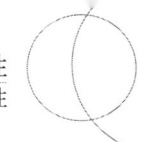

第八章 《史記》的抒情性與悲劇性
第一節 《史記》強烈的抒情性

在漢帝國建立之後，類似問題在劉邦與王陵等人的對話中也作了探討。劉邦問大臣劉勝羽敗的原因是什麼，丞相王陵等人認為，劉邦傲慢而且喜歡侮辱別人，項羽仁厚而且關愛別人，兩人對比非常鮮明。可是劉邦在派人攻打城池奪取土地時，所攻下和降服的地方就大大方方地分封給別人，能夠與天下人同享好處。而項羽卻妒賢嫉能，有功的就忌妒人家，有才能的就懷疑人家，打了勝仗還不給人家授功，奪得了土地也不給人家好處，導致手下的大將缺乏作戰的動力，最終使得他失去了天下，煮熟的鴨子讓別人順手給拿走了。劉邦深不以為然，認為王陵等人只看到了表象，沒看到本質。劉邦認為自己最後成功的原因還是因為人才的問題。「夫運籌策帷帳之中，決勝於千里之外，吾不如子房。鎮國家，撫百姓，給餽饟，不絕糧道，吾不如蕭何。連百萬之軍，戰必勝，攻必取，吾不如韓信。此三者，皆人傑也，吾能用之，此吾所以取天下也。項羽有一范增而不能用，此其所以為我擒也。」（《高祖本紀》）司馬遷透過劉邦之口把劉勝項敗的原因歸結為識人、用人和優化領導集團的問題，這是借歷史人物對話立論的最典型的例子。

《平準書》篇末載卜式語曰：「縣官當食租衣稅而已，今弘羊令吏坐市列肆，販物求利，烹弘羊，天乃雨。」司馬遷借卜式的話語來批評桑弘羊的「興利」害民。《王翦傳》末記客語：「夫為將三世者必敗。必敗者何也？以其所殺伐多矣，其後受其不祥。」借客語批評王氏祖孫三代阿意興功，殘虐人民，終於敗亡，表達了作者對濫殺無辜的憎惡之情。《荊軻傳》末載魯句踐語：「嗟乎惜哉，其不講於刺劍之術也。」表達了對荊軻刺殺不成的惋惜和感慨。《晁錯傳》末載鄧公與景帝語：「夫晁錯患諸侯強大不可制，故請削地以尊京師，萬世之利也。計劃始行，卒受大戮，內杜忠臣之口，外為諸侯報仇，臣竊為陛下不取也。」表達的是對於晁錯無辜受死的憤憤不平。這些都是借助別人的語言來表達作者的主觀思想評價的。所以顧炎武在《日知錄》卷二十六云：「古人作史，有不待論斷而於序事之中即見其指者，唯太史公能之。」這就是於序事中寓論斷之妙法也。

第四，作品中的夾敘夾議。司馬遷將自己介入到歷史人物和歷史事件中，採取夾敘夾議的方法以表明自己的見解。最有代表性的是《屈原列傳》，他採用敘事和議論相結合的方法寫屈原，議論的部分占到全文的一半，所以明

241

人茅坤說此篇是「以議論行敘事體」。這種獨特的寫法，究其原因，一是受史料稀缺的約束。關於屈原，除了《史記》的有關論述，直到現在我們也找不到多少有價值的史料。二是同病相憐、惺惺相惜的心態。透過夾敘夾議的寫法，既介紹了屈原的基本史實，又讚美了屈原的愛國精神，同時又借屈原展示了自己的內心世界。所以李景星感慨地說：「（《屈原賈生列傳》）通篇多用虛筆，以抑鬱難遏之氣，寫懷才不遇之感，豈獨屈、賈二人合傳，直作屈、賈、司馬三人合傳獨可也。」乾脆看成是三個人的傳記，李景星的評價非常生動而又深刻。這樣的評價告訴我們在屈原傳記裡面是作者的真實思想感情的流露。

第五，作者現身說法，直接評說。現身說法即「太史公曰」，將自己對歷史人事的評價不加掩飾地表露出來。《伍子胥列傳》中「太史公曰」，司馬遷說：「向令伍子胥從奢俱死，何異螻蟻。棄小義，雪大恥，名垂於後世，悲夫！方子胥窘於江上，道乞食，志豈嘗須臾忘郢邪？故隱忍就功名，非烈丈夫孰能致此哉？」人生在世走一遭，一定要活出個人樣來，要讓自己的人生有真正的意義和價值，要活他個轟轟烈烈，要重於泰山，青史留名。司馬遷正面肯定伍子胥的選擇，唯其如此才可能「棄小義，雪大恥」，報殺父之仇，成就了一世英名。

《絳侯周勃世家》中「太史公曰」：「絳侯周勃始為布衣時，鄙樸人也，才能不過凡庸。及從高祖定天下，在將相位，諸呂欲作亂，勃匡國家難，復之乎正。雖伊尹、周公，何以加哉！亞夫之用兵，持威重，執堅刃，穰苴曷有加焉！足已而不學，守節不遜，終以窮困。悲夫！」大意是：絳侯周勃原來做平民的時候，是個粗陋樸實的人，才能不過平庸之輩。等到隨從高祖平定天下，就身居將相之位，呂氏家族想謀反作亂，周勃挽救國家危難，使朝廷恢復正常。即使伊尹、周公這樣的賢人，怎超過他呢！周亞夫的用兵，一直保持威嚴莊重，堅忍不拔，即使司馬穰苴這樣的名將怎能超過他呢？可惜他自滿自足而不虛心學習，能謹守節操但不知恭順，最後以窮途困窘而告終，真令人悲傷啊！司馬遷肯定了周勃、周亞夫的歷史功績，同時對於他們的悲劇結局表達了深深的同情。

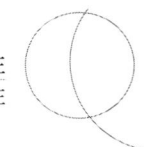

第八章　《史記》的抒情性與悲劇性
第一節　《史記》強烈的抒情性

司馬遷在創作中，其情感意識往往透過如上五種方式表達對於歷史事件、歷史人物等具有強烈的主觀價值判斷，比如讚美、歌頌、嚮往、同情、憎惡、厭煩等，這實際上正是與自己的寫作目的相適應的，透過自己的各種形式的評價判斷，表現出對歷史人物窮達之變的規律的認識，對於歷史大事的盛衰變化的思考，最終「成一家之言」。

我們已經知道，《史記》是一部帶有抒情色彩的書，《史記》所抒發的不單純是牢騷幽憤之情，《史記》所抒發的感情是豐富的複雜的。《史記》的抒情也有其內在規律可循。我們可以把飽含著的激情及激情的宣洩看成是《史記》抒情性的內在核心。而，抒情性的結構和語言則是《史記》抒情性的外在形式。參照韓兆琦先生的分析，我們把《史記》的外在抒情形式分為三個方面：

第一，部分作品敘議結合如抒情詩。最典型的例子當屬《伯夷列傳》和《屈原列傳》。屈原的傳記說：「屈平疾王聽之不聰也，讒諂之蔽明也，邪曲之害公也，方正之不容也，故憂愁幽思而作離騷。離騷者，猶離憂也。夫天者，人之始也；父母者，人之本也。人窮則反本，故勞苦倦極，未嘗不呼天也；疾痛慘怛，未嘗不呼父母也。屈平正道直行，竭忠盡智以事其君，讒人間之，可謂窮矣。信而見疑，忠而被謗，能無怨乎？屈平之作離騷，蓋自怨生也。」

此處全是大段的議論抒情。屈原堅持正義，行為耿直，對君王一片忠心，竭盡忠智，但是卻受到小人的挑撥離間，其處境可以說是極端困窘。因誠心為國而被君王懷疑，因忠心事主而被小人誹謗，怎能沒有悲憤之情呢？屈原寫作《離騷》，正是為了抒發這種悲憤之情。表面說的是屈原，其實說的又未嘗不是自己呢？屈原的遭遇不就是自己的遭遇嗎？

「其文約，其辭微，其志潔，其行廉，其稱文小而其指極大，舉類邇而見義遠。其志潔，故其稱物芳。其行廉，故死而不容。自疏濯淖汙泥之中，蟬蛻於濁穢，以浮游塵埃之外，不獲世之滋垢，皭然（潔白的樣子）泥而不滓者也。推此志也，雖與日月爭光可也。」

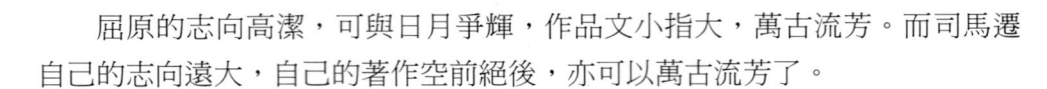

屈原的志向高潔，可與日月爭輝，作品文小指大，萬古流芳。而司馬遷自己的志向遠大，自己的著作空前絕後，亦可以萬古流芳了。

第二，部分篇章或段落句式整齊如雜言詩。司馬遷在行文時往往長短句交錯運用，能形成參差錯落之美，又注重複查、虛字傳神等手法，來增強語言的節奏感和音樂美。「太史公曰」中的很多文字都具有這樣的特點，如前所引，《孔子世家》中所表現出的對孔子的讚美之情。《伍子胥列傳》中對伍子胥的人生選擇和人生命運的感慨和肯定。《李將軍列傳》最後的「太史公曰」：「《傳》曰『其身正，不令而行；其身不正，雖令不從』。其李將軍之謂也？餘睹李將軍悛悛如鄙人，口不能道辭。及死之日，天下知與不知，皆為盡哀。彼其忠實心誠信於士大夫也！諺曰『桃李不言，下自成蹊』。此言雖小，可以諭大也。」首先用名人名言來論證，李廣不善言辭，但善於作戰，勇於作戰，體恤士卒，李將軍堪為楷模。愛惜之心，惋惜之情溢於言表。

有的篇章或個別段落更直接注意押韻，呈現出詩歌的韻文形式，具有了極強的一唱三嘆的抒情效果。

如《滑稽列傳》：

威王大說，置酒後宮，召髡賜之酒。問曰：「先生能飲幾何而醉？」對曰：「臣飲一斗亦醉，一石亦醉。」威王曰：「先生飲一斗而醉，惡能飲一石哉！其說可得聞乎？」髡曰：「賜酒大王之前，執法在傍，御史在後，髡恐懼俯伏而飲，不過一斗徑醉矣。若親有嚴客，髡帣韝鞠〈月登〉，侍酒於前，時賜餘瀝，奉觴上壽，數起，飲不過二斗徑醉矣。若朋友交遊，久不相見，卒然相　，歡然道故，私情相語，飲可五六斗徑醉矣。若乃州閭之會，男女雜坐，行酒稽留，六博投壺，相引為曹，握手無罰，目眙不禁，前有墮珥，後有遺簪，髡竊樂此，飲可八斗而醉二參。日暮酒闌，合尊促坐，男女同席，履舃交錯，杯盤狼藉，堂上燭滅，主人留髡而送客，羅襦襟解，微聞薌澤，當此之時，髡心最歡，能飲一石。故曰酒極則亂，樂極則悲；萬事盡然，言不可極，極之而衰。」

淳於髡的一大段話寫得如行雲流水，唱嘆有致；可分為四層，句式相同，基本為四言詩形式，層層深入，場合由公至私；人越來越放肆，越來越自由，

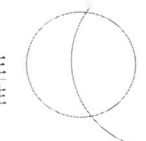

第八章 《史記》的抒情性與悲劇性
第一節 《史記》強烈的抒情性

酒越喝越多,等能飲一石時已經無所不為了。淳于髡的目的還是要表現「酒極則亂,樂極則悲;萬事盡然,言不可極,極之而衰」的主旨,所以當主旨表明之後,聰明的威王明白了其中的道理,就停止了徹夜歡飲之事,並任用淳于髡為接待諸侯賓客的賓禮官。齊王宗室設置酒宴,淳于髡常常作陪。

第三,詩賦和民間歌謠,增強了文章的抒情色彩。司馬遷在創作中,非常注意引用詩賦和民間歌謠來加強文章的表現力。在屈原、賈誼、司馬相如的作品中引入了他們的文學作品。在《淮南衡山列傳》、《魏其武安侯列傳》等作品中引入了民間歌謠。用這些加強了文章的表現力和作品的抒情色彩,加深了讀者對傳主的認識和理解。而許多作品中人物往往即景作歌,更為文章大大增強了抒情色彩。

西漢開國之君劉邦回老家時所作的《大風歌》只有三句,「大風起兮雲飛揚。威加海內兮歸故鄉。安得猛士兮守四方!」寫得非常有氣勢,有蒼涼之感;也反映出當時內心的複雜心情,需要人才而又對人才心存忌憚的複雜矛盾心理一覽無餘。宋代的劉辰翁說:「自漢滅楚後,信、越、布及諸將誅死殆盡,於是四顧寂寥,有傷心者矣。語雖壯而意悲,或者其悔心之萌矣。」(《班馬異同評》)

劉邦還有《鴻鵠歌》傳世。由於經常和戚夫人在一起,劉邦愛屋及烏,非常喜歡他們的兒子如意。漢十二年(前 195),劉邦隨著擊敗黥布的軍隊回來,病勢沉重,愈想更換太子。但是呂后在留侯的計謀下,最終還是打消了這個念頭。

有一次,劉邦設置酒席,太子在旁侍候。有四人跟著太子,他們的年齡都已八十多歲,鬚眉潔白,衣冠非常壯美奇特。皇上感到奇怪,問道:「他們是幹什麼的?」四個人向前對答,各自說出姓名,叫東園公、角里先生、綺里季、夏黃公。劉邦大驚:「我訪求各位好幾年了,各位都逃避著我,現在你們為何自願跟我兒交遊呢?」四人都說:「陛下輕慢士人,喜歡罵人,我們講求義理,不願受辱,所以惶恐地逃躲。我們私下聞知太子為人仁義孝順,謙恭有禮,喜愛士人,天下人沒有誰不伸長脖子想為太子拚死效力的。因此我們就來了。」皇上說:「煩勞諸位始終如一地好好調理保護太子吧。」

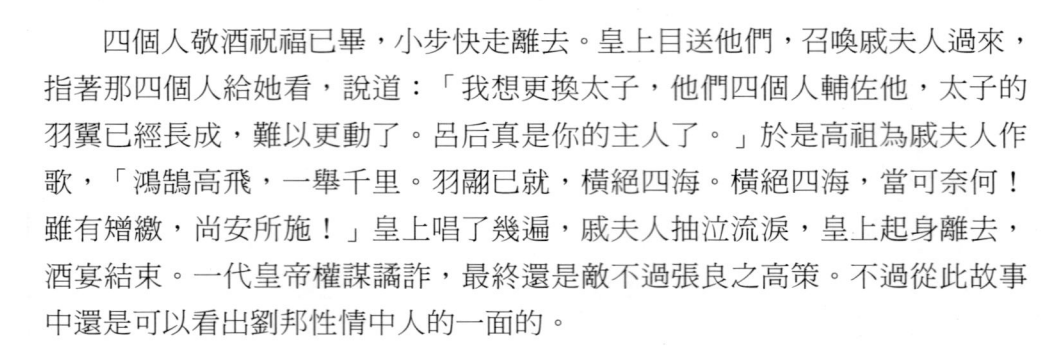

四個人敬酒祝福已畢，小步快走離去。皇上目送他們，召喚戚夫人過來，指著那四個人給她看，說道：「我想更換太子，他們四個人輔佐他，太子的羽翼已經長成，難以更動了。呂后真是你的主人了。」於是高祖為戚夫人作歌，「鴻鵠高飛，一舉千里。羽翮已就，橫絕四海。橫絕四海，當可奈何！雖有矰繳，尚安所施！」皇上唱了幾遍，戚夫人抽泣流淚，皇上起身離去，酒宴結束。一代皇帝權謀譎詐，最終還是敵不過張良之高策。不過從此故事中還是可以看出劉邦性情中人的一面的。

　　一代梟雄項羽也有名篇傳世，《垓下歌》：「力拔山兮氣蓋世，時不利兮騅不逝。騅不逝兮可奈何，虞兮虞兮奈若何。」蓋世英雄卻走到窮途末路，百思不得其解。空有拔山的氣力啊，空有蓋世的豪氣！不是我本事不行，而是老天不青睞的緣故。時運不濟呵，駿馬再也難奔馳！在我失敗之後，我的駿馬難飛呵，不知會落入何人之手？我的美人虞姬呵，我身後你又將如何？殺了你我不忍心，不殺你可恨被敵人所占有，我的女人豈不是成了別人的玩物。一聲嘆息，滿腹惆悵。英雄氣短，兒女情長。清代的吳見思說：「一腔憤怒，萬種低迴，地厚天高，託身無所，寫英雄失路之悲，至此極矣。」錢鍾書先生引清代周亮工的話對這篇詩歌的著作權提出了異議：「垓下是何等時？虞姬死而子弟散，匹馬逃亡，身迷大澤，亦何暇更作歌詩？即有作，亦誰聞之而誰記之歟？吾謂此數語者，無論事之有無，應是太史公『筆補造化』，代為傳神。」周氏之言也有一定的道理。

　　此外，還有《易水歌》、《滄浪歌》等等，都是透過感情深蘊的歌賦描寫抒發了真實細膩深刻複雜的情感。

第二節　《史記》濃郁的悲劇性

　　中國古代文人有「不平則鳴」、「詩窮而後工」、「文章憎命達」的說法。司馬遷在《報任安書》中，特別舉出孔子、屈原、韓非等許多歷史文化名人，因平生貧困，遭遇坎坷而發奮著述，終成「大器」。清代劉鶚更是說得深刻：「靈性生感情，感情生哭泣，……《離騷》為屈大夫之哭泣，《莊子》為矇叟之哭泣，《史記》為太史公之哭泣，《草堂詩集》為杜工部之哭泣；李後主以詞哭，八大山人以畫哭，王實甫寄哭泣於《西廂》，曹雪芹寄哭泣於《紅

第八章　《史記》的抒情性與悲劇性
第二節　《史記》濃郁的悲劇性

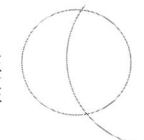

樓夢》。」自己的「發憤著書」也是基於自己的遭遇而生發出來的內在的動力。「太史公」的「哭泣」指的就是《史記》的悲劇表現。

悲劇，亞里斯多德認為是「一個人遭遇不應遭遇的厄運」，而引起人們的「憐憫和恐懼之情」。恩格斯說，悲劇衝突是指「歷史的必然要求和這個要求的實際上不可能實現」之間的矛盾。悲劇產生於社會的矛盾和衝突，衝突雙方分別代表著美與醜、真與假、善與惡、新與舊等等對立的兩極。悲劇不僅表現衝突和毀滅，而且表現抗爭與拚搏，這是悲劇成為一種審美價值類型的最根本原因。魯迅說：「悲劇是將人生有價值的東西毀滅給人看。」按照韓兆琦先生的觀點，悲劇人物應該具備這樣三個標準，「第一，他們的生平經歷具有突出的社會意義，反映了社會政治的某種本質；第二，他們的遭遇悲慘，或者被殺，或者自殺，或者一生坎坷不平，或者老來悲涼失意；第三，他們的悲慘遭遇能激起人們對正義、美好事物的同情和對邪惡勢力的憤慨。」為了某種功業或道德的追求而導致了失敗，最後以不正常的方式結束了自己生命，這是悲劇人物的共同結局。這種追求可能符合歷史的發展要求，也可能與歷史潮流相背離，但他們的人格都是高尚的，令人惋惜同情的。他們遭遇了不該有的命運就要與阻礙因素發生衝突，就要進行抗爭，而抗爭的結局就是自我的毀滅，所以可以說沒有抗爭就沒有悲劇，衝突、抗爭和毀滅是構成悲劇的三個主要因素。

那麼，我們如何來理解《史記》的悲劇性呢？

首先，作為史學家和文學家的司馬遷，其本身就是悲劇人物的典型。司馬遷的人生遭遇了人世最大的悲劇，這使他成為典型的悲劇英雄。前面我們提到，構成悲劇的三個因素是衝突、抗爭和毀滅。首先是衝突的產生，李陵投降之事發生，因內親李廣利捲入其中，漢武帝陷入尷尬之中，因之整個朝廷都處於混亂之中。司馬遷出於一片好心好意，想著為江山社稷、為武帝劉徹解除進退維谷的局面。然而，出於好心忠心卻無形中與最高統治者和眾大臣製造了巨大的衝突，這樣自然他所收穫的只能是無情和冷漠，使自己成為當世最孤獨的人。在入獄之時，更是備嘗了人世間的世態炎涼，最終遭受了最殘酷的恥辱之刑——宮刑。衝突是無意識的衝突，因不是出於本意，這是

司馬遷和一般的悲劇不同的地方。接下來的抗爭和毀滅，司馬遷賦予了它們新的意義。

抗爭，表現在內在心靈的生死層面，還表現在史書中作者寄寓了多方面的深厚情感，其中最重要的應該是牢騷悲憤之情和憎惡批評之志。對於歷史人物、歷史事件他都能秉持公心進行儘可能客觀全面公正的評價。尤其是對當朝人物、最高統治者更是進行了「不虛美，不隱惡」的真實記錄，給後世留下了當代統治者的真實面目。對於當朝統治者的真實記錄的風險，最大最真實的風險就是身首異處。對於這一點，司馬遷不會不清楚。但是他還是毅然決然地進行了遵循自我原則的創作。可以說他在進行這樣的創作時已經將生死置之度外了。「鴻毛泰山論」可以看做是司馬遷對於統治者的最強有力的抗爭。對於毀滅，《史記》成書之後，司馬遷的具體情形就不得而知了，可以推斷，他的晚年生活不會如意而是非常淒涼。這應該是司馬遷前面「衝突」、「抗爭」的必然結果。

司馬遷承受了肉體的無情摧殘和精神的極度崩潰，但是，他以極強的意志力「隱忍苟活」下來，努力「抗爭」，把創作「成一家之言」的《史記》作為了自己生活下去的最大精神支柱。在創作中，把自己的真實感受融入到歷史人物的傳記和歷史事件的評價中。司馬遷之所以偉大還在於他能夠超越一己的悲劇意識，沒有斤斤計較於一己的悲劇遭遇，達到了對人類普遍命運的體認。他把自己對人生社會歷史的深切體驗昇華到對於真、善、美的理想永恆追求上追求。劉熙載說：「太史公文，悲世之意多，憤世之意少，是以立身常在高處。」可以說他的悲劇式的抒情既是十分獨特的自我表現，又是為時代和人民發出呼聲；既是個性情感的流露，又同時表現了人類情感的本質。

其次，從《史記》所記敘的時代來看，《史記》反映的是一個充溢著濃烈悲劇氣氛的時代。從上古時期的茹毛飲血到農耕文明的進化，春秋諸侯爭相為霸，戰國時期縱橫捭闔、弱肉強食的形勢，秦漢時期的統一戰爭，轟轟烈烈的農民戰爭，漢帝國建立後的平叛戰爭，漫長的漢匈戰爭，中央與地方的權力鬥爭，等等，所以這是一個發生著急劇變化的時代，是多災多難、戰亂頻仍的時代；同時，這又是一個英雄輩出、風雲變幻的時代。如先後做過

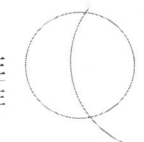

霸主的齊桓公、晉文公、秦穆公，如擁有三寸不爛之舌的策士張儀、蘇秦、魯仲連，如「士為知己者死」的聶政、荊軻，如縱橫疆場、叱吒風雲的一代名將項羽、韓信、李廣，如慣用權謀的劉邦、張良、陳平，忠直死義的屈原、伍子胥，等等。這些英雄人物成長經歷不同，文化素質有差異，品德也不相同，帶有鮮明的個性，但是，他們的共性是顯而易見的：有所追求、志向遠大、積極向上、昂揚奮發、自強不息、堅韌不拔、百折不撓，有的甚至以死來殉節。司馬遷被他們感動，被他們所深深吸引，於是滿懷激情地以悲壯的筆調描繪著他們可歌可泣的壯烈人生。正因此，有著這些充滿悲劇色彩的人物的存在，使得《史記》具有了濃郁的悲劇氛圍。

　　第三，《史記》成功地塑造了一大批悲劇人物形象，使全書具有濃郁的悲劇氣氛。《史記》中的悲劇人物可以分為多種類型。

　　首先的一種類型是由於新舊衝突而導致的悲劇。社會總在發展，這是一個不依人的意志而轉移的客觀規律。伴隨著時間的流逝、社會的發展，新生事物在時時產生，而新生事物產生後總要存在一定的時間，世間的一切歸根到底都是時間的產物。舊事物、舊現像往往要阻撓新事物和新現象的存在和發展。在新事物、新現象產生後往往會與相關的舊事物、舊現象存在矛盾、發生牴觸。有些悲劇主人翁身上的「新」體現出來的是歷史的必然要求，但這個要求現在卻不可能實現。因為它受到了舊的體制的嚴重阻礙。於是，新與舊的衝突導致這部分人成為了超前意識的犧牲品。這部分人的主張是正確的，但當時實施的條件還不具備、不成熟，但他們堅持己見，頑強奮鬥，矢志不渝，為此他們付出了慘重的代價，有的甚至獻出了寶貴的生命。這類人物比較典型的有推行變法的吳起、商鞅，主張削藩的賈誼、晁錯等。

　　晁錯基於穩固劉氏天下的考慮，主張削藩，加強封建中央集權政治的權力，這無疑是符合歷史的發展趨勢的要求的。但是在諸侯王的勢力還非常之大，中央權力還相對比較弱小的前提下，提出這樣的主張能夠得到中央的支持，但是由於觸犯了諸侯王的利益，自然激起了諸侯王們的強烈反對。當他們的反對威脅到中央統治的時候，最危險的無疑就是「削藩」主張的提出者了。所以當晁錯提削藩主張時，「錯父聞之，從潁川來，謂錯曰：『上初即位，公為政用事，侵削諸侯，別疏人骨肉，人口議多怨公者，何也？』晁錯曰：

『固也。不如此,天子不尊,宗廟不安。』錯父曰:『劉氏安矣,而晁氏危矣,吾去公歸矣!』遂飲藥死,曰:『吾不忍見禍及吾身。』死十餘日,吳楚七國果反,……上令晁錯衣朝衣斬東市。」晁錯就是因為走在了歷史的前頭,雖然秉持公心,「不如此,天子不尊,宗廟不安」,然而遭遇了悲劇的結局,成了超前認識的犧牲品。

「晁錯已死,謁者僕射鄧公為校尉,擊吳楚軍為將。還,上書言軍事,謁見上。上問曰:『道軍所來,聞晁錯死,吳楚罷不?』鄧公曰:『吳王為反數十年矣,發怒削地,以誅錯為名,其意非在錯也。且臣恐天下之士噤口,不敢復言也!』上曰:『何哉?』鄧公曰:『夫晁錯患諸侯彊大不可制,故請削地以尊京師,萬世之利也。計畫始行,卒受大戮,內杜忠臣之口,外為諸侯報仇,臣竊為陛下不取也。』於是景帝默然良久,曰:『公言善,吾亦恨之。』」(《袁盎晁錯列傳》)

當然司馬遷並不喜歡法家人物,對晁錯,司馬遷也不例外。「晁錯為家令時,數言事不用;後擅權,多所變更。諸侯發難,不急匡救,欲報私仇,反以亡軀。語曰『變古亂常,不死則亡』,豈錯等謂邪!」即便如此,出於史學家的責任感,司馬遷還是給我們還原出了一個以國事為重的忠誠耿直的人物。

其次是為追求正義理想而導致的悲劇。這種類型的悲劇主人翁往往在堅守著某種信念,或是對某種理想而孜孜追求。而這樣的堅持和追求往往因時代的原因和個人的原因而最終導致了悲劇。像在濁世中始終不改愛國之志自投汨羅而死的屈原,極力進諫忠心耿耿最終被殺死的伍子胥等。有時這種信念和理想並不一定是先進的,不一定代表著歷史發展的方向,但由於他們堅毅的堅持和追求而顯示出頗為感人的人格魅力。像堅守節操不食周粟的伯夷、叔齊等。而最典型最感人的應該是田橫了。

漢滅項籍,漢王立為皇帝,以彭越為梁王。田橫懼誅,而與其徒屬五百餘人入海,居島中。高帝聞之,以為田橫兄弟本定齊,齊人賢者多附焉,今在海中不收,後恐為亂,乃使使赦田橫罪而召之。田橫因謝曰:「臣亨陛下之使酈生,今聞其弟酈商為漢將而賢,臣恐懼,不敢奉詔,請為庶人,守海島中。」使還報,高皇帝乃詔衛尉酈商曰:「齊王田橫即至,人馬從者敢動

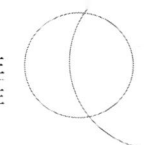

搖者致族夷！」乃復使使持節具告以詔商狀，曰：「田橫來，大者王，小者乃侯耳。」

未至三十里，至屍鄉　置，橫謝使者曰：「人臣見天子當洗沐。」止留。謂其客曰：「橫始與漢王俱南面稱孤，今漢王為天子，而橫乃為亡虜而北面事之，其恥固已甚矣。且吾亨人之兄，與其弟並肩而事其主，縱彼畏天子之詔，不敢動我，我獨不愧於心乎？且陛下所欲見我者，不過欲一見吾面貌耳。今陛下在洛陽，今斬吾頭，馳三十里間，形容尚未能敗，猶可觀也。」遂自剄，令客奉其頭，從使者馳奏之高帝。高帝曰：「嗟乎，有以也夫！起自布衣。兄弟三人更王，豈不賢乎哉！」

田橫是司馬遷著力描寫的悲劇英雄人物，他兵敗之後不願意投降漢朝而自殺。原因一是事業失敗，始與劉邦同為諸王，最後卻要臣事之，在田橫看來這是莫大的恥辱。二是「義」的要求，殺人之兄卻要共事之，心中有愧。形勢所逼，情理所迫，不願蒙辱，問心無愧，不得不如此。能夠以死來做出回答，這也是一種極端的也是負責任的做法。田橫死後，其隨從和東海五百義士也相繼殉難，從而，湧現出一個悲劇群體。從本質上看，田橫所要維持的不過是諸侯稱雄、列國割據的局面，存在的合理性已經沒有了。但田橫不願意接受這種現實，但又迫不得已，就決定了他必然成為這種類型的悲劇人物。

第三種類型，「性格悲劇」，由於自身性格的原因而導致的悲劇。這種類型的悲劇首推項羽，「奮其私智」，剛愎自用，是項羽失敗的直接原因。對於項羽這樣一個具有複雜性格的人物形象，司馬遷在他身上凝聚了太多的感情。「這一個叱吒風雲的英雄在起事時，才二十四歲；到拔劍自刎時，也才三十一歲。他所代表的是狂飆式的青年精神，他處處要衝開形式。他是浪漫精神的絕好典型。他的魄力和豪氣就是培養司馬遷的精神的氛圍，他的人格就是司馬遷在精神上最有著共鳴的！」李斯也是性格悲劇的典型，過於看重名利享受，太計較個人得失，時時、事事把自我放在首位，喪失了原則性，最終導致了被腰斬滅門的命運。李廣悲劇的客觀原因是時代環境，而其性格上的口訥少言、自私狹隘、固執好賭等的特點也是造成其悲劇的重要原因。

含有悲劇因素的載體，由於人與人之間惺惺相惜的原因，首先給人的感情是悲傷、憐憫、同情、惋惜、畏懼，讓讀者的心靈精神產生一種強烈的震撼和刺激，這往往是一種強烈的心靈上的痛苦感受。但在這種強烈的痛感中還會有令人興奮和振奮的強烈刺激，感受到悲劇人物身上所洋溢出的壯烈之美。而對造成這樣的悲劇的對象產生了憎恨之情，對悲劇的原因作理性分析，以悲劇人物為鑑照，從悲劇人物身上吸取經驗，反思教訓，激發人們奮起。

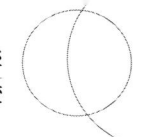

第九章 「史漢」比較與《史記》的地位與影響

趙翼在《廿二史箚記》中,對於《史記》與《漢書》做了較全面的比較,羅列了「史漢」記載相同人物、事件的不同,認為「史漢」互有得失,但從總體來說,還是更肯定《史記》的。其實,早在東漢時,「史漢」比較就已經成為學者們熱議的一個問題了。《史記》的地位和影響在中國文化史上少有著作與之匹敵。

第一節 「史漢」的比較

中國歷史上有「二十四史」說。「二十四史」,是中國古代各朝撰寫的二十四部史書的總稱。它上起傳說中的黃帝(公元前 2550 年),止於明朝崇禎十七年(公元 1644 年),計 3213 卷,約 4000 萬字,其編寫的體例皆為司馬遷所獨創、班固稍有損益的紀傳體。

中國史書的傳統源遠流長,在世界上任何一個國家都沒有取得如此卓絕的成就。三國時社會上已有「三史」之稱。「三史」通常是指《史記》、《漢書》和東漢劉珍等寫的《東觀漢記》。《後漢書》出現後,取代了《東觀漢記》,列為「三史」之一。「三史」加上《三國志》,稱為「四史」,因在「二十四史」中,這是最靠前的四部,成為後世史家學習的楷模,因之又稱「前四史」。歷史上還有「十史」之稱,它是記載三國、晉朝、宋、齊、梁、陳、北魏、北齊、北周、隋朝十個王朝的史書的合稱。後來又出現了「十三代史」。「十三代史」包括了《史記》、《漢書》、《後漢書》和「十史」。

到了宋代,在「十三史」的基礎上,加入《南史》、《北史》、《新唐書》、《新五代史》,形成了「十七史」。明代又增加了《宋史》、《遼史》、《金史》、《元史》,合稱「二十一史」。清朝乾隆初年,刊行《明史》,加先前各史,總名「二十二史」。後來又增加了《舊唐書》,成為「二十三史」。從《永樂大典》中輯錄出來的《舊五代史》也被列入。乾隆四年(公元 1739 年),經乾隆皇帝欽定,合稱「二十四史」,並刊「武英殿本」。

在中國古代,「二十四史」被稱為「正史」。「正史」名稱最早見於《隋書‧經籍志》:「世有著述,皆擬班、馬,以為正史。」乾隆皇帝欽定「二十四史」後,「正史」一稱就被「二十四史」所專有,取得了「正統」史書的地位。

民國十年(1921年)大總統徐世昌以《新元史》為「正史」,與「二十四史」合稱「二十五史」。柯劭忞利用明清時期有關元史研究的新成果。又吸收了西方有關元史的資料和書籍,如法國人多桑著的《蒙古史》等書,對元史進行系統的研究。在此基礎上,前後用了三十年時間,於1920年編撰成《新元史》。第二年,北洋軍閥政府總統徐世昌,頒令把《新元史》列入正史,1922年刊行於世。這樣,原來國家承認的史書「二十四史」就成了「二十五史」。

有人不同意將《新元史》列入,而將《清史稿》列入。而如果將兩書都列入正史,就形成了所謂的「二十六史」。

下圖為二十四史名錄:

第九章 「史漢」比較與《史記》的地位與影響
第一節 「史漢」的比較

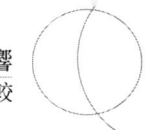

序號	書名	作者	卷數
1	史記	漢・司馬遷	130
2	漢書	漢・班固	100
3	後漢書	南朝宋・范曄	120
4	三國志	晉・陳壽	65
5	晉書	唐・房玄齡等	130
6	宋書	南朝梁・沈約	100
7	南齊書	南朝梁・蕭子顯	59
8	梁書	唐・姚思廉	56
9	陳書	唐・姚思廉	36
10	魏書	北齊・魏收	114
11	北齊書	唐・李百藥	50
12	周書	唐・令狐德棻等	50
13	隋書	唐・魏徵等	85
14	南史	唐・李延壽	80
15	北史	唐・李延壽	100
16	舊唐書	後晉・劉昫等	200
17	新唐書	宋・歐陽修、宋祁	225
18	舊五代史	宋・薛居正等	150

19	新五代史	宋・歐陽修	74
20	宋史	元・脫脫等	496
21	遼史	元・脫脫等	116
22	金史	元・脫脫等	135
23	元史	明・宋源等	210
24	明史	清・張廷玉等	332

最早的是司馬遷的《史記》，以後是東漢班固等集體創作的《漢書》。這兩部史書，以及以後的陳壽的《三國志》、范曄的《後漢書》四部史書，在文學史上的地位非常重要。其後，史書的文學價值與「四史」相比，與《史

記》相比，是大大減弱了。以後的史書，個人色彩漸漸淡化，國家意志、統治階級意識漸濃，文學色彩逐漸從史書中淡出，隨著文史的分家，在文學史上我們就很少介紹這些史書了。文學史上不講他們，並不是說對我們沒有什麼意義。意義是有的，價值是存在的，當然更多的是在學術研究中。

而對於《史記》和《漢書》而言，我們需要特別加以關注，在文學史上，往往馬、班並稱，史、漢對舉。以至於對於《史記》和《漢書》的比較研究在中國學術史上成了一門專門的學問。在《史記》研究史上，劉知幾最早最系統地將《史記》與《漢書》作了比較研究，內容涉及史學目的、史學價值、歷史編纂學、語言、修辭等方面。比較中對二書皆有肯定有否定，但總的說來，是揚班抑馬的。

對於《漢書》與《史記》相重複的部分，一般認為《漢書》基本為抄襲，少有創新。清趙翼評價說：「班固作《漢書》，距司馬遷不過百餘年，其時著述家豈無別有記載？倘遷有錯誤，固自當據以改正。乃今以《漢書》比對，武帝以前，如《高祖紀》及諸王侯年表、諸臣列傳，多與《史記》同，並有全用《史記》文，一字不改者。然後知正史之未可輕議也。」今人孫景壇也持此觀點：「以上班固在抄襲《史記》，抄襲是《漢書》的一大特色，今天流行的『天下文章一大抄』，班固確是鼻祖之一。南宋的鄭樵批評班固『專事剽竊』，此言非虛。」顧炎武也說：「班孟堅為書，束於成格，而不得變化。且如《史記·淮陰侯傳》末載蒯通事，令人讀之感慨有餘味。《淮南王傳》中伍被與王答問語，情態橫出，文亦工妙，今悉刪之，而以蒯、伍合江充、息夫躬為一傳，蒯最冤，伍次之，二淮傳寥落不堪讀矣。」之所以如此是有其內在的原因的。

他們這兩部史書出現的時間相距不是很遠，同時記載的歷史大部分重合；對於司馬遷作史的標準、原則、目的等，班固父子都有不同的看法等等，由此可見，兩部書、兩個史家本身就具有很強的可比性。限於篇幅，我們對這個問題只從體例、思想內容、藝術等幾方面進行簡單的比較。

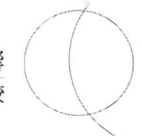

第九章　「史漢」比較與《史記》的地位與影響
第一節　「史漢」的比較

一、從體例角度進行比較

　　《史記》是中國第一部紀傳體通史，有本紀十二，列傳七十，此外還有世家三十、表十、書八，共一百三十篇，五十二萬五千六百字，記載了從黃帝至漢武帝約三千年間史事。《漢書》在體制上承襲《史記》而略有改變，只改「書」為「志」，取消「世家」，併入「傳」。《漢書》的體例如下：十二本紀、八表、十志、七十傳，共一百篇。它敘述了自漢高祖元年至王莽地皇四年共二百二十九年的斷代歷史。在這一百篇中，有關西漢時期的人物傳記受到了司馬遷的顯著影響，但也表現出了自己的特色。

　　《漢書》在《史記》的基礎上增加了大量的新材料，豐富了記史內容。漢匈關係在《史記》和《漢書》中都有較詳細地記載，在呂后執政時，《史記·匈奴列傳》如此記載：「高祖崩，孝惠、呂太后時，漢初定，故匈奴以驕。冒頓乃為書遺高後，妄言。高後欲擊之，諸將曰：『以高帝賢武，然尚困於平城。』於是高後乃止，復與匈奴和親。」冒頓如何「妄言」，我們不得而知，最後不得不和親也寫得很是簡單。而《漢書·匈奴傳》關於此事的記載就非常詳細了。

　　考惠、高後時，冒頓浸驕，乃為書，使使遺高後曰：「孤僨之君，生於沮澤之中，長於平野牛馬之域，數至邊境，願遊中國。陛下獨立，孤僨獨居。兩主不樂，無以自虞，願以所有，易其所無。」高後大怒，召丞相平及樊噲、季布等，議斬其使者，發兵而擊之。樊噲曰：「臣願得十萬眾，橫行匈奴中。」問季布，布曰：「噲可斬也！前陳豨反於代，漢兵三十二萬，噲為上將軍，時匈奴圍高帝於平城，噲不能解圍。天下歌之曰：『平城之下亦誠苦，七日不食，不能彀弩。』今歌吟之聲未絕，傷痍者甫起，而噲欲搖動天下，妄言以十萬眾橫行，是面謾也。且夷狄譬如禽獸，得其善言不足喜，惡言不足怒也。」高後曰：「善。」令大謁者張澤報書曰：「單于不忘弊邑，賜之以書，弊邑恐懼。退而自圖，年老氣衰，髮齒墮落，行步失度，單于過聽，不足以自汙。弊邑無罪，宜在見赦。竊有御車二乘，馬二駟，以奉常駕。」冒頓得書，復使使來謝曰：「未嘗聞中國禮義，陛下幸而赦之。」因獻馬，遂和親。

由此我們瞭解了「妄言」的具體內容，知道呂后所代表的漢王朝所受到的極大侮辱以及呂后的隱忍和政治遠見，還能夠看出樊噲、季布等人的性格，而且保留下了雙方的外交資料，難能可貴，彌補了《史記》的缺憾。無論從文學，還是從歷史上來說都是非常成功的。

另外，班固還對《史記》的一些篇目和內容作了調整，調整的原則是強調正統。如為惠帝作紀，將《項羽本紀》調整為《項籍傳》等等。《漢書》的「十志」是在《史記》「八書」的基礎上豐富發展起來的。班固將《史記》中的《禮書》與《樂書》並為《禮樂志》，將《律書》與《曆書》合併為《律曆志》。又改《封禪書》為《郊祀志》，改《平準書》為《食貨志》，改《天官書》為《天文志》，改《河渠書》為《溝洫志》。還新創立了《刑法志》、《五行志》、《藝文志》、《地理志》。其中《藝文志》始創史志目錄一體化，反映了兩漢以前的古代典籍流傳的情況，記敘了漢代以來蒐集整理古籍的經過，介紹了現存典籍的情況；還為後世研究各個思想學派的源流發展脈絡及其優缺點等提供了非常豐富的資料。但不可否認，「志」體是在「書」體的基礎上發展起來的，沒有「志」體就沒有「書」體。

二、思想傾向角度的比較

《漢書·司馬遷傳》中評價司馬遷的《史記》：「其是非頗繆於聖人，論大道而先黃、老而後六經，序遊俠則退處士而進奸雄，述貨殖則崇勢利而羞賤貧，此其所蔽也。」這段話證反映了「史漢」之間不同的思想傾向。

簡單點說，《史記》個人化色彩較濃，《漢書》官方色彩明顯，甚至有官方喉舌的意味。在遭受宮刑前，司馬遷的著史也帶有代官方立言的色彩，遭受宮刑後大大改變了司馬遷的著史觀，在客觀敘史的同時，表現出了個人的獨特思維，懷疑的、甚至批評的態度在《史記》中經常出現。司馬遷用「互見法」真實揭露了漢朝締造者漢高祖的真實嘴臉，對以後的歷代皇帝也能如實記錄，「不虛美，不隱惡」，透過司馬遷的曲折妙筆，讓我們也能窺見歷史上一向名聲頗佳的文帝、景帝的陰暗面。對漢武帝的態度，其本傳的真實面目我們無從見到，但從《酷吏列傳》中多次提及到得「天子（上）以為能」可以窺一斑而知全豹。正是由於其個人感情色彩的融入，使得《史記》具有

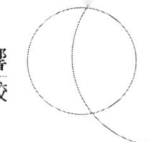

了濃郁的抒情性和悲劇氛圍。對於歷史,《史記》表現出了難得的獨立思考精神,對於歷史人物、歷史事件具有較強烈的批判精神,而在《漢書》中多的則是畢恭畢敬的忠君意識。

在《漢書》中班固經常說「我漢道」、「我四海」的語言,班固有意識地以漢臣自居,《漢書》極力肯定漢王朝的正統合法地位,對漢朝無限尊崇。班固的敘史在很大程度上是站在漢朝的角度,而不是站在個人的立場上。司馬遷也尊漢,但不如《漢書》明顯。作為《史記》積極性進步性的一面,司馬遷對遊俠、刺客、醫生、商人等平等對待,肯定商人的價值,對於刺客甚至有了熱情讚美的態度。而在《漢書》中,上述不少人物傳記都被刪掉了,少數留存下來的與《史記》相比也大異其趣。

三、文學風格的比較

《史記》、《漢書》二書因作者家世、生平、思想、著書背景及目的不同,文學風格也明顯不同。朱熹說:「《史記》疏爽,《漢書》密塞。」邱逢年說:「《史記》變化,《漢書》整齊;《史記》宕逸,《漢書》沉厚。」茅坤認為:「《史記》以風神勝,而《漢書》以矩鑊勝。惟其以風神勝,故其遒逸疏宕如餐霞,如嚙雪,往往自眉睫之所及,而指次心思之所不及,令人讀之,解頤不已;惟其以矩鑊勝,故其規劃布置,如繩引、如斧剸(割),亦往往於其複亂龐雜之間,而有以極其首尾節奏之密,令人讀之,鮮不雇筋而洞髓者。」這裡對班馬著作的不同風格作了生動描繪,二著各有所長,難分高下。如果一定要分出個雌雄來,茅坤認為班固次之。

他認為《史記》雖然有舛誤之處,但「指次古今,出風入騷,譬之韓、白提兵而戰河山之間,當其壁壘、部曲、施旗、怔鼓,左提右挈,中權後勁,起伏翱翔,倏忽變化,若一夫舞劍於曲晦之上,而無不如意者。」所以,《史記》被看成是「千古絕調」。而班固的《漢書》,「嚴密過之,而所當疏宕遒逸,令人讀之,杳然神遊於雲幢羽衣之間,所可望而不可挹者,予竊班掾猶不能登其堂而洞其竅也,而況其下者乎?」對於「史漢」之優劣,說的更通俗易懂明確的應是北宋的程頤,「子長著作,微情妙旨,寄之文字蹊徑之外;孟堅之文,情旨盡露文字蹊徑之中。讀子長文,必越浮言者始得其志,超文字

者乃解其宗，班氏文章亦稱博雅，但一覽無餘，情詞俱盡，此班馬之分也。」《史記》含蓄蘊藉，韻味悠長，讓人咀嚼不盡；《漢書》表面富贍典雅，但徒具形式，一覽無餘，缺乏內涵。

　　《史記》多用散行單句，《漢書》多用偶句。「史漢」文章遂成千古散駢兩派的宗祖。《史記》通俗淺顯而質樸，《漢書》博雅艱深而華贍。《史記》多用俗字，往往將古書翻譯成當代語言，如「厥土」翻譯作「其土」，「既敷」翻譯作「既布」，這樣使得文章通順易讀。《史記》有時還能不避俚俗，如高祖及淮南王自稱「乃公」，大概相當於「你老子」、「你爹我」的意思，如此語言刻畫出活生生的人物形象。而《漢書》則喜歡用古字，不加解釋和翻譯，直接摘錄古書，故而典雅難懂。即便是當時的文人閱讀起來也有一定的難度，「《漢書》始出，多未能通者，同郡馬融伏於閣下，從昭受讀。」馬融算得上是一代鴻儒了，還要在班固妹妹班昭的指導下閱讀，可見《漢書》之艱深難讀。《史記》基本上採用了當時流行的語言，所以通俗易於為讀者接受。

　　在人物敘寫中，《史記》喜歡用對話，有大段大段的人物自白或對話，由於揣摩傳記人物潛心描摹，據人物口吻直書，所以非常傳神。有的傳記簡直就是「語錄」，如《范雎蔡澤列傳》、《淮陰侯列傳》等。在這一點上，《漢書》省略了大量對話和人物自白，多冷靜客觀敘事，因之，人物形象的塑造與人物心靈的刻畫就遜色多了。

　　《史記》多用虛字，《漢書》則儘量少用虛字。虛字在古代漢語中的作用非常獨特，能很好地表達語氣，表明作者的態度，抒發人物的情感。《史記》中大量運用語氣詞，如「也、矣、耳、邪、哉」等等，能夠非常形象地表達出作者或傳中人物的疑問、陳述或感嘆之情。用「矣」往往表判斷、描述、諷刺、惋惜等感情，用「也」表達從容舒緩之意。「雍齒尚為侯，我屬無患矣。」（《史記·留侯世家》）「十三年，孺子見我，濟北谷城山下黃石即我矣。」（《史記·留侯世家》）「所以遣將守關者，備他盜之出入與非常也。」（《史記·項羽本紀》）再如「耳」字的運用，「從此道至吾軍，不過二十里耳。」（《史記·項羽本紀》）「諸將易得耳，至於信者，國士無雙。」（《史

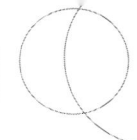

記‧淮陰侯列傳》）大量虛字的運用使得人物語氣傳神入妙，人物如在目前。《漢書》簡省虛字，文章遂予人茂密滯塞之感。

第二節　《史記》史法傳千古

《史記》作為中國歷史上的第一部紀傳體通史，司馬遷為之傾注了許多心血，完成了許多的獨創，成為後世史家效仿模擬的對象，從而成為一部空前絕後的巨著。具體而言，對後代史家影響的史法主要有如下方面：

一、客觀實錄精神堪為楷模

《史記》詳載漢初的歷史事實，成為《漢書》記述漢武帝以前各朝的藍本，宋代司馬光編纂的《資治通鑑》，其中《漢紀》部分，亦以《史記》為本。原因何在呢？一者是無過多資料可以利用，二者應該是《史記》的客觀實錄精神難有人可及。

《史記》效仿《春秋》筆法，有不少地方的處理大大超越了《春秋》，司馬遷著史「不虛美」、「不隱惡」，突破了為尊者諱、為親者諱、為賢者諱的避諱三原則。史書內容客觀公正，無論權貴或是平民，都能真實平等對待。尤其是他能真實地揭露批判最高統治者，甚至是漢代皇帝和大臣們的種種荒淫、奢侈、殘忍、自私的一面，即便是當朝皇帝——漢武帝劉徹也不例外，真實地寫出了他的虛偽、自私、殘暴、剛愎自用和痴迷鬼神。《史記》取材甚廣，引用了大量舊文獻、雜書野史、詔令以及檔案文書等，遍采民間逸事、傳說，加以整理，兼具了保存文獻的作用，為後人提供了不少原始資料。他儘可能地深入實際，認真調查考核，收集了許多第一手資料，勘察比對，糾正了舊有史料的許多缺漏以及偏頗錯誤之處。這種實錄精神可以說是前無古人後少來者的，因為這需要冒極大風險，有時甚至要付出生命的代價。就這一點而言，即使批評《史記》最苛刻的唐代史學家劉知幾，對《史記》實錄筆法也極為讚賞。總體而言，《史記》的撰寫確實體現了《太史公自序》中所提到的「明是非，定猶豫，善善惡惡，賢賢賤不肖」的撰史精神。

二、「紀傳體」體例光照千秋

關於紀傳體，前面我們已經談過。《史記》的體制是以紀傳體為根本的五體結構。司馬遷在創作《史記》時，非常注意融會貫通，全盤考慮。他希望將《史記》寫成貫通古今，能「通古今之變」，反映出歷史發展變化規律的通史。這一點成為後世許多史家的共同追求，如唐宋時期的《通典》、《資治通鑑》和《通志》，都受到了《史記》「會通」思想的影響。宋代的鄭樵對「會通」思想更是推崇備至，他說：「百代以下，史官不能易其法，學者不能捨其書，六經以後，唯有此作。」鄭樵將《史記》看成是「六經」以外的唯一之作，更可見出其史學地位的卓然不群。

「紀傳體」體例在中國歷史上光照千秋，清代史學家的一段話，可以很好地概括司馬遷所獨創的紀傳體體例的地位和對後世的影響。「司馬遷參酌古今，發凡起例，創為全史。本紀以序帝王，世家以記侯國，十表以繫時事，八書以詳制度，列傳以志人物，然後一代君臣政事，賢否得失，總匯於一編之中。自此例一定，歷代作史者遂不能出其範圍，信史家之極則也。魏禧序《十國春秋》，謂遷僅工於文，班固則密於體，以是為《史》、《漢》優劣。不知無所因而特創者難為功，有所本而求精者易為力，此固未可同日語耳。至於篇目之類，固不必泥於一定，或前代所有而後代所無，或前代所無而後代所有，自不妨隨時增損改換。」

三、「太史公曰」開史家評論之體式

《史記》各篇之後，必附有「太史公曰」一段論贊，以示史家對某一歷史人物、歷史事件的看法，此舉可將個人觀點與敘述史事分開，保持敘述史事的客觀性。《漢書》學習之，改稱為「贊曰」，《後漢書》稱「論曰」，都受到了《史記》的影響，如此一來，就奠定了紀傳體史書多包含論贊的編撰方式。

《史記》不單記載中國本土之事，也兼載國內少數民族和鄰國的民族源流與歷史發展，使異國歷史文化不致湮沒無聞，如《朝鮮列傳》及《匈奴列傳》，為後世史書開闢了「外國志」的道路。而《管晏列傳》、《孟子荀卿列傳》

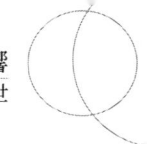

等，可說是諸子百家書籍的敘錄，由是開闢了「學術史」的道路。由此可見《史記》於史學上有極其重要的地位。

第三節　司馬文章澤萬世

《史記》創立了紀傳體，成為後世正史的固定體例，在中國史學史上意義重大，影響深遠。《史記》也是中國傳記文學的開端，史傳文學在先秦時期就已初具規模，古代設有史官，有左史右史之分，「左史記言，右史記事」，言為《尚書》，事為《春秋》，後有編年體的《左傳》，在敘事方面有了長足進步，國別體的《國語》、《戰國策》已經注意到故事的完整性，注意到人物形象的刻畫。但以人物為中心的紀傳體的史書編寫體例，卻是司馬遷的獨創。

從傳記文學的角度來看，《史記》寫了幾千個人物，出眾者有數百個之多。作為兼具歷史學術價值與突出文學價值的偉大巨著，在中國文學史上成為一座永恆的豐碑，對後世各種類型的文學發展有著深遠的影響。自《史記》以後，中國的傳記文學沿著史傳文學和雜傳文學兩個方向發展。自《史記》首創以紀傳體為中心的五體結構，班固在司馬遷的基礎上，將紀傳體體例稍加修改，改書為志，取消世家，併入傳，遂成為後代史家所基本沿襲的固有體例。陳壽的《三國志》有紀、傳二體，全部為傳記文學，真實記敘了漢末三國的英雄豪傑，敘事簡潔，評價客觀，人物性格鮮明而富於變化。范曄的《後漢書》重在刻畫人物，寄寓作者的褒貶，語言華美整飭。自此後，文史進一步分家，史書寫作少有個人的感情和評價，有了嚴格的史法，成為官方的喉舌，因而文學性大大削弱。《史記》以後，雜傳散文代不乏出，西漢有《說苑》等，漢末有《曹瞞傳》等，魏晉有《高僧傳》等。還出現了大量的志怪小說。以後傳記文學幾乎每個朝代都有作品傳世，如《毛穎傳》、《方山子傳》、《文丞相傳》、《徐文長傳》、《左忠毅公逸事》等。

另外，《史記》文章的做法，人物性格的表現，人物形象的塑造，故事化的敘事，主觀思想感情和個性的介入，等等，都為後世文人和作家提供了很好的借鑑，可謂澤被後世，萬古流芳。

1. 從文學角度來講，《史記》蘊含了極為豐富的人文精神，成為指導後代作家立身處世和進行創作的榜樣。具體說來，《史記》所蘊含的人文精神主要有：以「三立」精神（「三不朽」）為代表的立身揚名的積極進取精神；面對人生痛苦和挫折而百折不撓、自強不息的奮鬥精神；看輕生死，捨生取義的偉大犧牲精神；他還勇於批判漢武帝時代的暴政，具有基本的人道主義精神；司馬遷極為看重人的自重、自尊、自強，重視人的價值，發出了對先秦時期平等的君臣關係的熱切呼喚。這些人文精神從《史記》中一系列血肉豐滿的人物形象體現出來，以司馬遷為代表的傳中人物給了後代文人作家很多啟迪，鼓舞著一代代的許多人物為理想而努力奮鬥。

2. 《史記》的寫作技巧、文章風格以及語言特點，給後代散文家以許多啟示。在中國文學史上，《史記》一直成為古代散文家學習的榜樣。唐宋古文八大家把《史記》樹為學習的範本。韓愈論《史記》雄健，柳宗元論《史記》峻潔，韓柳二人師法《史記》文法。明代前後七子「文必秦漢」，以《史記》為代表的散文成為學習的教材。清代的桐城派更是對《史記》推崇備至，方苞用「義法」論《史記》，劉大櫆指出《史記》文法有「大」、「遠」、「疏」、「變」四大特點。

《史記》的語言特點是簡潔平易，但又富有表現力。在具體的操作中，司馬遷能夠與時俱進，把許多佶屈聱牙的古書詞句翻譯成漢代語言，這樣便於讀者閱讀；而且還大量地引用當時的口語、熟語、民謠、諺語，使語言顯得生動活潑，富於表現力。《史記》以簡潔著稱，52萬字敘三千年間事，《漢書》敘二百三十年歷史卻要用80萬字。但《史記》並非純以簡潔取勝，有時視具體情況而大有區別，有的人物，如聶政、荊軻、項羽、韓信等，有的故事，如荊軻刺秦、鴻門之宴、田單巧擺火牛陣、魏其武安鉤心鬥角等，往往寫得曲折生動，具體形象，以繁複取勝。敘事往往注意詳略分明，材料的取捨、文章的做法要靠人物、事件、主題等來決定。蘇軾說自己為文，「吾文如萬斛泉源，不擇地皆可出，在平地滔滔汩汩，雖一日千里無難。及其與山石曲折，隨物賦形，而不可知也。所可知者，常行於所當行，常止於不可不止，如是而已矣。其他雖吾亦不能知也。」這裡也可以用來論《史記》之文法，司馬遷文看似有法而無常法，如蘇軾文一樣。

第三節 司馬文章澤萬世

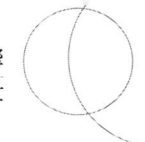

《史記》多用單行奇字，不刻意追求對仗，有時為了文章效果還多用複筆，如《項羽本紀》運用四「莫敢」字寫項羽之勇猛，《酷吏列傳》用二「何足數哉！何足數哉」表達對武帝酷吏政治的感慨，《李斯列傳》中的四次人生之「嘆」委婉曲折地道出了為追求利祿享受而喪失了原則的複雜矛盾的心理。錢鍾書先生說得好：「馬遷行文，深得累疊之妙。」司馬遷運用語言的形式自由多樣，不拘一格。正因如此，所以司馬遷被稱為「文史祖宗」。

3.故事化的敘事手法為後世的小說戲劇創作積累了寶貴經驗。《史記》為人物作傳，紀傳用得是一個又一個的故事，有大故事，有小故事，有的妙趣橫生，有的驚心動魄，有的離奇曲折，有的寓意深刻，不管是哪種故事，都一線貫通，主題明確，鮮明地體現了司馬遷對歷史人物、歷史事件的主觀思想和評價。而無論中國古代的小說還是戲劇，都注意用故事情節作為引人入勝的法寶。我們知道小說塑造人物形象，一般運用情節、語言描寫和環境等手法，當然最重要的還是敘事手法，這一切其實在《史記》中都已有了運用，有的手法已經運用得非常純熟。《史記》人物語言的個性化、口語化，能夠鮮明地表現出人物的出身、身分、文化素養，社會經歷等。還注意用具體事件或生活瑣事顯示人物性格，把人物置於複雜激烈的矛盾衝突中加以表現，在大事件、大故事中塑造人物群像，表現多個人物的鮮明性格，在小故事、小事件中能表現出單個人物的精神世界和內在心靈，有的還能活靈活現地寫出人物微妙的心理變化來。這一切對於後世的小說創作影響巨大，意義深遠。

《史記》的體裁和敘事方式對後世小說的影響非常之大。中國傳統小說多以「傳」為名，以人物傳記式的形式展開，具有人物傳記式的開頭和結尾，多詳細交代人物的籍貫、家世、出身，以人物生平始末為脈絡，基本按時間順序展開情節，並往往有作者的直接評論，這一切重要特徵，主要是淵源於《史記》的。《水滸傳》起初的英雄小演義都是以單個人物故事為主線，演繹人物悲歡哀樂的；而一人引出一人的鎖鏈式結構與《史記》中的某些人物合傳非常相像，如《廉頗藺相如列傳》、《魏其武安侯列傳》等。《儒林外史》的結構與此也有很大的相似性。

一直到清代，蒲松齡在創作荒誕不經的《聊齋誌異》時，時間已經過去了一千多年，小說觀念已經發生了巨大的變化，而其創作還是沿襲了《史記》的模式，運用紀傳的形式，明確籍貫家世，有「異史氏曰」等，都可以看出《史記》對小說影響的深遠和悠久來。《史記》結構上故事化的特徵為後世創作提供了取之不盡、用之不竭的素材寶庫。

元代出現的列國故事平話，明代出現的《列國志傳》，以及大家所熟知的《東周列國志》，其中所敘人物和故事有不少都取自於《史記》。明朝甄偉的《西漢通俗演義》，也大量利用《史記》中的材料。由於中國封建專制的嚴酷性，文學干預現實往往會帶來不必要的麻煩，因此，在中國文學史上，以古諷今題材的小說、戲劇數不勝數。《史記》中的許多人物故事相繼被搬上不同劇種的戲劇舞臺。宋元時期，隨著中國戲劇的走向成熟，《史記》的內容與藝術對戲劇的影響尤為突出。宋元戲文有《趙氏孤兒報冤記》；元明雜劇有《冤報冤趙氏孤兒》（元紀君祥）、《卓文君私奔相如》（明朱權）、《灌將軍使酒罵座記》（明葉憲祖）；明清傳奇有《竊符記》、《易水歌》（清徐沁）；地方戲及新編歷史劇有《搜孤救孤》（京劇）、《臥薪嘗膽》（漢劇、越劇）、《和氏璧》（同州梆子）、《完璧歸趙》（京劇）、《鴻門宴》（京劇、川劇、漢劇、秦腔）、《蕭何月下追韓信》（京劇、川劇、漢劇、秦腔）、《霸王別姬》（京劇）、《大風歌》（話劇）。據民國時人李長之統計，現存132種元雜劇中，有16種采自《史記》故事。據傅惜華《元代雜劇全目》載，元雜劇取材於《史記》的劇目就有180多種之多。京劇也有不少劇目取材於《史記》，如《將相和》、《追韓信》、《霸王別姬》等。《趙氏孤兒》成為元雜劇、京劇和諸劇種演奏的經典曲目。直至今日，一些新編歷史劇都還從《史記》中汲取營養，如《下魯城》改編自項羽劉邦故事。許多歷史題材的影視劇，《趙氏孤兒》、《東周列國志》、《荊軻刺秦王》、《荊軻傳奇》、《大漢天子》、《大秦帝國》、《司馬遷》、《西楚霸王》、《東方朔》等等都以《史記》為創作改編的藍本。總之，《史記》成為中國古代近代，乃至現當代小說、戲劇，影視劇再創造的素材寶庫，自它產生後，在中國文學史上一直反覆被挖掘、被豐富、被發揚光大著，這一切其實正說明了《史記》本身所獨有的魅力和價值之所在。

參考文獻

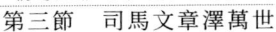

1 《史記》（三家注），裴駰集解、司馬貞索隱、張守節正義顧頡剛等標點，北京：中華書局，1997

2 《漢書》，班固等著，北京：中華書局，1997

3 《史記通論》，韓兆琦著，北京：北京師範大學出版社，1990

4 《史記註譯》，王利器主編，西安：三秦出版社，1988

5 《廿二史箚記》，清，趙翼著，曹光甫校點，南京：鳳凰出版社，2008

6 章學誠，《文史通義校注》，北京：中華書局，1985

7 《史通》，唐，劉知幾著，瀋陽：遼寧教育出版社，1997

8 《史記評林》，凌稚隆輯校、李光縉增補、於亦時整理，天津：天津古籍出版社（影印本），1998

9 《四史評議》，李景星著，長沙：嶽麓書社，1986

10 《史記選注匯評》，韓兆琦編注，鄭州：中州古籍出版社，1990

11 《史記人物傳記論稿》，郭雙成著，鄭州：中州古籍出版社，1986

12 《司馬遷傳記文學論稿》，李少雍著，重慶：重慶出版社，1987

13 《歷代名家評史記》，楊燕起等編，北京：北京師範大學出版社，1986

14 《史記研究數據索引和論文專著提要》，楊燕起等編，蘭州：蘭州大學出版社，1989

15 《司馬遷與史記研究論著專題索引》，徐興海主編，西安：陝西人民教育出版社，1995

16 《史記教程》，安平秋等主編，北京：華文出版社，2002

17 《史記藝術論》，俞樟華著，北京：華文出版社，2002

18 《史記文獻研究》，鄭之洪著，成都：巴蜀書社，1987

19 《漢唐史記研究論稿》，楊海崢著，濟南：齊魯書社，2003

20 《〈史記〉百年文學研究述評》，曹晉，《文學評論》2000 年第 2 期

21 《〈史記〉人物傳記敘事時間研究》，高萍，《社會科學研究》，2002 年第 6 期

22 《〈史記〉人物傳記敘事視角模式》，高萍，《唐都學刊》，2002 年第 1 期

23 《先秦兩漢散文專題》，韓兆琦主編，北京：高等教育出版社，2002

24 《司馬遷評傳》，張大可著，南京：南京大學出版社，1994

25 《史記的學術成就》，楊燕起著，北京：北京師範大學出版社，1996

26　《管錐編‧史記會注考證》，錢鍾書著，北京：中華書局，1986
27　《中國小說寫人學》，李桂奎著，北京：新華出版社，2008
28　《史記全本新注》，張大可著，西安：三秦出版社，1990
29　《飲冰室專集之七十二‧要籍解題及其讀法 史記》，梁啟超著，北京：中華書局，1989年影印版
30　《史記研究史略》，張新科、俞樟華著，西安：三秦出版社，1990
31　《中國文學史》，袁行霈主編，北京：高等教育出版社，2005
32　《中國史官文化與史記》，陳桐生著，汕頭：汕頭大學出版社，1993

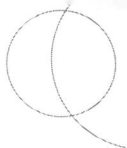

後記

　　《史記綜論》得以出版，一塊石頭終於輕輕地放下了。書稿的最終形成其實是數年積累的結果。喜歡上《史記》的確切時間已經記不起了。小時候透過並不多見的幾本兒童書，接觸到了《史記》中的一些人物故事，以後成長的過程中，透過僅見的那麼幾部影視劇、戲劇接觸到了更多的歷史故事，以後才知道這其實都改編自《史記》。

　　真正喜歡上司馬遷和《史記》，應該是大學畢業後，教書備課的過程中，慢慢地熟識了《史記》。真正談得上研究，應該是到浙江讀研時聽了俞樟華先生的《史記》課後。俞先生的課講得熟練，知識豐富，系統條理，理論性強，更重要的是對學術前沿瞭如指掌，這門課讓我逐步走上了《史記》研究的道路。

　　從 2004 年開始，有一定知識積累後，即開始在漢語言文學專業本專科學生和全校開設了《史記研究》課程，由於授課態度認真，講授內容貼近學生實際，很獲學生好評，學生選課率一直很高。從 2004 年到現在，從未因選課人數不夠而間斷過。粗粗算來，已經逾三千名學生選修了我的《史記研究》課。隨著時間的推移，對司馬遷和《史記》越來越熟，越來越有感情，自然而然就積累下了這個講稿。講稿得以完成，順利出版，心中的石頭落了地，是因為終於完成了數年的夙願。說「輕輕地」落了地，是因為書稿面世，於我並非如釋重負，而是顫顫巍巍，如履薄冰，由於程度問題，書中問題定然不少，期待方家批評指正。

　　本書名為「史記綜論」，意為圍繞《史記》所做的較全面綜合的論述，限於水準，本書有廣度但有時深度不夠，承襲多創新不夠，但不可否認的是在不少問題上儘可能有新意。總體說來，本書有如下幾個特點：

　　本書的第一個特點是能夠做到史論和作品解讀的較好結合。全書共九章，主要是史論，在史論中密切聯繫作品來論述。對司馬遷其人其事、生活時代、《史記》的基本知識作了較系統的梳理，重點講述《史記》的成書、《史記》的體制和《史記》的文學成就。從最近幾年的教學實踐來看，由於時間的限

制，單純作品講授的時間幾乎沒有，所以，在史論中強化作品的講讀，加強對人物的評析，重在從作品、人物出發來分析印證，在理論密切聯繫實際的基礎上作出盡可能科學的結論。

在分析論述的過程中，非常注意聯繫現實生活，聯繫現代人的立身處世來做深層次的研讀闡釋，力求對讀者能產生好的深刻的影響。當然，熟語云，一千個讀者的心中就有一千個哈姆雷特。筆者認為，史論中基於歷史人物或事件而生發的啟示、感悟是本書的一大亮點，但這亮點並不一定正確，讀者但可見仁見智，有則改之，無則加勉，是則法之，非則棄之。這姑且算作本書的第二個特點。

另外，本書的閱讀對像是漢語言文學、歷史學專業研究生及各專業的大學生以及對《史記》感興趣的朋友。在寫作中，為方便閱讀，筆者為一些生僻字加了註解，重要引文，筆者給了翻譯，這樣就掃除了閱讀中的障礙。這也算是本書的一個小小的特點吧。

《史記》的五體結構巧妙，各體例的數字蘊含深意。本書結構共九章，九是至數，是吉祥的數字，一般認為長久之意，是事業長久，是健康長久，也是友誼長久。

最後，要說明的是，本書中吸收採納了學術界的一些研究成果，如《史記研究集成》，韓兆琦先生的《史記通論》、《史記講座》、俞樟華先生的《史記藝術論》等著作的提法和論述。由於本書醞釀時間、寫作時間斷斷續續長達數年，書中採用的時賢的一些論著，未能一一註明，在此一併致謝。特別要感謝恩師博士李桂奎教授，先生在百忙中審閱書稿，並提出不少中肯意見，還為拙著賜序，為本書增色不少。在我學術研究的道路上，恩師時時指點，讓我受益匪淺，常如沐春風，敘事藝術一章中吸取了先生一些論述，在此謹向李先生深表感謝。在書稿定稿時，痛風病反覆發作，行走困難，上課所幸有愛妻馬永臻女士接接送送，在照顧我這個病人的同時，還有兒子上學的接送、瑣碎的家務和繁忙的工作，妻子辛苦了；十歲的懂事的兒子在我病中，也端茶倒水，跑前跑後，噓寒問暖，讓我非常感動，在此，向親愛的妻兒以及所有關心我的人表示深深的感謝。

子在川上曰，逝者如流水，汩汩不絕。居士曰，人居天地間，生老病死。流水無情，人生有意。時光荏苒，年近不惑。衰老的徵兆已經顯現，髮日漸稀疏，痛風時不時地侵襲，感覺身體大不如前，於是常有人生苦短之慨。世上少有吳客，楚太子遍地皆是。幸福生活剛剛開始，竟然就被剝奪了飲食、運動的大半享受，物慾與精神、運動與靜止、快樂與痛苦、得與失……苦思冥想，找不到答案。此時，激憤且達觀早已參破生死的司馬先生就提醒著我，「居士，知足吧，在享受人生的同時，別忘記了你的著作。學術之路並不漫長，希望在不久的將來，能夠看到你的另一部大作。」

張學成

國家圖書館出版品預行編目（CIP）資料

史記綜論 / 張學成著. -- 第一版. -- 臺北市：崧博出版：崧燁文化發行, 2019.02

　面；　公分
POD 版
ISBN 978-957-735-674-1(平裝)

1. 史記 2. 研究考訂

610.11　　　　　　　　　　　　　　　　108001897

書　　名：史記綜論
作　　者：張學成 著
發 行 人：黃振庭
出 版 者：崧博出版事業有限公司
發 行 者：崧燁文化事業有限公司
E - m a i l：sonbookservice@gmail.com
粉 絲 頁：　　　　網　址：
地　　址：台北市中正區重慶南路一段六十一號八樓 815 室
8F.-815, No.61, Sec. 1, Chongqing S. Rd., Zhongzheng Dist., Taipei City 100, Taiwan (R.O.C.)
電　　話：(02)2370-3310　傳　真：(02) 2370-3210
總 經 銷：紅螞蟻圖書有限公司
地　　址：台北市內湖區舊宗路二段 121 巷 19 號
電　　話：02-2795-3656　傳真：02-2795-4100　　網址：
印　　刷：京峯彩色印刷有限公司（京峰數位）

　本書版權為九州出版社所有授權崧博出版事業股份有限公司獨家發行電子書及繁體書繁體字版。若有其他相關權利及授權需求請與本公司聯繫。

定　　價：550 元
發行日期：2019 年 02 月第一版
◎ 本書以 POD 印製發行